石 锓 自 选 集

汉语史研究琐论

石锓 著

中国社会科学出版社

图书在版编目（CIP）数据

汉语史研究琐论：石锓自选集／石锓著 . —北京：中国社会科学
出版社，2015.10
ISBN 978 – 7 – 5161 – 6670 – 3

Ⅰ.①汉…　Ⅱ.①石…　Ⅲ.①汉语史—文集　Ⅳ.①H1 – 09

中国版本图书馆 CIP 数据核字（2015）第 166958 号

出　版　人	赵剑英
责任编辑	刘志兵
责任校对	邓雨婷
责任印制	李寡寡

出　　　版	中国社会科学出版社
社　　　址	北京鼓楼西大街甲 158 号
邮　　　编	100720
网　　　址	http://www.csspw.cn
发　行　部	010 – 84083685
门　市　部	010 – 84029450
经　　　销	新华书店及其他书店

印　　　刷	北京君升印刷有限公司
装　　　订	廊坊市广阳区广增装订厂
版　　　次	2015 年 10 月第 1 版
印　　　次	2015 年 10 月第 1 次印刷

开　　　本	710 × 1000　1/16
印　　　张	19.75
插　　　页	2
字　　　数	335 千字
定　　　价	69.00 元

凡购买中国社会科学出版社图书，如有质量问题请与本社营销中心联系调换
电话:010 – 84083683

目　　录

第一辑　汉语语法史研究

第二辑　汉语词汇史研究

第三辑　训诂与音韵研究

自　序

我 1980 年上大学，特别喜好文学，还写了点诗歌和小说，有的已发表。大学毕业后，到高校工作，领导安排我教授古代汉语，从此与汉语研究结缘，越来越远离了自己喜欢的文学。

1988 年，我考上了四川大学中文系的硕士，追随向熹先生学习汉语语法史，学着研究元代几种白话文献中的助词，同时也关注历代语言类学术笔记。毕业后，我发表了《元代结构助词"的"研究》《元代几种白话文献中的陈述语气词》《元代几种白话文献中的疑问语气词》《元代几种白话文献中的祈使语气词》《近代汉语中几个特殊的时体助词》《近代汉语结构助词"个"与"价"》《浅谈助词"了"语法化过程中的几个问题》《从唐代几种语言类笔记看唐代词汇研究》等论文。现在看来，这些文章写得特别稚嫩，而且有些分析也欠准确，但它们都反映了我在该领域的探索过程，反映了我当时的认识。为尊重历史，我不嫌丑陋，把它们奉献给读者，希望能有一点点参考的作用。

硕士毕业后，在教学之余，我零零碎碎地写过一些文章，内容是有关汉语语法史、词汇史和语音史的问题，主要有《释"告"》《陶渊明韵文韵谱》《近代汉语词尾"生"的功能》《论疑问词"何"的功能渗透》《古汉语复音词研究综述》《运用古汉语知识补释中学文言文的方法》等。研究依然肤浅，行文依然粗疏，结论依然贻笑大方。

硕士毕业十年后，2001 年随考博的大流，我考上了中国社会科学院研究生院语言系的博士，师从江蓝生先生学习近代汉语语法，主要研究汉语历史上的形容词重叠现象和历史上的状态词。毕业后，发表了一些论文，主要有《论"A 里 AB"重叠形式的历史来源》《ABB 式形容词语在宋代的演变》《从叠加到重叠：汉语形容词 AABB 重叠形式的历时演变》

《从重言到重叠：汉语 AA 式形容词的历时演变》《元曲四音状态词的构成》《唐以前的 AABB 式形容词语》《形容词 ABAB 式重叠的种类、形成时间及其他》《元明曲文中 ABC 式形容词的形成》《BA 式双音状态形容词的形成与演变》《〈诗经〉单音状态词研究》等。这些文章虽然比以前的研究有了一点点进步，但还是不尽如人意，还是那么肤浅，还是那么粗疏。不过，我的运气的确很好，这些成果有的获得了湖北省社会科学优秀成果三等奖，有的居然获得了北京大学王力语言学二等奖和教育部高等学校科学研究优秀成果奖（人文社会科学）二等奖。我感到惶恐，更感到不安。我也知道，这并非都是我的研究真有多么优秀，很多原因都是学界同仁的鼓励与抬爱。

我自知资质驽钝，缺少才华，但追求完美和感恩的心愿还比较强烈。我一生最大的幸运就是能忝列向熹、江蓝生、邢福义、许嘉璐等诸位大师的门下学习汉语，于是我深知不能做得太不像样，不能太辜负了师辈的栽培。尽管到目前为止，我还没写出一篇像样的学术论文，可我的确希望能写出几篇像样的论文来回报给我厚爱的老师和学界。我应该能做到吧？我希望能！

本论文集的出版得到了湖北省重点学科"湖北大学汉语言文学"学科经费的资助，特此致谢！

第一辑

汉语语法史研究

论"A 里 AB"重叠形式的历史来源*

A 里 AB 是现代汉语动词和形容词的重叠方式之一。迄今，汉语语法学界对它的来源并不十分清楚。张寿康（1985）认为："A 里 AB"来源于"AABB"。"一部分的双音节形容词重叠后，还可以用'变音'的形式表示语法意义。如'胡胡涂涂'变成'胡里胡涂'，'懵懵懂懂'可以说成'懵里懵懂'。"黎良军（1994）论证说："A 里 AB"来源于"A 里八B"，而"A 里八 B"又来源于"A 七八 B"。

本文不同意上述两种看法，认为"A 里 AB"来源于金元时期的一种变形重叠格式。金元时期，口语中存在过一种"A'B'AB"逆向变韵重叠式，第三、第四音节的 AB 是基式，第一、第二音节的 A'B' 是基式逆向变韵重叠出的音缀，是两个无义的音节。明清时期，"A'B'AB"第二音节的B' 进一步演化成了音缀"里"；而"A'B'AB"第一音节的 A' 重叠第三音节时已不用变韵。这样就形成了我们今天见到的"A 里 AB"。为了阐述清楚这个问题，本文将分两部分进行论述：金元曲文中变形重叠四字格的构成；从变形重叠到"A 里 AB"式重叠。

一　金元曲文中变形重叠四字格的构成

金元曲文中，"滴羞蹀躞""吉丢疙疸""七留七林""劈丢扑簌"等一类四字格词语长期以来不知如何去分析。周法高（1953）、马思周和潘慎（1982）、杨建国（1982）、向熹（1993）等的研究指出：第一，这些词都是状态词；第二，这些词的第一字和第三字有双声关系，第二字与第

---

　* 感谢恩师江蓝生先生对本文写作的悉心指导；感谢刘丹青、王洪君、曹广顺、吴福祥几位老师对本文的修改提出的宝贵意见。

四字有双声关系，如"迷留闷乱"（m－l－m－l）、"滴羞蹀躞"（d－s－d－s）；第三，这类四音节词并不是元代剧作家的创造，而是元以前汉语发展演变的结果。上述观点尽管还比较笼统，但对正确认识这类四字格词语的结构和性质很有帮助。

金元曲文中的四音节状态词是如何构成的？为什么第一字与第三字双声、第二字与第四字双声呢？朱德熙（1982）对上述问题的解决起了关键性的指导作用。经全面考察分析，我们认为："滴羞蹀躞"等一类词是金元时的变形重叠词。

（一）变形重叠、变声重叠与变韵重叠

朱德熙（1982）提出了这三个相关的概念。朱文认为："我们可以把汉语方言里常见的重叠形式区分为两种类型，一种是不变形重叠，另一种是变形重叠。"所谓不变形重叠就是基式与重叠式完全相同；所谓变形重叠就是基式与重叠式不完全相同。与基式相比，重叠式的语音发生了变化，因此字也写得不同了。如，"啪啦"重叠为"噼里啪啦"。基式是"啪啦"，重叠式却变成了"噼里"。在变形重叠里，相对于基式而言，重叠式改变了声母而韵母不变的重叠叫"变声重叠"。如拟声词"啪"重叠出"啪啦"。"啪"是基式，"啦"是重叠式。基式与重叠式韵母相同，声母不同。重叠式改变了韵母而声母不变的重叠叫"变韵重叠"。如拟声词"啪"重叠出"噼啪"。"啪"是基式，"噼"是重叠式。基式与重叠式声母相同，韵母不同。朱德熙最后总结说："在潮阳话和北京话的几种重叠式象声词里，变声重叠都是顺向的，变韵重叠都是逆向的。"并说"变声重叠顺向，变韵重叠逆向，是不是所有汉语方言的共性，这还有待于事实的验证"。

随后，马庆株（1987）、陈亚川和郑懿德（1990）、包智明（1997）、项梦冰（1997）、李小凡（1998）、孙景涛（1998）分别考察了普通话拟声词的变形重叠、福州话形容词的变形重叠、晋语分音词的构造、连城客家话拟声词的变形重叠、苏州方言拟声词的变形重叠和古汉语联绵词的内部构造，一致认为：变声重叠顺向，变韵重叠逆向，是汉语变形重叠的共性。

（二）金元曲文中的四字格变形重叠式举例

江蓝生（2004）认为：金元曲文中"滴羞蹀躞"一类的四字格词语也是一种变形重叠式。"蹀躞"是基式，"滴羞"是重叠式。这是一种"A'B'AB"逆向变韵重叠式。

这种重叠式最早见于 12 世纪的《重解元西厢记》，13、14 世纪的《元刊杂剧三十种》《全元散曲》《元曲选外编》《元曲选》等的曲文中也有一些用例。我们将在以上材料的范围内进行调查，从意义和语音两方面证明这种重叠关系。从意义上证明就是要发现基式与重叠词之间存在的意义联系；从语音上证明就是要发现重叠过程中产生的音变规律。

分析金元语音的变化，应该依据《中原音韵》的语音系统。对《中原音韵》的声韵调系统，各家看法还不尽一致（蒋绍愚，1994），现仅根据杨耐思的《中原音韵音系》构拟重叠字的音值并分析金元曲文中变形重叠的音变现象，同时也认为《中原音韵》还存在入声。

根据基式的词性，金元曲文四字格变形重叠式可以分为拟声词、动词和形容词三类重叠。

1. 基式为拟声词的变形重叠

扑鼕 ［*p'u t'uŋ］—劈丢扑鼕 ［*p'i tiəu p'u t'uŋ］[①]

（1）手抱着顽石，扑鼕的身跳在江里。（元曲选·伍员吹箫·第三折）

（2）将他来难移难动，没歇没空，厮推厮攘，劈丢扑鼕，水心里打沐桶。（元曲选·柳毅传书·第二折）

"扑鼕"与"劈丢扑鼕"都是拟声词，都模拟的是重物落水的声音。"劈丢扑鼕"应是"扑鼕"的变形重叠式。拟声词音近则通，字形也不固定，所以"扑鼕"又写作"扑通"；"劈丢扑鼕"又写作"劈飚扑桶、疋飚扑鼕、辟留扑同"。[②]"劈丢"是"扑鼕"的逆向变韵重叠。"扑"与"劈"声母相同，逆向重叠时韵母由 ［*u］ 变为 ［*i］；"鼕"与"丢"声母相近，逆向重叠时韵母由 ［*uŋ］ 变为 ［*iəu］。

---

① "*"表示是拟音。为方便起见，每一组两字或四字的拟音只标一个"*"号，同时加"［ ］"号。

② 因篇幅所限，异体形式不举例，下同。

搕叉〔＊kʼo tʃʼa）—乞抽扢叉〔＊kʼi tʃʼiəu kʼo tʃʼa〕

（3）史牙恰束手才争斗，狄将军去他顶门上搕叉的则一刀。（元曲选外编·衣襖车·第二折）

（4）凭着我这蘸金巨斧，乞抽扢叉，砍他鼻凹。（元曲选·昊天塔·第二折）

"搕叉"与"乞抽扢叉"都模拟的是刀砍的声音，"乞抽扢叉"应是"搕叉"的变形重叠式。"搕叉"又写作"扢插""可叉""磕叉""磕擦"等。

此外，还有"各邦"〔＊kau paŋ〕重叠为"急彪各邦"〔＊ki piəu kau paŋ〕，又写作"急并各邦"；"支剌"〔＊tʃï La〕重叠为"直留支剌"〔＊tʃï liəu tʃï La〕；"各支"〔＊kau tʃï〕重叠为"各支支"和"急周各支"〔＊ki tʃïəu kau tʃï〕；"疏剌"〔＊ʃu la〕重叠为"疏剌剌"和"失留疏剌"〔＊ʃi liəu ʃu la〕，又写作"失溜踈剌""失流踈剌""赤溜束剌"；"忽剌"〔＊xu la〕重叠为"忽剌剌"和"吸留忽剌"〔＊xi liəu xu la〕，又写作"吸里忽剌"，等等。

2. 基式为动词的变形重叠

趷蹬〔＊tʮ sıɛ〕—滴羞趷蹬〔＊tıɛ sıɛ〕

（5）御酒淋漓袍袖湿，宫花趷蹬帽簷偏。（元曲选·王壶春·第一折）

（6）桑园里只待强逼做欢娱，唬的我手儿脚儿滴羞趷蹬战笃速。（元曲选·秋胡戏妻·第三折）

"趷蹬"与"滴羞趷蹬"都指颤抖，"滴羞趷蹬"应是动词"趷蹬"的变形重叠。"滴羞趷蹬"又写作"滴羞跌屑""的羞剔薛""的羞剔痒""的留的立""滴留滴列"。

骨碌〔＊ku lu〕—骨碌碌；急留骨碌〔＊ki lıəu ku lu〕

（7）唬得项王在坐上骨碌碌滚将下来。（元曲选·气英布·第三折）

（8）我则见五个镘儿乞丢磕塔稳，更和一个字儿急留骨碌滚。（元曲选·燕青博鱼·第二折）

"骨碌碌"与"急留骨碌"都指物体的转动、滚动，它们应有一个共同的基式——有"滚动"义的"骨碌"。在金元曲文中虽难以见到，但元以前的文献中的确存在过。唐·刘恂《岭表录异》卷上："涧中有石鳞次，水流其间……或有乘牛过者，牛皆促敛四蹄，跳跃而过。或失，则随流而下。见者皆以为笑。彼人谚曰：'跳石牛骨碌，好笑好笑。'"此处的"骨碌"就是"滚动"的意思。"急留骨碌"应是"骨碌"的变形重叠。"急留骨碌"又写作"急留古鲁"。

此外有"摩娑"［＊muo suo］重叠为"迷羞摩娑"［＊mi sìəu muo suo］；"秃刷"［＊t'u ʃua］重叠为"踢收秃刷"［＊t'i ʃìəu t'u ʃua］，又写作"剔抽秃刷""剔抽秃揣"；"笃速"［＊tu su］重叠为"笃速速"和"滴羞笃速"［＊ti sìəu tu su］，又写作"滴羞都苏""滴修都速"；"七林"［＊ts'i lim］重叠为"七林林"和"七留七林"［＊ts'i lìəu ts'i lim］，又写作"七留七力"；"出律"［＊tʃ'iu liu］重叠为"出出律律"和"赤留出律"［＊tʃ'i lìəu tʃ'iu liu］，又写作"尺留出吕""出留出律"，等等。

3. 基式为形容词的变形重叠

1. 曲律［＊k'iu liu］—乞留曲律［＊k'i lìəu k'iu liu］

（9）待不吃呵又被这酒旗儿将我来迤逗，他、他、他舞东风在曲律竿头。（元曲选·李逵负荆·第一折）

（10）你过的这乞留曲律蚰蜒小道，听说罢官人你记着。（元曲选外编·黄鹤楼·第二折）

"曲律"与"乞留曲律"都指弯曲的样子，"乞留曲律"应是形容词"曲律"的变形重叠式。"曲律"又写作"曲吕""崛律"；"乞留曲律"又写作"乞留曲吕""乞留屈律""乞留屈吕""溪流曲律""乞量曲律"。

2. 疙疸［＊kau ta］—吉丢疙疸［＊ki tìəu kau ta］

基式是名词，指"不平的突起物"，一般特指皮肤上突起的或肌肉上结成的硬块。但重叠后变成了形容词，形容不规则的突起，又指"不平"。

（11）俺两个说下呪愿，有一个私去看病的，嘴上就生僵疙疸。（元曲选外编·降桑椹·第二折）

（12）那石头急流骨都，吉丢疙疸。（明·无明氏《暗度陈仓》第二折）

"吉丢疙疸"又写作"吉丁疙疸"。

此外，还有"团栾"［＊t'on lon］重叠为"剔留团栾"［＊ti lìəu t'on lon］，又写作"剔留秃栾""踢良秃栾"；"没乱"［＊muo lon］重叠为"迷留没乱"［＊mi lìəu muo lon］，又写作"迷留闷乱""没留没乱""没撩没乱"；"乞良"［＊k'i lìaŋ］重叠为"乞留乞良"［＊k'i lìəu k'i l làŋ〕；"胡突"（糊涂）〔∗xu tu〕重叠为"希飚胡都"〔∗xi tìəu xu tu〕，等等。

（三）金元曲文中四字格变形重叠式的音变规律及其音韵结构

为了讨论的方便，我们将四字格变形重叠式分为三组：

A 组

吸留忽剌〔∗xi liəu xu la〕　　失留疏剌〔∗ʃi liəu ʃu la〕

赤溜束刺〔∗tʃʼi liəu tʃu la〕　　急留骨碌〔∗ki liəu ku lu〕

剔留秃鲁〔∗tʼi liəu tʼu lu〕　　赤留出律〔∗tʃʼi liəu tʃʼiu liu〕

乞留曲律〔∗kʼì liəu kʼiu liu〕　　剔留团栾〔∗ti liəu tʼon lon〕

剔留秃栾〔∗ti liəu tʼu lon〕　　迷留没乱〔∗mi liəu muo lon〕

直留支剌〔∗tʃI liəu tʃï la〕　　滴羞笃速〔∗ti siəu tu su〕

滴羞蹀躞〔∗ti siəu tiɛ siɛ〕　　迷羞摩娑〔∗mi siəu muo suo〕

劈丢扑鑿〔∗pʼi tiəu pʼu tʼuŋ〕　　吉丢疙疸〔∗ki tiəu kau ta〕

希飚胡都〔∗xi tiəu xu tu〕　　急周各支〔∗ki tʃ əu kau tʃï〕

乞抽扢叉〔∗kʼi tʃʼiəu kʼo tʃʼa〕　　踢收秃刷〔∗tì ʃiəu tú ʃua〕

急彪各邦〔∗ki piəu kau paŋ〕

B 组

乞量曲律〔∗kì liaŋ kíu liu〕　　踢良秃栾〔∗ti liaŋ tú lon〕

急并各邦〔∗kʼì pìəŋ kau paŋ〕　　吉丁疙疸〔∗kʼì tiəŋ kau ta〕

辟留扑同〔∗pì liəu pú tuŋ〕　　吉飚古突〔∗ki liəu ku tu〕

吸里忽剌〔∗xi li xu la〕

C 组

的溜的立〔∗ti liəu ti li〕　　滴溜滴列〔∗ti liəu ti liɛ〕

乞留乞良〔∗kʼi liəu kʼi liaŋ〕　　七留七林〔∗tsʼi liəu tsʼi lim〕

出留出律〔∗tʃʼiu liəu tʃʼiu liu〕　　没留没乱〔∗muo liəu muo lon〕

这三组重叠式中，A 组是四字格变形重叠式的常用格式，B 组是 A 组的变化形式，C 组虽总的格局与 A 组相同，但显示了"A'B'AB"重叠式的结构已开始发生变化。

基式不会有规律性的语音变化，重叠式的音变有一定的规律。因此，四字格变形重叠式的音变规律也就是第一、第二音节音变的规律。

1. 第一音节音变的规律

第一音节重叠第三音节时韵母和声调两方面都有较整齐的规律性。韵母方面，不管基式（第三音节）的韵母是什么，重叠式（第一音节）的韵母一律变为舌面前高元音［＊i］，只有"出"和"没"两字例外。声调方面，不管基式（第三音节）的声调是什么，重叠式（第一音节）的声调一律变为入声，只有"希"和"迷"两字例外。"支刺"没有重叠为"支留支刺"而重叠为"直留支刺"就充分体现了第一音节的声调有倾向于变为入声的特点。

四字格变形重叠式第一音节的语音特点是：声母与基式保持一致；韵母倾向于变为舌面前高元音［＊i］；声调倾向于变为入声。

2. 第二音节音变的规律

第二音节因 A 组、C 组与 B 组的情形有些不同，我们分开来谈。

A 组和 C 组，第二音节重叠第四音节时韵母声调两方面也有很整齐的规律性。韵母方面，不管基式（第四音节）韵母是什么，重叠式（第二音节）的韵母一律变为尤侯韵的［＊ɭəu］。声调方面，不管基式（第四音节）的声调是什么，重叠式（第二音节）的声调一律变为平声。声母是次浊声母的变阳平，如"留"①；声母是清声母的变阴平，如"羞、丢、飚、周、抽、收、彪"。

四字格变形重叠式第二音节的主要语音特点是：声母与基式保持一致；韵母倾向于变为尤侯韵的［＊ɭəu］；声调倾向于变为平声；又以阳平的"留"为最常见。

B 组是 A 组的变式。B 组的第二音节与 A、C 两组相比，韵母、声调和声母都有些独特性。韵母不是尤侯韵的［＊ɭəu］，而分别是江阳韵的［＊ɭaŋ］、庚青韵的［＊ɭŋ］以及齐微韵的［＊i］。声调除了有平声的"良、量②、丁、并③、留、飚"外，还有上声的"里"。声母方面，"同"变为"留"（辟留扑同），"突"变为"飚"（吉飚古突），非边音的"同"、"突"有边音化的趋势。不过，这种边音化还仅限于同一发音部位（舌尖中）的声母。B 组里的四字格都有相应的正常格式。例如，"乞量

---

① "溜"变阴平，属例外。

② "量"有平、去两读，此处应读平声。

③ "並"是去声；"并"为平声。

曲律"有相应的"乞留曲律","踢良秃栾"有相应的"踢留秃栾","急并各邦"有相应的"急彪各邦","吉丁疙疸"有相应的"吉丢疙疸","辟留扑同"有相应的"劈丢扑鞏","吸里忽剌"有相应的"吸留忽剌"。

尽管 B 组在金元还不是主要格式，但它出现了两个新的变异现象：第二音节的"里"字化；第二音节非边音声母的边音化。

3. 四字格变形重叠式的音韵结构及其变化

至此，我们发现金元曲文中的变形重叠四字格词语有着和谐的音韵结构：第一音节是一个高细而短促的音；第二音节是一个主要以复合元音 [* iəu] 为主的过渡音，前接细音，后接洪音，声调平缓而悠长；第三、第四音节一般比第一、第二音节开口度大，是语音上最响亮的部分。第一音节是一个短促的入声，韵尾已没有塞音，整个音节有轻而短的特点，早期很可能是轻音节，是四字格的轻音之所在。

C 组与 A、B 两组主要的不同在于：第一、第三音节完全同音，形成了"A 留 AB"结构。C 组的词都是有词汇意义的动词和形容词，又存在两种情况："的留的立、滴留滴列、乞留乞良、七留七林"构成一类；"出留出律、没留没乱"构成另一类。

第一类，基式第一音节的韵母本就是前高元音 [* i]，而且声调又是入声。例如，"的立"的"的"、"滴列"的"滴"、"乞良"的"乞"、"七林"的"七"。它们变形重叠后，要体现四字格变形重叠式第一音节的特点（韵母倾向于变为前高元音 [* i]，声调倾向于变为入声），唯一的选择就是，在重叠的过程中，第一音节拷贝第三音节。这自然就形成了"A 留 AB"格式。这一类是语音的原因造成的"A 留 AB"，在变音规则上跟 A 组并无二致。

第二类，基式 AB 本有符合当时韵律格局的 A 组变形重叠式"赤留出律"和"迷留没乱"（A'B'AB）。"出留出律"和"没留没乱"是一种变异形式，也是一种创新的格式。它的出现打破了原有的韵律格局，第一音节的韵母不再是 [* i]。语言的使用者为了强化其语义，让第一音节不再变音，完整地重复第三音节，使整个四字格的意义更加明晰。这一类是语义的原因造成的"A 留 AB"。至于为什么要重复第三音节而不是第四音节呢？这与基式的构成有关。

（四）变形重叠四字格基式的构成

前面分析了重叠式（第一、第二音节）的音变特点，下面分析基式（第三、第四音节）的构成特点。

各种不同格式的重叠对基式都有不同程度的限制。哪些能重叠，哪些不能重叠，有一定的规律性。我们通过分析发现：变形重叠四字格词语在数量上是很有限的，不是所有的词语都能构成这种重叠的，其基式也是一些拟声词和以语音构词的方式构成的词，主要分为两类。第一类都是元代新出现的复合拟声词，如 "扑簌、扢叉、各邦、忽剌、疏剌、各支、支剌" 等。第二类是按语音构词方式构成的动词和形容词，如 "蹀躞、滴列、摩娑、笃速、骨碌、出律、七林、曲律、团栾、秃栾、闷乱、乞良、胡突" 等。语音构词包括变形重叠、合音、分音等几种方式。就我们所知，"曲律、团栾、蹀躞、摩娑、笃速、出律" 是通过变形重叠构成的语音词，两音节韵母都相同；"秃栾、滴列、七林、乞良" 是通过分音构成的语音词，第二音节的声母都是边音。现在举数例证明于下：

1. 曲—曲曲/曲律

"曲" 是形容词，"弯曲" 的意思。唐代，"曲" 重叠为 "曲曲"，这是不变形重叠。例如，唐·刘禹锡《梦扬州乐妓和诗》："夜深曲曲湾湾月，万里随君一寸肠。"元代，"曲" 变形重叠构成 "曲律"。例如，《元曲选外编·黄花峪》一折："曲律竿头悬草稕，绿杨影里拨琵琶。""曲律" 基式在前，重叠式在后。重叠式与基式相比，韵母不变，声母由 [*k˻] 变为 [*l]。这是顺向变声重叠。"律" 在此处无义，是重叠出的一个音节。现在福建的建瓯话，"曲" 还可扩衍为 "曲律"，"律" 就是无义的音节。（潘渭水，1994）

2. 团—团团/团栾

"团" 也是形容词，"圆" 的意思。汉代，"团" 重叠为 "团团"，这是不变形重叠。例如，汉·班婕妤《怨歌行》："裁为合欢扇，团团似明月。"唐代，"团" 顺向变声重叠，构成 "团栾"。例如，唐彦谦《秋葵》："月瓣团栾剪赭罗，长条排蕊缀鸣珂。"重叠式与基式相比，韵母不变，声母由 [*t˻] 变为 [*l]。此词中的 "栾" 是重叠出的一个音节，没有意义。

3. 团—秃栾

"团"构成"团栾"是顺向变声重叠式构词,构成"秃栾"是分音式构词。《全元散曲》郑光祖《梦中作》:"皎皎洁洁照橹篷剔留团栾月明,正潇潇飒飒和银筝失留疎剌秋声。"《元曲选外编·独角牛》第二折:"那独角牛身凛凛,貌堂堂,身长一丈,膀阔三停,横里五尺,竖里一丈,剔留秃圞,恰似个西瓜模样。""剔留团栾"与"剔留秃圞"都形容"圆","秃圞"就是"团栾"的意思,是"团"的分音词。

双音变形重叠词的第一音节是实语素,第二音节是表音性成分,无义。这就导致了当这些词变韵重叠为四音节词时,只有第三音节有语义。因此,当"A'B'AB"变为"A 留 AB"时就只能强化第一音节的语义了。分音词的意义因被分之词不出现而变得难以捉摸,释义时各家分歧也大。只有弄清其语音关系,找到被分音之字,才能弄清楚它的意义。

变形重叠和分音等语音构词现象在上古汉语里就已存在,并引起了许多学者的注意。向熹(1980)分析了"猗猗"变"猗傩"、"勉勉"变"黾勉"等变声变韵现象。严承钧(1987)分析了"勿勿"与"密勿"的音转字变现象。严廷德(1989)指出了"迟迟—峙踌"和"卒卒—造次"的变换。李国正(1990)考察了从"便便"到"便蕃"的变化。刘又辛(1993)分析了"拘拘—拘栾""团团—团栾""蒙蒙—鸿蒙""孔孔—窟窿"等的声韵变化情况。徐振邦(1998)分析了"巖巖—巉巖"等的语音变化。孙景涛(Sun,1999)运用韵律构词法的理论全面研究了上古汉语联绵词的内部结构,把它们归纳为三种重叠模式,即顺向重叠(progressive reduplication)、逆向重叠(retrogressive reduplication)和裂变式重叠(fission reduplication)。[①]

孙景涛的研究显示:在顺向重叠中,第二音节的声母常变为流音[＊l-、＊r-]、鼻音[＊m-、＊n-、＊ŋ-]、喉塞音[＊ʔ-]、擦音[＊x-]以及复辅音[＊sr-、＊tsr-、＊tsʰ-],而流音又占绝大多数。在裂变式重叠中,第二音节的声母基本上只有流音[＊l-、＊r-]。

我们的研究发现:能做"A'B'AB"基式的主要是顺向重叠构成的语音词和极少数裂变式重叠构成的分音词。逆向重叠构成的词不能做

---

① 孙景涛的"裂变式重叠"就是我们说的分音构词。

"A'B'AB" 的基式。这就形成了 "A'B'AB" 格式的两个倾向性：（1）第三音节一般是实语素；如不是，则基式可能是分音词；（2）第四音节的声母大多是边音，因此第二音节多是 "留" 字。"留" 的声母是单音节顺向变声的产物；"留" 的韵母是双音节逆向变韵的产物。

二　从变形重叠到"A 里 AB"式重叠

前面的论述显示："A'B'AB" 存在于 12—14 世纪，是一种逆向变韵重叠。下文将论述：16—20 世纪，"A'B'AB" 向 "A 里 AB" 的演变。在论证之前，先介绍所用的语料。依据的语料是三十二种明清白话小说。从时间上划分，它们分属于三个时期：16、17 世纪；18、19 世纪；20 世纪初。

属于 16、17 世纪的小说有：《西游记》《金瓶梅词话》《拍案惊奇》《醒世姻缘传》《说岳全传》《隋唐演义》。属于 18、19 世纪的小说有《说唐》《儒林外史》《红楼梦》《说唐三传》《绿野仙踪》《呼家将》《红楼复梦》《绮楼重梦》《红楼圆梦》《补红楼梦》《镜花缘》《儿女英雄传》《七侠五义》《小八义》《小五义》。属于 20 世纪初的小说有《老残游记》《官场现形记》《二十年目睹之怪现状》《孽海花》《负曝闲谈》《九命奇冤》《济公全传》《九尾龟》《七剑十三侠》《三侠剑》《红楼真梦》。[①]

（一）明清小说中 "A'B'AB" 式的沿用

在我们调查的明清小说中，"A'B'AB" 式四字格一直在使用，最晚到 19 世纪中晚期的《儿女英雄传》还能见到。例如：

（13）才上房，后脚一带，又把一溜檐瓦带下来，唏溜哗啦，闹了半院子。（儿女英雄传·第三十一回）

第二音节字的韵母几乎都是尤侯韵的 [＊ ɭuəu]，以 "留" 字为主，"羞、丢、抽、周、收、彪" 等字多已不见，仅 "丢" 有个别用例。"留" 又写作 "溜" "嚠" "遛" "流"。例如：

（14）到了黑夜，那符希流刷拉的怪响。（醒世姻缘传·第六回）

---

① 　各部小说的刊刻时间依据江苏省社科院明清小说研究中心编《中国通俗小说总目提要》。

（15）小童往前一扑，唧哝咕咚，栽倒在地。（七侠五义·第六十一回）

第二音节的韵母不是尤侯韵的，只发现几例。例如：

（16）那个小孩子才下草，也不知道羞明，挣着两个眼狄良突卢的乱看。（醒世姻缘传·第二十一回）

（17）又拿上一片滴零搭拉的破衣，与四爷穿上。（七侠五义·第十回）

"狄良突卢"的"良"属江阳韵；"滴零搭拉"的"零"属庚青韵。

（二）从"A'B'AB"到"A'里AB"

这部分要说明"A'B'AB"的第二个音节（B'）有向"里"变化的趋势。换句话说，就是要证明"A里AB"式"里"的来源。前文说过，"A'B'AB"式的第二音节（B'）主要是"留（溜）"音节，但也有"羞、丢、抽、周、收、彪"等非"留"音节。因此，要说明从"A'B'AB"到"A'里AB"的变化必须说明两个问题：第一，"留"向"里"的变化（韵母的变化）；第二，非"留"音节向"里"的变化（声母的变化）。

1."留"向"里"的变化

在金元曲文中，"A'B'AB"向"A'里AB"的变化已开始露头，如"吸留忽剌"变为"吸里忽剌"。到了明清小说中这种变化的趋势十分明显。下面举数例来证明这一变化过程。

劈溜扑剌—劈哩扑辣

（18）又不曾吃个，怎么两片口里劈溜扑剌的。（元曲选·陈州粜米·第三折）

（19）将金箍棒幌一幌，变作三根，劈哩扑辣的，往东打一路，往西打一路。（西游记·第四十回）

"劈溜扑剌"和"劈哩扑辣"都是拟声词，模拟的声音是相近的。除第二音节外，两词其他音节的读音都相同。这就证明两者本是一个词，金元曲文中，读作"劈溜撲剌"，明代小说中读成了"劈哩扑辣"。第二音节的读音由"溜"变为"里（哩）"。

唏留哗喇—唏哩哗喇

（20）只听得园内的风自西边直透到东边，穿过树枝，都在那里唏留哗喇不住的响。（红楼梦·第八十七回）

（21）忽然起了一阵北风，吹得门窗户扇唏哩哗喇的响。（官场现形记·第四十三回）

"唏留哗喇"和"唏哩哗喇"模拟的都是风声。"唏留哗喇"出现于18 世纪的《红楼梦》中；"唏哩哗喇"出现于 20 世纪初的《官场现形记》。"留"向"哩"的变化一目了然。

急留古鲁—叽哩咕噜

（22）直杀的马头前急留古鲁，乱滚滚死、死、死人头。（元曲选·气英布·第三折）

（23）将那棍也就逼住，拢过来往怀里一带，又向外一推，真成了屎蛋咧，叽哩咕噜①滚在一边。（七侠五义·第四十四回）

"急留古鲁"和"叽哩咕噜"都是动词"骨碌"的重叠，都描摹物体滚动的样子。"留"变为"哩"。

"里"形成之初，字形不太固定，还可以写作"哩""沥""离""利""趔"等。

2. 第二音节声母的变化

上文讨论了在声母都是边音的前提下，第二音节韵母由"留"向"里"的变化。那么，第二音节的声母不是边音的"羞、丢、抽、周、收、彪"等，到了明清小说中怎么大多不见了？我们的考察表明：这些非"留"音节的声母曾发生过"边音化"现象。

劈丢扑鼕—劈溜扑同

（24）将他来难移难动，没歇没空，厮推厮搋，劈丢扑鼕，水心里打沐桶。［同例（2）］

（25）你休踏着砖瓦，劈溜扑同敢漾我在阶直下，不是磕碎脑袋，就是抢了鼻凹。（元刊杂剧三十种·薛仁贵衣锦还乡）

"劈丢扑鼕"与"劈溜扑同"是一个词的不同写法。"劈丢扑鼕"是一种常规的变形重叠式，"劈溜扑同"是变异形式。在变异式中"丢"变为"溜"，韵母不变，声母变为边音。

---

① 宝文堂书店 1980 年出版的俞樾重编本写作"叽哩咕噜"；上海古籍出版社 2000 年穆公标点本写作"咕哩咕噜"。

滴羞跌躞—跌里跌斜

（26）桑园里只待强逼做欢娱，唬的我手儿脚儿滴羞跌躞战笃速。〔同例（6）〕

（27）虽然有这个小丫头迎儿，奴家见他拿东西跌里跌斜，也不靠他。（金瓶梅词话·第一回）

"跌里跌斜"是"滴羞跌躞"的变化形式。第一音节由无义的音节变成了有义的语素。第二音节声母韵母都变了，"羞"被边音的"里"替代，声母由擦音变成了边音。

乞抽扢叉—喊哩喀喳

（28）凭着我这蘸金巨斧，乞抽扢叉，砍他鼻凹。〔同例（4）〕

（29）就是有些行不动的，也不能不管好歹、轻重，喊哩喀喳的都毁掉他。（红楼真梦·第六十一回）

"抽"变为"哩"，声韵都发生了变化，声母也边音化了。

金元，边音化还仅限于同一发音部位——舌尖中（"丢"变"溜"）；明清，与边音发音部位不同的"羞"和"抽"也向边音变化。第二音节声母的边音化是类化作用造成的。前面分析过，变形重叠四字格的基式多是顺向变声重叠和分音构词形成的，基式第二音节的声母多是边音。它们再逆向变韵重叠，就使得四字格的第二音节的声母也多是边音。这种强势语音格局产生类化影响，就使得非边音声母也变成了边音声母。

（三）从"A'B'AB"到"A里AB"

这部分要说明"A'B'AB"的第一个音节（A'）由无义音节变为有义语素的过程。

"A'里AB"模式主要是拟声词的重叠模式，而"A里AB"模式主要是形容词和动词的重叠模式。形容词和动词有实在的词汇意义，其重叠模式的发展与拟声词重叠模式大致从16世纪开始分道扬镳。第一音节受"A留AB"的影响选用与第三音节相同的语素，不用变音了；第二音节受"A'里AB"的影响变成了音缀"里"。下面的例子能展现这种发展过程。

1. 急留骨碌—骨里骨碌

（30）弯弯曲曲，骨里骨碌，一路接着滚了来。（儒林外史·第四十五回）

"急留骨碌"和"骨里骨碌"都是"骨碌"的重叠式，都是"滚动"

的意思。前者是"A'B'AB"式重叠；后者是"A 里 AB"式重叠。后者是从前者变化而来的。

2. 滴羞笃速—哆里哆嗦

（31）一口气不回来抵住喉咽，气的我手儿脚儿滴羞笃速战。（元刊杂剧三十种·霍光鬼谏）

（32）黄爷哆里哆嗦画了供，砸镣收狱。（三侠剑·第六回）

"笃速""哆嗦"原本一词，都指"颤抖"。金元按"A'B'AB"式重叠；明清则按"A 里 AB"式重叠。

3. 吉丢疙疸—疙里疙瘩

（33）破僧衣，短袖缺领。腰系丝绦，疙里疙瘩。（济公全传·第七十七回）

"吉丢疙疸"与"疙里疙瘩"都是"不平"的意思。前者指路不平，后者指脸多疙瘩，长得不平滑。"疙里疙瘩"是从"吉丢疙疸"变化来的。第一音节重叠第三音节不再变音，第二音节的"丢"也变成了"里"。

"A 里 AB"式动词最早见于明代。16 世纪的《金瓶梅词话》已出现了"蹀里蹀斜"。后有"骨里骨碌""晃里晃荡""唠里唠叨""踉里踉跄""咧里咧蹶""哆里哆嗦"等。例如：

（34）那里天色将晚，小人刚然出来，就瞧着郑申晃里晃荡由东而来。（七侠五义·第九十七回）

"A 里 AB"式形容词最早见于明末清初。17 世纪的《醒世姻缘传》已出现了"齷哩齷龊""齷离齷龊"。其后有"冒里冒失""糊里糊涂""古里古东""慌里慌张""勒里勒得""懵里懵懂""疙里疙瘩""扎里扎煞""邋里邋遢"等。例如：

（35）床上齷离齷龊，差不多些象了狗窝。（醒世姻缘传·第九十二回）

拟声词的"A' 里 AB"式在 13、14 世纪的元曲中已出现；动词、形容词的"A 里 AB"式在 16、17 世纪的明清小说中才出现。可见，第二音节的"里"形成时间早，是在语音弱化的条件下形成的；第一音节的"A"形成时间晚，是在语义强化的动因下形成的。因为第一音节由语音性成分变成了词汇性成分，其轻音的地位开始动摇，第二音节的音缀"里"无可选择地成了全词的轻音节。

（四）小结

总结一下"A 里 AB"式重叠形式的发展，可以归纳如下：

$$A'B'AB \begin{cases} \text{拟声词（唏留哗喇）} \rightarrow A'里AB（唏哩哗喇） \\ \text{动词（急留骨碌）} \begin{cases} A'里AB（叽哩咕噜） \\ A里AB（骨里骨碌） \end{cases} \\ \text{形容词（吉丢疙疸）} \rightarrow A里AB（疙里疙瘩） \end{cases}$$

三　结论

本文通过对"A 里 AB"式结构的历时考察，得出如下结论：

第一，金元曲文中的"滴羞笃速"等四字格的拟声词、动词和形容词是一种"A'B'AB"式逆向变韵重叠词。

第二，"A 里 AB"重叠式来源于 12、13 世纪的"A'B'AB"逆向变韵重叠式。

第三，"A 里 AB"的"里"是一个音缀，是历史上变音重叠形成的产物。顺向变声重叠产生了它的声母；逆向变韵重叠形成了它的韵母。

第四，动词"A 里 AB"重叠出现于 16 世纪；形容词"A 里 AB"重叠出现于 17 世纪。

参考文献

［1］包智明：《从晋语分音词看介音的不对称性》，《中国语言学论丛》第 1 辑，北京语言文化大学出版社 1997 年版。

［2］陈亚川、郑懿德：《福州方言形容词重叠式音变方式及其类型》，《中国语文》1990 年第 5 期。

［3］顾学颉、王学奇：《元曲释词》（4 册），中国社会科学出版社 1983 年版。

［4］江蓝生：《单音词的多次变形重叠》，"第五届国际古汉语语法研讨会"暨"第四届海峡两岸语法史研讨会"会议论文，台湾中研院，2004 年。

［5］蒋绍愚：《近代汉语研究概况》，北京大学出版社 1994 年版。

［6］黎良军：《"A 里 AB"新论》，《广西师范大学学报》1994 年第 4 期。

［7］李崇兴、黄树先、邵则遂：《元语言词典》，上海教育出版社 1998 年版。

［8］李国正：《联绵词刍议》，《厦门大学学报》1990 年第 2 期。

［9］李小凡：《苏州方言语法研究》，北京大学出版社 1998 年版。

［10］刘叔新：《轻声"里"属什么单位的问题》，《语言教学与研究》1996 年第 1 期。

［11］刘又辛：《古汉语复辅音说质疑》，《文字训诂论集》，中华书局 1993 年版。

［12］马庆株：《拟声词研究》，《语言研究论丛》第 4 辑，南开大学出版社 1987 年版。

［13］马思周、潘慎：《试论元杂剧四音词的构成原则》，《语文研究》1982 年第 2 期。

［14］潘渭水：《建瓯话中的衍音现象》，《中国语文》1994 年第 3 期。

［15］孙景涛：《古汉语重叠词的内部构造》，载郭锡良主编《古汉语语法论文集》，语文出版社 1998 年版，第 215—229 页。

［16］向熹：《〈诗经〉里的复音词》，《语言学论丛》第 6 辑，商务印书馆 1980 年版。

［17］向熹：《简明汉语史》，高等教育出版社 1993 年版。

［18］项梦冰：《连城客家话语法研究》，语文出版社 1997 年版。

［19］徐振邦：《联绵词概论》，大众文艺出版社 1998 年版。

［20］严承均：《重言与同义联绵字"音转字变"示例》，《湖北大学学报》1987 年第 2 期。

［21］严廷德：《同源词管窥》，《四川大学学报》1989 年第 1 期。

［22］杨建国：《元曲中的状态形容词》，《语言学论丛》第 9 辑，商务印书馆 1982 年版。

［23］朱德熙：《潮阳话和北京话重叠式象声词的构造》，《方言》1982 年第 3 期。

［24］周法高：《中国语法札记·近代语中的四音状词》，《史语所集刊》1953 年第 24 本。

［25］张寿康：《构词法和构形法》，湖北人民出版社 1985 年版。

［26］Edith A. Moravcsik， "Reduplicative Constructions", in J. Greenberg （ed.）, *Universals of Human Language*, Vol. 3, Stanford：Stanford University Press, 1978.

［27］Sun Jingtao, "Reduplication in Old Chinese", Ph. D. dissertation, The University of British Columbia, 1999.

原载《中国语文》2005 年第 1 期

该文研究获国家社科基金项目"汉语形容词重叠形式的历史发展"（04BYY020）的资助

人大复印报刊资料《语言文字学》2005 年第 5 期全文转载

汉语形容词重叠形式演变的规律

近年来，语言演变的研究（特别是语法化的研究）有了长足的进步，由关注语言演变的过程转为关注语言演变的动因和机制。此处说的动因指重叠形式产生与发展的语用/认知动因和影响这种变化的诸多因素，机制指某一重叠形式产生与发展的方式或途径。

汉语形容词重叠形式历史发展的动因

语用动因。（1）语用矛盾导致形容词重叠的产生。状态形容词主要的语用功能是描写。言语交际要求状态形容词不断地强化描写性，可状态形容词发展的总趋势是描写性的不断弱化。这种语用矛盾导致了形容词重叠的产生。（2）语用强化推动形容词重叠的发展。纵观汉语形容词重叠形式的历史发展，语用强化是最重要的动因，它一直伴随着形容词重叠发展的全过程。就形容词重叠的发展历史而言，哪里有弱化迹象，哪里必有强化手段。语用强化的方式有四种：重复、连用、附加、修饰。（3）语用新奇性促进形容词重叠用法的扩散。从使用的角度看，形容词重叠形式多出现于文学性强的文体中，很少用于政论及科技文献。描写性语言成分对语体有选择性。从发展的角度看，形容词重叠形式的每一次大的变化都是从诗赋曲词等韵文中开始，然后慢慢扩散到散文。

语言内部动因。（1）形容词的发展导致重叠形式的发展。形容词小类的发展对形容词重叠的发展有影响。随着单音状态形容词系统的消失，AA 式重言变成 AA 式重叠，AABB 重言叠加变成 AABB 重叠叠加，"单音状态形容词＋BB"变成"单音性质形容词＋BB"。形容词双音化的发展趋势对形容词重叠形式的发展有影响。形容词双音化的过程推动了形容词重叠格式的演变。（2）语义因素对形容词重叠形式的发展有影响。语义明晰性的要求对形容词 AA 式重言的发展有影响。唐以前 AA 式重言的发展有如下几种倾向：第一，意义易于理解的 AA 式重言能被后世继续使用，意义不易理解的 AA 式重言多不能流传于后世；第二，基式可独用的 AA 式重言多被后世使用，基式不能独用的 AA 式重言多被历史淘汰；第三，基式语义范围狭窄的 AA 式重言终归消亡，基式语义范围宽泛的 AA 式重叠运用至今。这些都反映出意义越明晰，描写性越不易被弱化。另外，成分间的语义关系对 AABB 和 ABB 重叠形式的发展也有影响。（3）语音变化对形容词重叠形式的发展有影响。语音变化对形容词重叠形式发展的影响表现在三个方面。第一，AA 式重言的变声变韵形式二次重叠后，对 AABB 和 ABB 重叠形式的发展有影响。第二，A 里 AB 是 A'B'AB 语音变化的结果，而 A'B'AB 就是语音变化形成的重叠。第三，ABC 是音缀式 ABB 语音弱化的结果。

语言外部动因。拟声词和拟态词的重叠为形容词的重叠提早准备了一个模式，这可能是汉语形容词重叠形式发展的外部动因。

汉语形容词重叠形式历史发展的机制

导致汉语形容词重叠形式历史发展的机制有五种：强化、更新、重新分析、类推、语义指向转移。其表现形式如下。

汉语形容词 AA 式重言和双音状态形容词 ABAB 重叠的产生就是"强化"的结果。不过，AA 和 ABAB 的出现不是为了保存语法力量，而是为了保存语用功能。

就形容词的 AA 式重叠形式而言，AA 式重叠替代 AA 式重言采用的是"更新"手段。

AABB 叠加式变成 AABB 重叠式、ABB 附加式变成 ABB 重叠式是通过重新分析完成的。

唐代，"重新分析"产生了有歧解的 AABB 准重叠式。这种准重叠式构词方式在构造新词的过程中进一步类推到双音联绵词的领域，产生了无歧解的真正的双音联绵词的 AABB 重叠式。AABB 重叠式继续扩大范围，就出现了双音性质形容词的 AABB 重叠式。

先秦，AA 式重言主要做句子的谓语，是句子的主要句法成分。因

此，唐以前的 ABB 中，绝大多数的 BB 语义仅指向主语，A 与 BB 是并列
关系。唐代，随着 A 由单音状态形容词变为单音性质形容词，也随着 BB
句法功能的弱化，绝大多数的 BB 语义既指向主语又指向谓语。A 与 BB
是述补关系。因为 ABB 使用范围的扩大，唐代，有些 ABB 的 BB，语义
指向转移，由既指向主语又指向谓语变为不指向句法上的主语，仅指向词
干 A。整个 ABB 的述补短语变为附加式形容词。宋代，当 ABB 的 BB 音
缀化的时候，其语义变为无指向。

汉语形容词重叠形式的发展趋势

汉语形容词重叠形式的发展有两大总趋势：第一，由唐以前的以状态
形容词重叠为主发展到唐以后的以性质形容词重叠为主；第二，由唐以前
的单音形容词的重叠发展到唐以后的单音和双音形容词的重叠。具体到形
容词重叠的结构、功能和意义的发展趋势有如下几个方面。

形容词重叠形式在结构上的发展趋势。纵观汉语形容词重叠形式在结
构上的发展可以看出，重叠形式的结构在发展，基式的结构也在发展。基
式结构的发展有四大趋势。第一，从音节数量上看，可重叠形容词的基式
由单音节向双音节发展。第二，从词性小类上看，可重叠形容词由状态形
容词向性质形容词发展。第三，从独立性上看，可重叠形容词的基式由独
立性差向独立性强发展。第四，从常用性上看，可重叠形容词的基式由不
常用向常用发展。重叠形式结构的发展有三大趋势。第一，从音节数量上
看，重叠形式由双音节向四音节发展。第二，从内部结构看，汉语形容词
的重叠形式 AABB 和 ABB 的发展趋势是由连用走向重叠，成员间的结构
关系由松散变为紧凑。第三，从外部结构看，形容词各种重叠形式的词尾
总的发展趋势，一是由表义具体向表义抽象发展，二是由词尾多样向词尾
单一发展。

形容词重叠形式在句法功能上的发展趋势。形容词重叠形式在句法功
能上发展的总趋势是由主要做谓语向主要做状语发展。句法功能的变化与
语用功能的弱化有关。谓语位置是表现描写性的最佳位置，各种重叠形式
描写性的弱化都是从谓语位置开始的。

形容词重叠形式在语法意义上的发展趋势。基式语义特征的变化导致
重叠式语法意义的发展。通观从古至今形容词重叠的基式，其语义特征的

发展趋势是抽象性越来越强，程度性越来越凸显。受基式语义特征变化趋势的影响，重叠式语法意义的发展有两大趋势。第一，由表状态向表程度发展。第二，重叠式语法意义越来越主观化。

　　该文研究获国家社科基金项目"汉语形容词重叠形式的历史发展"（04BYY020）的资助

ABB 式形容词语在宋代的演变[*]

一　ABB 式形容词语在历史上的结构类型

历史上，形容词性的 ABB 形式有如下六种结构类型：

第一类：并列式 ABB（坦荡荡），例：

（1）君子坦荡荡，小人长戚戚。（论语·述而）

第二类：述补式 ABB（白颢颢），例：

（2）天白颢颢，寒凝凝只。（楚辞·大招）

第三类：附加式 ABB（白皑皑），例：

（3）崖口悬瀑流，半空白皑皑。（全唐诗·岑参·终南云际精舍寻法澄上人不遇）

第四类：音缀式 ABB（黑洞洞），例：

（4）水外黑洞洞地，而中却明者，阴中之阳也。（朱子语类·卷一）

第五类：主谓式 ABB（血滴滴），例：

（5）道吾怎么血滴滴地为他。（宋·雪窦重显《碧岩录》）

第六类：重叠式 ABB（慌张张），例：

（6）吓的我战钦钦系不住我的裙带，慌张张兜不上我的罗鞋。（元曲选·争报恩·二折）

---

* 本文曾在第七届全国古代汉语学术研讨会暨简帛文献语言研究国际学术研讨会大会宣读，得到了许多学者的指教，谨谢！

　　在并列式 ABB 中，A（如"坦"）是单音状态形容词①，BB 是单音状态形容词（如"荡"）的重叠。因为 A 与 B 都是单音状态形容词，且语义域相等，所以 ABB 实际上是"A＋BB"或"A 而 BB"②，A 与 BB 共同描写同一对象（如"君子"），且 BB 不补充 A 的意义。这样的 ABB 是并列式短语。在述补式 ABB 中，A（如"白"）是单音性质形容词，BB 是单音状态形容词（如"颢"）的重叠。因为 A 是单音性质形容词而 B 是单音状态形容词，A 的语义域大于 B 的语义域（石锓，2004：117），所以 A 与 BB 除共同描写同一对象（如"天"）外，BB（如"颢颢"）还补充说明 A（如"白"）。BB 的语义既指向主语（"天"），又指向谓语（"白"），BB 是全句的补语。这样的 ABB 是述补式短语。在附加式 ABB 中，A（如"白"）是单音性质形容词性的语素，BB 是单音状态形容词性的叠音语素（如"皑皑"）。虽然 A 的语义域依然大于 B 的语义域，但是 BB（"皑皑"）只补充说明 A（"白"），不再描写全句的主语（"半空"）。BB 的语义仅指向构词词干（"白"），不再指向句法上的主语。（石锓，2004：127—128）BB 由句法成分降格为构词成分。这样的 ABB 已由短语词汇化为形容词了。在音缀式 ABB 中，BB 的词汇意义进一步弱化，以至于脱落，变成音缀（如"洞洞"）。在主谓式 ABB 中，A（如"血"）是主语性成分，BB（如"滴滴"）是谓语性成分。ABB 原本是主谓短语，后词汇化变为主谓式 ABB 形容词。在重叠式 ABB 中，AB（如"慌张"）是双音性质形容词，通过不完全重叠构成 ABB 式状态形容词。

　　第一类见于春秋时期，第二类见于战国时期。这两类 ABB 是短语，不是词。第三类见于唐代，第四类和第五类见于宋代，第六类见于元代。这四类 ABB 是形容词。形容词性的 ABB 发展演变的大致过程是：并列式衍生出述补式，述补式词汇化变为附加式，附加式衍生出音缀式和重叠式。主谓式的发展自成体系，且变化不大。

---

　　① 关于单音状态形容词与单音性质形容词的区别，请参见杨建国《先秦汉语的状态形容词》，《中国语文》1979 年第 6 期；郭锡良《先秦汉语名词、动词、形容词的发展》，《中国语文》2000 年第 3 期；石锓《汉语形容词重叠形成的历史发展》，博士学位论文，中国社会科学院研究生院，2004 年。

　　② 唐以前的并列式 ABB 中，A 与 BB 之间常插入连词或语气词"以""兮""乎""焉""其""哉"等。例如"杳以冥冥""郁兮巍巍""澹乎洋洋""潓焉汹汹""郁其彤彤""芬哉芒芒"。

具体到宋代，ABB 式的形容词语，其发展演变又如何呢？我们通过对《全宋词》《朱子语类》《五灯会元》《南宋话本》等作品的考察发现：宋代，ABB 式词语一个最明显的变化是，随着附加式 ABB 形容词的形成，并列式 ABB 短语和述补式 ABB 短语已基本消失，除《全宋词》等韵文作品中还有极个别用例外，散文中已见不到 ABB 短语的踪迹。宋代 ABB 式结构的发展还表现在如下几个方面：第一，句法功能的非谓语化；第二，附加式 ABB 的音缀化；第三，主谓式 ABB 短语的词汇化；第四，名词性重叠结构进入 ABB 式形容词。

二 ABB 式形容词句法功能的变化

（一）ABB 式形容词的句法功能

宋以前，形容词性的 ABB 式词语全都做谓语（石毓，2004：129）。宋代，ABB 式形容词的句法功能发生了变化，开始做状语、定语和补语。

ABB 做谓语的，例如：

（7）轻染烟浓，鹅黄初褪绿茸茸。（全宋词·赵师侠·浪淘沙）

（8）但是人不见此理，这里都黑卒卒地。（朱子语类·卷二十九）

（9）亦莫趁口快乱问，自己心里黑漫漫地。（五灯会元·云门文偃禅师）

ABB 做状语的，例如：

（10）瘦稜稜地天然白，冷清清地许多香。（全宋词·辛弃疾·最高楼）

（11）不是阴，便是阳，密挨挨在这里，都不著得别物事。（朱子语类·卷六十五）

（12）休去，歇去，冷湫湫地去。（五灯会元·九峰道虔禅师）

ABB 做定语的，例如：

（13）周子洒落及程子活泼泼底意，觉见都在面前。（朱子语类·卷一百一十七）

（14）正隆隆的鼻儿，红艳艳的腮儿，香喷喷的口儿。（南宋话本·宋四公大闹禁魂张）

ABB 做补语的，例如：

（15）好学而首章，说得乱董董地，觉得他理会这物事不下。（朱子

语类·卷四十四）

（16）象山常要说此话，但他说便只是这箇，又不用里面许多节拍，却只守得箇空荡荡底。（朱子语类·卷九十四）

为了准确把握宋代 ABB 式形容词的句法功能，我们全面考察了《全宋词》《朱子语类》《五灯会元》《南宋话本》等四部著作中 ABB 的使用情况。《全宋词》中共有 ABB 式词 104 个，使用 116 次；《朱子语类》中共有 ABB 式词 23 个，使用 68 次；《五灯会元》中共有 ABB 式词 69 个，使用 115 次；《南宋话本》中共有 ABB 式词 29 个，使用 31 次。

宋代 ABB 式形容词的具体用法见下表：

	《全宋词》	《五灯会元》	《朱子语类》	《南宋话本》
总例数	116	115	68	31
做谓语	111	106	49	12
做状语	5	4	10	6
做定语		5	3	13
做补语			6	

从上表可以看出，宋代 ABB 式形容词的功能虽有了些发展，但做谓语还是其主要功能。

（二）ABB 功能的变化与 ABB 词汇化程度的加深

ABB 由只做谓语发展到不仅可以做谓语，还可以做状语、定语和补语，这是 ABB 词汇化的结果。反过来，ABB 功能的变化又会加深 ABB 的词汇化。处于非谓语位置的 ABB 与处于谓语位置的 ABB 相比，BB 与 A 的结合更加紧凑，BB 的语义更容易依附于 A。例如：

（17）松风冷飕飕，片片云霞起。（全唐诗·拾得·松风冷飕飕）

（18）寒月冷飕飕，身似孤飞鹤。（全唐诗·寒山·自羡山间乐）

（19）这剑冷飕飕取决不离匣，这恶头儿揣与咱家。（元曲选·后庭花·三折）

对比三句中的"冷飕飕"则会发现，不处于谓语位置的"冷飕飕"，"飕飕"的意义最模糊。例（17）中，"松风""冷""飕飕"三者互有搭配关系（可以说"松风冷"，也可以说"松风飕飕"），是句子的核心成分，也是语义表达的重心。例（18）中，"寒月"与"冷"是句子的核心成分，是语义表达的重心，"飕飕"已退于次要地位（可以说"寒月冷"，但不能说"寒月飕飕"），仅用来补充说明"冷"的形象感。例（19）中，"剑"与"不离匣"是句子的核心成分，是语义表达的重心，"冷"与"飕飕"一起退于次要地位，"飕飕"的语义已退于更加次要的地位，以至于人们不再注意它到底表达了什么意思。人们首先注意到的是"剑"与"不离匣"的语义搭配，其次才会注意到"冷"与"剑"、"不离匣"的语义关系。"飕飕"的意义对于整个句子的表达已无足轻重，处于越来越边缘化的位置。这种变化一方面会促使 ABB 的结构更加紧凑，促进 ABB 的词汇化，另一方面也会导致 BB 意义的淡化与脱落。

三　语义淡化与 BB 的音缀化

所谓语义淡化（Semantic bleaching）指语法化过程中实词的意义逐渐模糊化或实义消失的过程。宋以前，ABB 的 BB 都是有实义的重言形式。宋代，少数 ABB 的 BB，语义淡化，变成了纯粹的语音性成分，由附加语素变成了音缀。例如：

（20）水外黑洞洞地，而中却明者，阴中之阳也。（朱子语类·卷一）

（21）今言道无不在，无适而非道，固是，只是说得死搭搭地。（朱子语类·卷六十四）

（22）六十四卦，只是上经说得齐整，下经便乱董董地。（朱子语类·卷六十七）

（23）黄龙下儿孙，一个个硬剥剥地，只有真净老师较些子。（五灯会元·宝峰克文禅师）

"黑洞洞"的"洞洞"、"死搭搭"的"搭搭"、"乱董董"的"董董"、"硬剥剥"的"剥剥"等都已没有什么实在的词汇意义，是一种音缀。

这些叠音音缀都是由 AA 式重言变来的。因为文献不足，许多 ABB 的 BB 音缀化的过程大都已无法弄清楚了。但是我们仍然能观察到某些 BB 音缀化的历程。

（一）BB 的音缀化过程

在 ABB 形容词中，单音状态形容词重叠而成的 BB、单音动词重叠而成的 BB 和单音拟声重叠而成的 BB 都有可能变为音缀。

1. 单音状态形容词重叠的音缀化

现代汉语里，"娇滴滴"是一个音缀式形容词，"滴滴"是两个无义的叠音音缀。"滴"本写作"的"，在秦汉是一个单音状态形容词，意义是"鲜艳"，多用来描写妇女长得艳丽。例如，《文选·宋玉·神女赋》："眉联娟以蛾扬兮，朱唇的其若丹。""的"重叠为"的的"，形容（妇女）艳丽的样子。例如，梁·刘孝绰《郡县遇见人织率尔寄妇》诗："笼笼隔浅沙，的的见妆华。"宋·郑僅《调笑令》词："吴姬绰约开金盏，的的娇波流盼。"宋代，"的的"与单音性质形容词"娇"构成"娇的的"，指"娇媚而艳丽的样子"。例如，宋代欧阳修《盐角儿》词："施朱太赤，施粉太白，倾城颜色，慧多多，娇的的。天付与，教谁怜惜。""娇的的"又写作"娇滴滴"。例如，元代王仲诚《粉蝶儿》套曲："娇滴滴香脸嫩如花，细鬆鬆纤腰轻似柳。""娇滴滴"本指颜色娇嫩，后又转指声音的娇嫩。例如，《老残游记》第九回："只听身后边娇滴滴的声音说道：饭用过了罢？怠慢得很。"这时候"滴滴（的的）"的语义淡化，"鲜艳"之色已荡然无存，"滴滴"变成了音缀。

有些音缀式 ABB，其 BB 音缀化的过程已难以探究，但它们的本字在各种文献中还能发现。"黑洞洞"的"洞洞"是叠音音缀，可它的本字应是"驋"。"驋"与"洞"在《集韵》中是同一个小韵的字，读音相同。《集韵·东韵》："驋，黑皃。"由此可知，"洞洞"可能是单音状态形容词"驋"的重叠式。因语义淡化，本字不明，加之字形变化，变成了音缀。

2. 单音动词重叠的音缀化

宋以前，动词的重叠主要是动作形象性较强的不及物动词的重叠。重叠的意义也不表"短时"或"尝试"，而是表状态，表动作的连续。

"腾"是单音动词，有"升腾"之义。例如，《礼记·月令》："（孟春之月）是月也，天气下降，地气上腾。"唐代，"腾"重叠为"腾腾"，形容日、月、烟、气等不断上升的样子。例如，唐·李绅《忆汉月》："燕子不藏雷不蛰，烛烟昏雾暗腾腾。"唐以后，"腾腾"的意义越来越丰富，与多个单音性质形容词构成 ABB。例如，"黑腾腾""慢腾腾""昏腾腾""急腾腾""乱腾腾""远腾腾""闷腾腾""困腾腾"等。明代，单音性质形容词"热"与"腾腾"构成"热腾腾"，形容热气蒸腾的样子。例如，《金瓶梅词话》六十九回："须臾大盘大碗，就是十六碗热腾腾美味佳肴。"此处的"腾腾"还有实义，指热气不断上升的样子。"热"作为单音性质形容词，义项也较多，至少有"气温高"和"热闹"两个义项，"气温高"的意义比较具体，有可感性，温度高形成的水气蒸腾与"腾腾"的意义有关联，构成了ABB。当"热腾腾"用于"热"的较为抽象的"热闹"这一义项时，"腾腾"的语义淡化，变成了音缀。例如，《金瓶梅词话》三十七回："自古养儿人家热腾腾的，养女儿家冷清清。"此处的"热腾腾"指热闹，"腾腾"已失去烟气升腾的意义。

"溜"是单音动词，有"滑动、滑落"义。例如，南唐·李煜《浣溪沙》词："佳人舞点金钗溜，酒恶时拈花蕊嗅。"宋代，"溜"重叠为"溜溜"，指"水、酒等物体的滑动貌。"例如，宋·陆游《鱼池将涸车水注之》诗："清波溜溜入新渠，邻曲来观乐有余。"明代，"溜溜"引申出"光滑"义，与形容词"光"构成"光溜溜"。例如，明·吴承恩《西游记》八十二回："山脚下有一块大石，约有十余里方圆；正中有缸口大的一个洞儿，爬得光溜溜的。"形容词"光"至少有"光滑"与"一点儿不剩"两个义项，"光溜溜"到了现代汉语中发展出"一点儿不剩"的意思。例如，邓友梅《追赶队伍的女兵们》："二嫂住在东屋。光溜溜的席、光溜溜的地，什么摆设都没有，可收拾得干净明快。""光溜溜"由"光滑"发展到"一点儿不剩"是"光"的意义在发展，"溜溜"不可能也发展出"一点儿不剩"的意思，只能变成音缀。

3. 叠音拟声词的音缀化

拟声词的主观性最强，本就没有多少词汇意义，是表音性成分，无所谓音缀化。我们此处说的音缀化是指ABB中的拟声语素由拟声发展到不拟声的过程。如"冷飕飕"的"飕飕"由模拟风声发展到不模拟任何声音的过程就是音缀化的过程。

单音性质形容词与AA式拟声词构成ABB，其结合的认知基础是通感。"冷"的感觉和风"飕飕"的感觉有关联性，所以才导致"冷飕飕"的结合。哪些单音性质形容词能够与哪些AA式拟声词结合，有明显的民族性、地域性和时代性。这一点还有待于进一步研究。这里，我们只能简单地举两个例子以说明 AA 式拟声词音缀化现象的存在。

"乱哄哄"的"哄哄"又写作"吰吰""閧閧"等，是叠音拟声词，形容声音嘈杂。例如《广韵·东韵》："吰吰，市人声。"《朱子语类》卷一百三："未几，外面閧閧地，谓上往建康。"可能"乱"的混乱状态与"哄哄"的众人嘈杂声引起的状态有相关性，宋代，"乱"与"哄哄"结合构成"乱哄哄"，又写作"乱烘烘"。例如，《南宋话本·快嘴李翠莲记》："诸亲九眷闹丛丛，姑娘小叔乱哄哄。"《南宋话本·碾玉观音》："则听得街上闹炒炒，连忙推开楼窗看时，见乱烘烘道：井亭桥边有遗漏。"以上两例的"哄哄"（烘烘）还有拟声的功能。元代，"乱烘烘"的发展使得"烘烘"有时已不拟声了。例如，《元曲选·蝴蝶梦》四折："我叫化的乱烘烘一陌纸，拾得粗坌坌几根柴。"此句的"烘烘"已没有拟声的作用，变成了音缀。

"冷丁丁"的"丁丁"本也是拟声词，可以模拟多种声音，如"伐木声""敲击木桩声""鸟鸣声""啄木声""敲门声""器乐声""滴漏声"等（汪维懋，1999）。例如，北周·庾信《燕歌行》："寒雁丁丁渡辽水，桑叶纷纷落蓟门。"此"丁丁"模拟的是鸟鸣声。唐·陆龟蒙《方响》诗："占霜寒玉乱丁丁，花底秋风拂坐生。"此"丁丁"模拟的是器乐声。唐代方干《陪李郎中夜宴》诗："间世星郎夜宴时，丁丁寒漏滴声稀。"此"丁丁"模拟的是滴漏声。不管模拟什么声音，"丁丁"多与"寒"或"冷"的意象结合在一起，因此有"寒丁丁""冷丁丁"的搭配，例如，唐代牛殳《琵琶行》："飘飘摇摇寒丁丁，虫豸出蛰鬼神惊。"元·姚燧《冬怨》曲："朔风掀倒楚王宫，冻雨埋藏神女峰，雪雹打碎桃源洞，冷丁丁总是空。"以上的"寒丁丁"和"冷丁丁"中，"丁丁"还在拟声，模拟的是琵琶弹奏声和雪雹落地的声音。"冷丁丁"的进一步发展，只强调"冷"的意义，"丁丁"的拟音功能消失，变成音缀。例如，《元曲选·救孝子》二折："哭吖吖的连身唤救人，冷丁丁的慌忙用水喷。"同时，"冷丁丁"由状态词变为副词，形容突然、冷不防的样子，只能做状语，例如，元·关汉卿《新水令》曲："冷丁丁舌尖上送香茶，都不到半霎，森森一向遍身麻。"此处的"丁丁"是地道的音缀。

（二）BB 音缀化过程与语义淡化

ABB 词中，BB 的音缀化是 BB 语法化过程中一个较晚的阶段。"在语法化的早期阶段。意义的变化和促使它们变化的认知策略是最重要的……在晚期阶段，当语法化继续进行而且语言形式变得被惯常使用的时候，意义丢失或语义淡化现象经常会发生。"（Paul J. Hopper and Elizabeth Closs Traugott, 2001）。唐代，ABB 词汇化的过程是 BB 从句法成分向构词成分变化的过程；宋代，ABB 音缀化的过程是 BB 由构词成分向语音成分变化的过程。在这两个过程中都有语义淡化（semantic bleaching）现象。

BB 的语义淡化是 ABB 在成词过程中或成词后继续发展时产生的。这一过程的发生与 A 和 BB 的语义发展不协调有关。因语义域狭窄的限制，自唐以后 AA 式重言的发展一直处于衰弱的状态。（石锓，2004：53—54）在 ABB 词汇化的过程中，A 和 BB 与句子的主语匹配不一致，导致 BB 的语义开始淡化；在 ABB 词进一步发展的过程中，ABB 的发展实际上是 A 的发展，BB 的语义渐次失落，一步步变成了音缀。

BB 的语义淡化与 ABB 句法功能的变化也有关系。唐代，ABB 处于谓语位置，某些 BB 的语义变化也只是部分淡化（partial semantic - bleaching）。宋元以后，ABB 从谓语位置可转移至状语、定语和补语的位置，有些 BB 的语义则全部淡化（full semantic - bleaching）。

四 主谓式 ABB 短语的词汇化

所谓词汇化（Lexicalization）指某个短语或结构逐渐变成词的过程。

怎样判定一个主谓式 ABB 是词而不是短语呢？这存在着使用什么标准的问题。

徐浩（1998）谈到主谓式 ABB 词的出现时所用的标准是：在 ABB 之前还有别的话题，而且 A 不是该话题的一部分，这时的主谓式 ABB 是词，具体一点说，徐先生在分析汉代的 ABB 时说："这一时期还出现了很像是词的主谓结构的 ABB 式，我们说它很像词是因为在 A 之外还有别的话题，ABB 是用来对这个话题进行说明的。"他举的例子是：

（24）田圃田者莠乔乔，思远人者心忉忉。（扬雄《法言·修身》）

上例中，"莠乔乔"另有"田圃田者"这个话题，"心忉忉"另有"思远人者"这个话题。因为"莠"与"心"仍然跟前面话题所指事物有"部分—整体"关系，所以 ABB 像词，但还不是词。谈到唐代的主谓式 ABB 时，徐先生明确地说："唐诗中有些主谓结构的 ABB 形式的语言成分可以看作 ABB 词，一是因为它以 ABB 整体来说明句子的主题，描写主题所表事物的态貌，二是因为 A 不是该事物的一部分：这是和《楚辞》、两汉魏晋时期最大的区别。"我们觉得，ABB 之前还有别的话题这一个标准还不能证明 ABB 就不是短语。主谓短语做谓语还是比较常见的。

董秀芳（2002）在谈到主谓短语词汇化时说："由于名词不能被副词修饰，所以主谓短语之前就不能加副词；当主谓短语成词以后，原主语部分与谓语部分的分立性减弱，二者变为一个组合紧密的整体，而这个整体如果是谓语性的，副词就可加在前面了。因而前面能不能加副词，是判定一个形式是主谓短语还是词的一个重要标准。"这一点对我们很有启发。

其实，不能修饰名词的不只是副词。有些谓词性指代词也是不能修饰名词的。如不能说"这么桌子"或"那么椅子"等。主谓式 ABB 形容词也是状态形容词，是谓词性成分。主谓式 ABB 短语的 A 还是名词，是体词性成分。因此，我们判定主谓式 ABB 词汇化的标准是：凡不能修饰体词的语言成分修饰了主谓式 ABB，那么该主谓式 ABB 是词，不是短语。

根据这条标准，我们发现主谓式 ABB 形容词在宋代才出现。例如：

（25）这老汉寻常口吧吧地，不消一问。（古尊宿语录·卷三十九）

（26）道吾怎么血滴滴地为他。（宋·雪窦重显《碧岩录》）

（27）拿住你，你还那等嘴巴巴的。（金瓶梅词话·八十五回）

例（25）中，"口吧吧"是主谓式 ABB，受副词"寻常"修饰，是词。例（26）和（27）中，"血滴滴"和"嘴巴巴"分别受谓词性指代词"怎么"和"那等"修饰，也是词。例（26）的"血滴滴"还做状语，这也是主谓式 ABB 词汇化的表现。

五　名词重叠结构进入 ABB 式形容词

宋以前，能进入 ABB 中 BB 位置的成分有单音状态形容词的重叠形式、单音性质形容词的重叠形式、单音动词的重叠形式、拟声词的重叠形式和量词的重叠形式。宋元以后，单音名词的重叠形式也可以进入这一格式。例如：

（28）问："古镜未磨时如何？"师曰："照破天地。"曰："磨后如何？"师曰："黑漆漆地。"（五灯会元·龙济绍修禅师）

（29）其心都冷冰冰地了。（朱子语类·卷一百二十五）

（30）若是添一句甜蜜蜜地，好好观来正是毒药。（宋·雪窦重显《碧岩录》）

（31）西山映水碧潭潭，楚老长谣泪满衫。（宋·王安石《和张仲通忆钟陵绝句》）

（32）明晃晃马鞯枪尖上挑，白雪雪鹅毛扇上铺。（全元散曲·睢景臣·高祖还乡）

"漆漆""冰冰""蜜蜜""潭潭""雪雪"都是单音名词的重叠形式。这些 ABB 的 A 只能是单音性质形容词，如"黑""冷""甜""碧""白"等。BB 与 A 有一种比拟关系。如"黑漆漆"有"如漆一样黑"的意思。不过，与其他类型的 ABB 不同的是此类 BB（如"漆漆""冰冰""蜜蜜""潭潭""雪雪"）不能单独成词。它们是附加式 ABB 形容词一个特殊的类，只有在 ABB 词汇化的背景下才会出现。它们发展的方向也与其他ABB 不一致。

参考文献

［1］陈鸿迈：《〈楚辞〉里的三字语》，《中国语文》1988 年第 2 期。

［2］董秀芳：《词汇化：汉语双音词的衍生和发展》，四川民族出版社 2002年版。

［3］郭锡良：《先秦汉语名词、动词、形容词的发展》，《中国语文》2002 年第3 期。

［4］江蓝生：《单音词的多次变形重叠》，"第五届国际古汉语语法研讨会"暨"第四届海峡两岸语法史研讨会"会议论文，台湾"中央研究院"，2004 年。

［5］蒋绍愚：《古汉语词汇纲要》，北京大学出版社 1989 年版。

［6］吕叔湘：《现代汉语八百词》，商务印书馆 1980 年版。

［7］吕叔湘：《形容词使用情况的一个考察》，《中国语文》1965 年第 6 期。

［8］李宇明：《汉语量范畴研究》，华中师范大学出版社 2000 年版。

［9］李海霞：《先秦 ABB 式形容词组》，《古汉语研究》1991 年第 4 期。

［10］刘丹青：《苏州方言重叠式研究》，《语言研究》1986 年第 1 期。

［11］刘云：《重叠研究索引》，《汉语学报》2000 年第 2 期。

［12］卢卓群：《形容词重叠式的历史发展》，《湖北大学学报》（哲学社会科学

版）2000 年第 6 期。

　　［13］潘攀：《〈金瓶梅词话〉ABB、AABB 构词格》，《华中师范大学学报》（人文社会科学版）1997 年第 4 期。

　　［14］沈家煊：《"语法化"研究综观》，《外语教学与研究》1994 年第 4 期。

　　［15］沈家煊：《语言的"主观性"和"主观化"》，《外语教学与研究》2001 年第 4 期。

　　［16］邵敬敏：《ABB 式形容词动态研究》，《世界汉语教学》1990 年第 1 期。

　　［17］石毓智：《论汉语的句法重叠》，《语言研究》1996 年第 2 期。

　　［18］石锓：《汉语形容词重叠形成的历史发展》，博士学位论文，中国社会科学院研究生院，2004 年。

　　［19］汪维懋：《汉语重言词词典》，军事谊文出版社 1999 年版。

　　［20］王继红：《重言式状态词的语法化考察》，《语言研究》2003 年第 2 期。

　　［21］邢福义：《汉语语法学》，东北师范大学出版社 1997 年版。

　　［22］徐浩：《现代汉语 ABB 词及其历史演变》，《语言学论丛》第 20 辑，商务印书馆 1998 年版。

　　［23］杨建国：《先秦汉语的状态形容词》，《中国语文》1979 年第 6 期。

　　［24］杨逢彬：《关于殷墟甲骨刻辞的形容词》，《古汉语研究》1979 年第 1 期。

　　［25］喻遂生：《重庆话的附缀形容词》，《语言学论丛》第 9 辑，商务印书馆 1982 年版。

　　［26］张敏：《汉语方言重叠式语义模式的研究》，《中国语文研究》（香港）2001 年第 1 期。

　　［27］张美兰：《论近代汉语后缀形容词》，《中山人文学报》（台湾）1999 年第 9 期。

　　［28］张美兰：《近代汉语后缀形容词词典》，贵州教育出版社 2001 年版。

　　［29］朱德熙：《现代汉语形容词的研究》，《语言研究》1956 年第 1 期。

　　　　原载《湖北师范学院学报》（哲学社会科学版）2005 年第 3 期
　　　　该文研究获国家社科基金项目"汉语形容词重叠形式的历史发展"（04BYY020）的资助
　　　　人大复印报刊资料《语言文字学》2005 年第 10 期全文转载

从叠加到重叠:汉语形容词 AABB 重叠形式的历时演变

一　引言

（一）　重叠与叠加

汉语形容词 AABB 重叠形式有重叠和叠加两种结构方式。邢福义等（1993）指出，现代汉语里，形容词的 AABB 有两类："（一）一个双音形容词的 AABB 重叠；（二）两个单音形容词的 AABB 叠结。"例如，"清爽"是一个双音节的形容词，"清清爽爽"是形容词的 AABB 重叠式；"高"和"低"是两个单音节形容词，"高高低低"是形容词的 AABB 叠结式。本文称前者为 AABB 重叠式，后者为 AABB 叠加式。

（二）　汉语形容词重叠的类型

汉语形容词重叠的类型可以从不同的角度来划分。从基式的音节数来看，有单音形容词的重叠和双音形容词的重叠。前者如"长长的"，后者如"高高兴兴"。

就单音形容词的重叠而言，历史上又有"重言"[①] 与"重叠"的区别。上古汉语里单音状态形容词[②]构成的重叠，我们称之为"重言"；现代汉语里单音性质形容词构成的重叠，我们称之为重叠。例如，历史上"皑"与"白"一样，可以单用，也可以重叠。例如，汉·卓文君《白头吟》："皑如山上雪，皎若云间月。"汉·刘歆《遂初赋》："漂积雪之皑

[①] "重言"最先是宋人用来称呼叠字的术语，我们借它表示单音状态形容词的重叠。

[②] 单音状态形容词的概念参见杨建国、郭锡良和石毓智的研究。

皑兮，涉凝露之隆霜。""皑"与"白"意义虽相同，但语法特性不一样。"皑"只用来描摹霜、雪等很少几类事物的白的状态，因而不能受程度副词的修饰；"白"却可以概括所有事物的白的属性，因而可以受程度副词的修饰。① "皑"是单音状态形容词，"皑皑"构成的是重言；"白"是单音性质形容词，"白白的"构成的是重叠。

就双音形容词的重叠而言，历史上又有"重言式重叠"和"重叠式重叠"的区别。近代汉语里，双音状态形容词构成的重叠，我们称之为"重言式重叠"；现代汉语里，双音性质形容词构成的重叠，我们称之为"重叠式重叠"。例如：

（1）参参差差，森森绵绵。（唐·杨炯《梓州惠义寺重阁铭》）

（2）我愿意叫咱们都高高兴兴，没有一个人暗地里掉眼泪！（老舍《全家福》）

"参差"是双音状态形容词，不能受程度副词的修饰，"参参差差"是重言式重叠；"高兴"是双音性质形容词，可以受不同等级的程度副词的修饰，"高高兴兴"是重叠式重叠。

（三）汉语形容词叠加的类型

汉语形容词叠加的类型也可以从不同的角度来划分。就 A 与 B 的词性小类不同而言，AABB 叠加式有两类：当 A 与 B 都是单音状态形容词时，AABB 构成重言式叠加；当 A 与 B 都是单音性质形容词时，AABB 构成重叠式叠加。例如：

（3）穆穆皇皇，宜君宜王。（诗经·大雅·假乐）

（4）她那高高瘦瘦的身躯坐在炕上。（欧阳山《圣地》）

"穆穆皇皇"是重言式叠加。毛传："穆，美也。""皇，美也。"郑笺："天子穆穆，诸侯皇皇。"从毛传和郑笺的解释来看，"穆"与"皇"都是单音状态形容词，分别构成"穆穆"与"皇皇"两个重言形式，然后加合在一起构成重言式叠加。"高高瘦瘦"是重叠式叠加。"高"与"瘦"都是单音性质形容词，分别构成"高高"与"瘦瘦"两个重叠形式，然后加合在一起构成重叠式叠加。

---

① 现代汉语里，"白"可以受"有点""比较""更""很"等不同等级的程度副词的修饰。

　　就 A 与 B 的语义关系不同而言，AABB 叠加式有三类：（1）当 A 与 B 意义相同时，AABB 构成同义叠加；（2）当 A 与 B 意义不相同而相关时，AABB 构成差义叠加；（3）当 A 与 B 意义相反时，AABB 构成反义叠加。例如：

　　（5）稀稀疏疏绕篱竹，窄窄狭狭向阳屋。（白居易《和自劝二首》）

　　（6）怀里抱着个白白胖胖大小子。（王兰《骆驼上的笑声》）

　　（7）高高低低，坟头上长满蒿草。（杨朔《海市》）

　　"窄"与"狭"意义相同，"窄窄狭狭"构成同义叠加；"白"与"胖"意义不同而相关，"白白胖胖"构成差义叠加；"高"与"低"意义相反，"高高低低"构成反义叠加。

　　本文主要讨论汉语形容词 AABB 重叠形式由叠加演变为重叠的过程。叠加式 AABB 经历了一个由短语变为词的词汇化过程。在此过程中，AA + BB 被重新分析为 AB 重叠为 AABB。为了说明这一演变过程，本文将首先简单分析形容词 AABB 重叠形式的类型演变，然后分析叠加式 AABB 的词汇化，最后分析重叠式 AABB 的形成。

二　形容词 AABB 重叠形式的类型演变

（一）唐以前 AABB 的类型

　　唐以前，形容词性的 AABB 都是叠加式的，没有重叠式的①，共有两种类型。例如：

　　（8）穆穆皇皇，宜君宜王。（诗经·大雅·假乐）

　　（9）青青黄黄，雀石颓唐。（梁诗·横吹曲辞·地驱乐歌）

　　例（8）的"穆穆皇皇"是重言式叠加，例（9）中的"青青黄黄"是重叠式叠加。在我们的调查中，唐以前的 AABB 绝大多数都是重言式叠加②，而重叠式叠加我们仅发现了例（9）一例。

---

　　① 参见石锓《唐以前的 AABB 式形容词语》，《三峡大学学报》2005 年第 3 期。

　　② 曹先擢认为《诗经》中的 AABB 式词语有 21 例，伍宗文在《尚书》《庄子》《荀子》《孙子》《韩非子》《战国策》《楚辞》《吕氏春秋》等先秦作品中找到形容词性的 AABB 式词语共计 38 例。我们在两汉魏晋赋中找到形容词性 AABB 式词语共 70 例；又在《淮南子》《论衡》《汉书》《三国志》《世说新语》《抱朴子》等散文文献中找到 46 例；还在《先秦汉魏晋南北朝诗》中找到 57 例。唐以前的 AABB 我们以这 232 例为考察对象。

（二）唐宋 AABB 的类型

唐宋时期，形容词性的 AABB 有叠加式的，也有重叠式的，共有四种类型。例如：

（10）皎皎苍苍千里同，穿烟飘叶九门通。（杨巨源《月宫词》）

（11）小小细细如尘问，轻轻缓缓成朴簌。（刘叉《雪车》）

（12）参参差差，森森细细。（唐·杨炯《梓州惠义寺重阁铭》）

（13）圣人见成言语，明明白白。（朱子语类·卷一百二十一）

例（10）的"皎皎苍苍"是重言叠加，例（11）的"小小细细"是重叠叠加，例（12）的"参参差差"是重言式重叠，例（13）的"明明白白"是重叠式重叠。

与唐以前相比，唐宋在叠加式 AABB 的基础上新产生了重叠式 AABB。具体地说，唐代产生了重言式重叠，宋代产生了重叠式重叠。

三 叠加式 AABB 的词汇化

（一）AABB 结构的性质

现代汉语里，形容词 AABB 的重叠形式是词还是短语呢？有两种不同的看法。朱德熙、卞觉非等认为 AABB 是形容词的"复杂形式"，是词。（朱德熙，1956；卞觉非，1983）石定栩（2000）认为："形容词重叠形式与非重叠形式的句法结构形式不同，前者是短语，而后者是词。"即 AABB 是短语。笔者坚持朱德熙等的看法，现代汉语里的形容词 AABB 重叠形式，不管它们是叠加还是重叠，都是词，不是短语。[①]

但是，这并不意味着历史上的形容词性的 AABB 都是词。我们发现，唐以前的叠加式 AABB 都是短语，它们演变到唐宋，有一个由短语变为词的词汇化过程。下面将从叠加式 AABB 的形式变化、意义变化和使用频率变化等多个角度来观察这一词汇化过程。

---

① 现代汉语里的 AABB 形容词可以从其独特的语音变调模式、固定的语序、结构的不可分离性和较高的使用频率等几个角度证明它们是词。

（二）从形式变化看叠加式 AABB 的词汇化

对比古今的形容词性的叠加式 AABB，我们发现唐以前的 AABB 短语和唐宋后的 AABB 词在形式上产生了两大变化。第一，AA 与 BB 在结构上由松散变为凝固；第二，AA 与 BB 的词序由不固定变为固定。

1. AABB 结构的凝固化

唐以前的 AABB 在结构上较为松散，AA 与 BB 之间可以加进连词"以""而""之"等，还可以加进语气词"兮"。例如：

（14）夜漫漫以悠悠兮，寒凄凄以凛凛。（文选·潘岳·寡妇赋）

（15）齐首目以瞪眄，徒眽眽而狋狋。（文选·王延寿·鲁灵光殿赋）

（16）登石峦以远望兮，路眇眇之默默。（楚辞·卜居）

（17）状貌崟崟兮峨峨，凄凄兮溰溰。（楚辞·招隐士）

"漫漫悠悠"是漫长貌；"凄凄凛凛"是寒冷貌，中间加了连词"以"。"眽眽狋狋"是注视貌，中间加了连词"而"。"眇眇默默"是远而寂静貌，中间加了连词"之"。"崟崟峨峨"是高耸貌；"凄凄溰溰"是湿润貌，中间加了语气词"兮"。显然，唐以前的叠加式 AABB 还是短语。直到宋代，个别重叠式叠加的 AA 与 BB 之间还可以加进其他虚词。例如：

（18）整整斜斜，疏疏密密，簾缬旗红相望。（全宋词·吕渭老·齐天乐）

（19）月寒疏影淡，整整復斜斜。（全宋词·王庭硅·临江仙）

对比例（18）与例（19）可知，宋代的重叠叠加式"整整斜斜"还是短语，不是词。

唐宋以后，AABB 式形容词已演变成一种较固定的组合，AA 与 BB 一旦结合，中间不能被虚词隔开。如"高高瘦瘦"不能说"高高而瘦瘦"、"高高啊瘦瘦"等。

2. AABB 语序的固定化

唐以前的 AABB，语序上较为随意，还没有形成固定的叠加。既可以叠加为 AA + BB，又可以叠加为 BB + AA。例如：

（20）田里周行，济济锵锵而相从。（刘向《说苑·建本》）

（21）重闱洞出，锵锵济济。（左思《魏都赋》）

（22）赫赫炎炎，云我无所。（诗经·大雅·云汉）

（23）此其为乐也，炎炎赫赫，怵然若有所诱慕。（淮南子·原道）

"济济锵锵"与"锵锵济济"都指步趋有节、多而整齐的样子，"赫赫炎炎"与"炎炎赫赫"都是盛大貌。AA 与 BB 的意义相近或相关，但语序不固定。准确地说，唐以前的 AABB 应是两个重言的连用，是短语。现代的叠加式 AABB 形容词已形成一种较为固定的语序，AA 与 BB 谁前谁后都有固定的位置。"白白胖胖"不能说成"胖胖白白"，"高高大大"也不能说成"大大高高"。

3. 从意义变化看叠加式 AABB 的词汇化

学者们注意到，典型的词与短语在意义上的差别是：短语的整体意义可以通过组成成分的意义和短语结构关系进行预测，而词的整体意义则不能由其组成成分的意义与结构关系推知。（黄月圆，1995）唐代，某些叠加式 AABB 的意义已不能从其构成部分（AA 和 BB）中推测出来，AABB 的意义整体地发生了变化，变得比 AA 与 BB 的意义都抽象，描写的范围更广。例如，"浩浩"与"汗汗"的意义原本非常具体，特指水势很大。《尚书·尧典》："浩浩洪水方割，荡荡怀山襄陵。"潘岳《西征赋》："其池则汤汤汗汗，混漾弥漫，浩如河汉。"唐代，"浩浩汗汗"的意义由具体变为抽象，指声势浩大。描写的对象也不局限于水，可以是其他事物。例如：

（24）兵马浩浩瀚瀚①，数百里之交横。（敦煌变文集·伍子胥变文）

这从一个方面说明了唐代的"浩浩汗汗"很可能已是一个词。

4. 从使用频率的变化看叠加式 AABB 的词汇化

只有两个成分经常在一起出现，才有固化成词的可能性。因此，AABB 使用频率的高低也是判别它们是否词汇化的可用标准之一。换句话说，AABB 的使用频率高，则成词的可能性大；AABB 的使用频率低，则成词的可能性小。

唐以前的 AABB 除"战战兢兢""穆穆皇皇"等少数几个被多次使用外，绝大多数都是一种临时性的组合，使用仅一次。而且，AABB 的组成成员不固定。一个 AA 式重言可以和多个相关的 AA 式重言组合成 AABB。"纷纷"就可以和九个不同的 AA 式重言构成九组 AABB 临时性组合。例如："纷纷纭纭"（孙子·势篇）、"纷纷扰扰"（楚辞·神女赋）、"纷纷

---

① "浩浩汗汗"也写作"浩浩瀚瀚"或"浩浩淋淋"等。

分分"（吕氏春秋·慎大览）、"纷纷若若"（列子·力命）、"纷纷翼翼"（枚乘《七发》）、"涫涫纷纷"（荀子·解蔽）、"莫莫纷纷"（扬雄《羽猎赋》）、"飚飚纷纷"（班固《西都赋》）、"湣湣纷纷"（汉书·叙传）等。

唐宋时期，许多 AABB 开始固定为经常性的搭配，且使用频率越来越高。

5. AA 和 BB 的语义关系与 AABB 词汇化的程度

总起来说，形容词的 AABB 叠加形式在唐以前都是短语，唐宋时期部分 AABB 开始词汇化，元明时期叠加式 AABB 已基本完成词汇化的过程。在整个词汇化的进程中，各类叠加式的词汇化程度是不同的，这与构成它们的 AA 与 BB 的语义关系有关。

从 AA 和 BB 的语义关系上看，唐以前的 AABB 大多是差义式叠加，AA 与 BB 的意义只是相近、相关，不相同。如"荡荡巍巍"中，"荡荡"与"巍巍"不同义。朱熹《论语集注》："巍巍，高大之貌；荡荡，广远之称也。"有的 AABB 结构，AA 与 BB 意义相同，构成同义式叠加。如"衯衯裶裶"中，"衯衯"与"裶裶"同义，《文选》郭璞注曰："衯衯、裶裶，皆衣长貌也。"单音状态形容词没有反义词，由它们构成的 AABB 叠加形式也没有反义叠加，只有同义叠加和差义叠加。

因为两个语义相近的形式，在概念领域内的距离比两个语义相反或相对的形式近，根据距离相似原则，应该具有更近的形式距离，因而也就更容易粘合成词（董秀芳，2002；Sun Jing Tao，1999），所以，唐以后同义叠加式 AABB 比差义叠加式 AABB 更容易成词，且词汇化的程度也更高。唐代，成词的 AABB 叠加式（如"漫漫汗汗""渺渺茫茫"等）都是同义叠加式。

四　重叠式 AABB 的形成

（一）重言式重叠的形成

1. 词汇化与重新分析

董秀芳（2002：293—297）发现：词汇化了的双音词，其内部结构存在一种重新分析现象。比如，"颜色"词汇化后最初是一个偏正式双音词。"颜"原指"前额"，后泛指"脸、面"，"颜色"即面色。后来，"颜色"的意义泛指化，义同"色彩"。当意义发生变化后，词的内部形式也随之逐渐模糊了，因而就出现了重新分析，"颜色"的内部结构从偏正式被重新理解为并列式。现在的"五颜六色"一词显然已把"颜色"的结构看成了并列关系。又如，"洗澡"本是一个并列式双音词。"洗"在有些场合指"洗脚"，在更多的时候泛指"洗涤"。"澡"本义是"洗手"，后泛指"洗涤、沐浴"。但后来"澡"不能单用了，变成了一个黏着语素，于是"洗澡"的内部形式也开始变得模糊，后来就被语言使用者重新理解为动宾结构。因此，就出现了"洗了一个澡"这样的说法。

我们注意到，重言式重叠就是在同义重言叠加式的基础上通过重新分析而形成的。

2. 同义重言叠加式 AABB 内部结构的重新分析

唐代，出现了一些同义重言叠加而形成的 AABB 式形容词。例如：

（25）山峥嵘，水泓澄，漫漫汗汗一笔耕。（顾况《范山人画山水歌》）

（26）梦中归见西陵雪，渺渺茫茫行路绝。（皎然《述梦》）

上例中，"漫漫汗汗"由"漫漫"＋"汗汗"构成，"渺渺茫茫"由"渺渺"＋"茫茫"构成。"漫漫""汗汗""渺渺""茫茫"等重言形式在唐以前早已存在。例如，齐·谢朓《游敬亭山诗》："漠云已漫漫，夕雨亦凄凄。"潘岳《西征赋》："其池则汤汤汗汗，溰漾弥漫，浩如河汉。"梁·萧纲《登烽火楼诗》："悠悠归棹入，渺渺去帆惊。"扬雄《法言·重黎》："神怪茫茫，若存若亡。"因"漫漫"与"汗汗"同义，"渺渺"与"茫茫"同义，此类 AABB 易于词汇化，形成 AABB 式词语。

魏晋至唐代，在同义重言叠加式词汇化的过程中，两重言形式的基式因同义连用也开始词汇化，变成一个双音状态形容词。例如，"漫漫"的基式"漫"和"汗汗"的基式"汗"，两者连用，形成双音词"漫汗"。张衡《南都赋》："布濩漫汗，漭沆洋溢。""渺渺"的基式"渺"和"茫茫"的基式"茫"，两者连用，形成双音词"渺茫"。白居易《长恨歌》："含情凝睇谢君王，一别音容两渺茫。"在这种情形下，同义重言叠加式 AABB 的结构就有可能由 AA＋BB 被重新分析为 AB 重叠为 AABB。具体地说，"漫漫＋汗汗"可能会被重新分析为"漫汗"重叠为"漫漫汗汗"。

因为此类 AABB 的内部结构存在着叠加和重叠两种分析的可能,所以它们还不是真正的重言式重叠。我们暂且称之为准重言式重叠。

3. 同义重言叠加向准重言式重叠转换的语义变化

一个结构向另一个结构演变,它们除了在形式上发生一些变化外,在语义上也会有很大的改变。重叠式 AABB 和叠加式 AABB 所表现的语法意义是不同的。重叠式 AABB 因为是一个双音节词的重叠方式,所以重叠的意义就只表现一种状态。如"高高兴兴"只表现了"高兴"这一种状态。叠加式 AABB 因为是两个单音词的重叠方式,所以重叠的意义势必要表现两种状态。如"白白胖胖"既表现"白"的状态,又表现"胖"的状态。因此,要判定一个 AABB 形式是重叠形式还是叠加形式,就看它表现的是一种状态,还是两种状态。能构成准重叠式 AABB 的双音状态形容词,它的两个语素 A 与 B 是同义关系。如"漫"与"汗"都是广大貌,"渺"与"茫"都是模糊不清的意思。当它们构成 AABB 叠加式时,因 A 与 B 意义相同,整个 AABB 结构早已把两种状态合为一种状态了,符合 AABB 重叠式只表单一状态这一语法意义的要求。因此,AABB 叠加自然可以被重新分析为 AABB 重叠。由此看来,不是所有的叠加式都能发展成为准重叠式的。只有同义叠加式才能够发展成为准重叠式,差义叠加式不能发展成为准重叠式。

形容词 AABB 准重叠式产生于对 AABB 叠加式的重新分析,它的出现为真正的 AABB 重叠式的形成准备一个框架模式和心理视角。

4. 类推与重言式重叠的出现

真正的 AABB 重言式重叠也产生于唐代,它是在类推机制的作用下形成的。

"类推"(analogy)就是一个语法格式的扩展。"类推"与"重新分析"是相互作用的。重新分析所产生的新的结构通过类推可以从一个有限的领域向更广的领域扩展。

唐代出现的 AABB 重叠式形容词有"参参差差"和"霏霏微微"等。例如:

(27) 参参差差,森森细细。(唐·杨炯《梓州惠义寺重阁铭》)

(28) 别来筋骨多情趣,霏霏微微点长露。(任华《怀素上人草书歌》)

这类重叠式的基式都是通过变声变韵重叠而形成的联绵词,不是由两个单音状态形容词词汇化而成的双音状态形容词。此类 AABB 不可能是叠加式的。其中，"参差"是逆向变韵重叠构成的联绵词，"霏微"是顺向变声构成的联绵词。在"参差"一词中，"差"是有意义的单音状态形容词，"参"是"差"逆向变韵重叠出的一个音节，没有词汇意义；在"霏微"一词中，"霏"是有意义的单音状态形容词，"微"是"霏"顺向变声重叠出的一个音节，也没有词汇意义（Sun Jing Tao, 1999）。"参差"和"霏微"的两个音节已融为一体，拆开就会出现没有意义的音节，只有构成一个整体才有完整的意义。

既然 AB 是一个不可拆分的联绵词，是一个完整的整体，那么以它为基式构成的重叠式最自然的格式应该是 ABAB，为什么会按 AABB 模式重叠呢？这是类推而导致的结果。AABB 本属于叠加式的结构格式，不是重叠式的结构形式。因为准重叠式形容词（"漫漫汗汗"等）把它重新分析为一个重叠式的结构模式，所以当联绵词（"参差"等）真正开始重叠时也就选择了 AABB。

类推的过程是认知上的一个类比的过程。可类比的双方必须有共同的相似点。准重叠式的基式双音状态形容词（"漫汗"）与重言式重叠的基式联绵词（"参差"）在我们民族语言的历史上从来都被看成同一类型的语言单位，是不加以区别的，而且它们在语义单一性、语音的相关性和结构的并列性方面也是相同的。

（二）重叠式重叠的形成

唐代，部分联绵词因类推产生了 AABB 重叠，使得 AABB 格式由原来的叠加式独用的格式变成了由叠加式和重叠式共用的格式。宋代，当双音性质形容词完成了词汇化的融合过程后，也能选择 AABB 形式进行重叠。例如：

（29）圣人见成言语，明明白白。（朱子语类·卷一百二十一）

（30）辛辛苦苦说得出来，恐都非圣人作易之本意。（朱子语类·卷六十八）

"明白"和"辛苦"是双音性质形容词，不是通过变音构成的联绵词。它们重叠为"明明白白"和"辛辛苦苦"等多多少少是受到了"参差"一类词语的影响，是它们类推的结果。"明白"等一类词语不是两个语素（"明"和"白"）意义的简单相加，它们的语义通过一定的改造已经专门化（董秀芳，2002），形成一种单一的意义，这一点与"参差"类词语语义的单一性是一致的。"明白"等一类词语因词汇化的等级高而结构的融合性强，这与"参差"类词语因变音而融合性强也是一致的。因为相似，所以可类推，"明白"就会像"参差"一样，重叠为AABB。

某一语言形式的变化，其动因与机制不可能是单一的。由联绵词的重叠发展到双音性质形容词的重叠也受到了一种大趋势的影响。那就是状态形容词重叠向性质形容词重叠发展的大趋势。这种趋势正好出现于唐宋。（石锓，2004）

五　结语

第一，汉语形容词 AABB 的重叠形式有重叠和叠加两种结构方式。唐以前，形容词性的 AABB 是由两个单音形容词叠加而成的；唐宋时，重叠式 AABB 在叠加式 AABB 的基础上演变而成。演变的机制是重新分析与类推。

第二，叠加是句法操作手段，叠加的前后两部分是句法上的并列关系。重叠是词法操作手段，是基式构成重叠词的方式。叠加形成的是句法上的结构，重叠形成的是词的另一种形式。有学者提出了一个著名的观点：今天的词法曾是昨天的句法。（Givon，1971）AABB 由叠加发展成为重叠正是一种句法形式的词法化过程。

第三，汉语形容词 AABB 的重叠形式有如下四大发展趋势：其一，结构方式上由单一的叠加格式向重叠和叠加两种格式并存的方向发展；其二，语法单位的属性上 AABB 由句法单位向词法单位演变，内部的结构关系更紧密，整体意义更加专门化；其三，叠加式 AABB 由两个单音状态形容词的叠加向两个单音性质形容词的叠加发展；其四，重叠式 AABB 由双音状态形容词的重叠向双音性质形容词的重叠发展。

［附记］本文写作时得到了江蓝生老师和蒋绍愚老师的指导，修改时得到了李崇兴老师的指导，谨此致谢。

参考文献

［1］邢福义等：《形容词的 AABB 反义叠结》，《中国语文》1993 年第 5 期。

［2］杨建国：《先秦汉语的状态形容词》，《中国语文》1979 年第 6 期。

［3］郭锡良：《先秦汉语名词、动词、形容词的发展》，《中国语文》2000 年第 3 期。

［4］石锓：《唐以前的 AABB 式形容词语》，《三峡大学学报》2005 年第 3 期。

［5］曹先擢：《〈诗经〉叠字》，《语言学论丛》第 6 辑，商务印书馆 1980 年版。

［6］伍宗文：《略论先秦汉语的 AABB 式》，《汉语史研究集刊》第 4 辑，巴蜀书社 2001 版。

［7］朱德熙：《现代汉语形容词的研究》，《语言研究》1956 年第 1 期。

［8］卜觉非：《"干净"和"干干净净"及其他》，《汉语学习》1983 年第 4 期。

［9］石定栩：《形容词重叠式的句法地位》，《汉语学报》2000 年第 2 期。

［10］黄月圆：《复合词研究》，《国外语言学》1995 年第 2 期。

［11］董秀芳：《词汇化：汉语双音词的衍生和发展》，四川民族出版社 2002 年版。

［12］Sun Jing Tao，Reduplication in Old Chinese，Ph. D. dissertation，The University of British Columbia，1999.

［13］石锓：《汉语形容词重叠形式的历史发展》，博士学位论文，中国社会科学院研究生院，2004 年。

［14］Talmy Givon，"Historical Syntax and Synchronic Morphology：an Archaeologist's Field Trip"，*Chicago Linguistic Society* 7，1971.

原载《语言研究》2007 年第 2 期

该文研究获国家社科基金项目"汉语形容词重叠形式的历史发展"（04BYY020）的资助

从重言到重叠:汉语 AA 式
形容词的历时演变*

汉语的 AA 式形容词实际上有两类:一类是所谓"重言",如"皑皑""彤彤";一类是所谓重叠,如"白白的""红红的"。本文的目的是要分析和说明重言向重叠的历时演变。文章分为如下几个部分:一是重言的定义;二是重言与重叠的区别;三是重言的产生;四是重言的发展及其趋势;五是重叠的出现;六是重叠对重言的继承与发展;七是重叠对重言的替换;八是从重言到重叠的动因与机制。

一 重言的定义

目前,学术界主要的看法是:重言又叫叠字,是一个很笼统的概念。在先秦,基式有独用例的 AA 式结构叫重言,基式找不到独用例的 AA 式结构也叫重言。① 例如:

(1) 未见君子,忧心忡忡。(诗·召南·草蟲)

(2) 其未醉止,威仪反反。(诗·小雅·宾之初筵)

其中,"忡忡"的基式"忡"可以独用。例如,《诗·邶风·击鼓》:"不我以归,忧心有忡。"毛传解释"忧心有忡"为:"忧心忡忡然。"显然,"忡忡"是"忡"的重言。然后,"反反"的基式"反"却未见独用。

基式有独用例的 AA 式结构中,单音形容词、动词、名词、拟声词的

---

* 感谢李崇兴老师和匿名审稿人对本文修改的指教。

① "重言"最先是宋人用来称呼叠字的术语:先秦还没有这个名称。

重叠叫重言。例如：

（一）单音形容词的重言

（3）秩秩斯干，幽幽南山。（诗·小雅·斯干）（毛传：幽幽，深远也。）

出于幽谷，迁于乔木。（诗·小雅·伐木）（毛传：幽，深也。）

（4）此令兄弟，绰绰有裕。（诗·小雅·角弓）（毛传：绰绰，宽也。）

宽兮绰兮，猗重较兮。（诗·卫风·淇奥）（毛传：绰，缓也。）

（二）单音动词的重言

（5）二子乘舟，汎汎其景。（诗·邶风·二子乘舟）（王先谦《集疏》：汎，浮貌，重言之曰汎汎。）

汎彼柏舟，亦汎其流。（诗·邶风·柏舟）（毛传：汎汎，流貌。）

（6）有客宿宿，有客信信。（诗·周颂·有客）（尔雅·释训：有客宿宿，言再宿也；有客信信，四宿也。）

公归不复，於女信宿。（诗·豳风·九罭）（毛传：宿，犹处也。再宿曰信。）

（三）单音名词的重言

（7）燕燕于飞，差池其羽。（诗·邶风·燕燕）

（8）楚楚者茨，言抽其棘。（诗·小雅·楚茨）（毛传：楚楚，茨棘貌。）

翘翘错薪，言刈其楚。（诗·周南·汉广）（孔颖达《正义》：楚亦木名。《说文》：楚，丛木。一名荆也。）

（四）单音拟声词的重言

（9）伐木丁丁，鸟鸣嘤嘤。（诗·小雅·伐木）（郑笺：嘤嘤，两鸟声也。）

嘤其鸣矣，求其友声。（诗·小雅·伐木）（向熹《诗经词典》：嘤，鸟叫声。）

（10）坎坎鼓我，蹲蹲舞我。（诗·小雅·伐木）（郑笺：为我击鼓坎坎然。）

坎其击鼓，宛丘之下。（诗·陈风·宛丘）（毛传：坎坎，击鼓声。集传：坎，击鼓声。）

从上面的例子可以看出："幽幽""绰绰"是单音形容词"幽""绰"的重言；"汎汎""宿宿""信信"是单音动词"汎""宿""信"的重言；"燕燕""楚楚"是单音名词"燕""楚"的重言；"嘤嘤""坎坎"是单音拟声词"嘤""坎"的重言。

就先秦而言，基式找不到独用例的重言多，基式有独用例的重言少。在基式独用的重言中，单音形容词的重言多，单音动词、名词、拟声词的重言少。

为了准确了解先秦重言中基式独用的情况，我们对《诗经》中353个重言词的421次用例进行了详尽的分析。在分析中，做到了如下几点：第一，确定其重言词的基式是否独用，以《诗经》中出现的单用例为准，其他文献的单用例一律不参考。因为《诗经》是较早的作品，用比它晚的文献证明，得出的结论不一定可靠。这就是曹先擢（1980）提出的"以本书证本书"的方法。① 第二，确定某重言词基式是否独用，以基式和重言词的意义相同相近为准。仅仅是字形相同而意义上没有联系的，不是重言关系。第三，基式和重言词的意义以历代的注解为准，其中毛传、郑笺是主要参考。

分析的结果是，《诗经》353个重言词，有95个词的基式在《诗经》中能独用。其中，单音形容词73例，单音动词14例，单音名词4例，单音拟声词4例。看来，先秦所谓重言多是基式不能独用的叠字，而基式可

---

① 曹先擢在《〈诗经〉叠字》一文中讨论"叠字在意义上与单字的派生关系"时，肯定了邵晋涵和王筠注意到了"叠字"（如"丕丕"）和"单字"（如"丕"）在意义上的派生关系，把叠字分为两类：一类是"叠字与单字的意义基本相同"，如"丕丕"与"丕"都有"大"义；另一类是"叠字与单字意义不相涉"，如"居居"与"居"。前者有"喜"义，后者无"喜"义。在判定某些具体的叠字与单字在意义上是否有派生关系时，王筠的方法有两个：第一，直观法，如"灼灼其华"，他凭直观认定"灼灼"是"灼"的重叠；第二，根据古代字书，主要是《说文》。曹先生对这两种做法提出了批评，指出："在研究《诗经》叠字与单字在意义上派生关系问题时，比较稳妥的办法是以本书证本书，即对《诗经》中叠字与单字的使用情况进行考察，凡叠字的单字在《诗经》中能独立运用，而叠字的意义与单字的意义或相同，或基本相同，或相关，那么就认为这个叠字与单字有派生关系。"

独用的重言主要是单音形容词的重言。

为了讨论的方便。本文中的"重言"仅指单音形容词构成的重言形式。

引起我们深思的是，"幽幽""绰绰"等单音形容词构成的重言与我们在现代汉语平面上所说的单音形容词的重叠（如"深深的""宽宽的"）还很不一样。那么，它们的区别在哪里呢？

二 重言与重叠的区别

人们普遍认为："皑皑""彤彤"是重言，"白白的""红红的"是重叠。从现代汉语层面上看，"皑"与"彤"已不能独用，它们不是词，是词素。但从汉语史角度看，它们也是可以独用的，也是词。例如：

（11）皑如山上雪，皎若云间月。（汉·卓文君《白头吟》）

（12）静女其姿，贻我彤管。（诗·邶风·静女）

"白"与"皑"、"红"与"彤"意义相同，都是形容词，又都可以重叠，为什么重叠之后的形式一类被称为重言（皑皑、彤彤），而另一类被称为重叠（白白的、红红的）呢？当然，"皑皑""彤彤"的出现时间比"白白的""红红的"要早。除了出现时间的早晚之外，两者的根本区别是什么呢？

我们认为：重言与重叠的根本区别在于它们的基式属于形容词的两个不同小类。重言的基式（如"幽""皑"）是单音状态形容词①；重叠的基式（如"深""白"）是单音性质形容词，重言与重叠的区别实际上是单音状态形容词和单音性质形容词的区别。

怎样区分单音状态形容词和单音性质形容词呢？在现代汉语的平面上，朱德熙（1956、1982）凭借语言单位的外在形式将形容词的简单形式（如"红"）称为性质形容，把形容词的复杂形式（如"红红的""彤红"）称为状态形容词。但是，从汉语史的角度看，状态形容词并不一定都是复杂形式。杨建国（1979）、郭锡良（2000）、石锓（2004）、刘丹青（2005）发现，上古汉语也有单音状态形容词的存在。

---

① 单音状态形容词的概念参见杨建国（1979）、郭锡良（2000）、石锓（2004）和刘丹青（2005）。

杨建国（1979）从语法功能的角度提出了区分先秦两类形容词的三条标准。

第一，单音性质形容词可以受时间副词和程度副词的修饰和补充。例如：

（13）既富矣，又何加焉？（论语·子路）

（14）彼其发短而心甚长。（左传·昭公三年）

（15）窥镜而自视，又弗如远甚。（战国策·齐策）

"富""长""远"都是单音性质形容词。其中，"富"可以受时间副词"既"修饰，"长"可以受程度副词"甚"修饰，"远"可以后接程度副词"甚"。与"富"同义的"裕""饶"等，与"长"同义的"漫""绵"等，与"远"同义的"遥""辽""迢""邈"等，它们都是单音状态形容词，都不能受时间副词和程度副词的修饰，都不能带程度副词做补语。

第二，单音性质形容词可以用于比较句。例如：

（16）天下之水，莫大于海。（庄子·秋水）

"大"是单音性质形容词，可以用于比较句，而与"大"同义的"浩""庞"等是单音状态形容词，不能用于比较句。

第三，单音性质形容词可以有"使动""意动"用法。例如：

（17）欲洁其身而乱大伦！（论语·微子）

（18）孔子登东山而小鲁，登泰山而小天下。（孟子·尽心上）

单音性质形容词"乱"有使动用法，与"乱"同义的单音状态形容词"纷""紊"等没有使动用法。单音性质形容词"小"有意动用法，与"小"同义的"眇""藐""蕞"等没有意动用法。

笔者认为，区别单音状态形容词与单音性质形容词不仅可以从结构形式和语法功能两方面入手，还可以从语义特征的角度分析它们的不同。实际上，单音状态形容词与单音性质形容词最本质的区别在于它们的语义特征不同。单音状态形容词的意义比较具体，一般只用来描写有限的一类或几类事物，结合面窄。例如，同样是形容"白"的状态，单音状态形容词随描写对象不同会有不同的词。章太炎《訄言·订文附正名杂义》："鸟白曰雗，霜雪白曰皑，玉石白曰皦，色举则类，形举则殊。"还有，"月光之白曰皎，脸色苍白曰皵，头发之白曰皤"。它们都可以重叠起来，构成所谓重言。例如：

（19）悠悠玄鱼，雐雐白鸟。（文选·何晏·景福殿赋）

（20）飘积雪之皑皑兮，涉凝露之隆霜。（汉·刘歆《遂川赋》）

（21）峣峣易缺，皦皦者易汙。（后汉书·黄琼传）

（22）皎皎明白，煌煌列星。（汉·秦嘉《赠妇诗》）

（23）皵，面白皵皵也。（玉篇·面部）

（24）营平皤皤，立功立论。（汉书·叙传）（颜师古注：皤皤，白发貌。）

"雐""皑""皦""皎""皵""皤"都可以独用，也都能叠用，但不管是独用还是叠用，在表示"白色"时都含有描写事物的形象在内（如看到"皑"则想到"霜雪"），因而描写的对象都只限于一类或几类事物。相比之下，性质形容词的意义抽象，结合面广，"白"修饰或描写的对象是非常多的，不会限于哪一种或几种事物。

正因为单音性质形容词描写的对象多，对象之间可以比较，所以单音性质形容词可以用于比较句；正因为单音性质形容词修饰的对象可以比较，自然就产生了等级，也就产生了程度，所以单音性质形容词可以受不同等级的程度副词修饰。不仅如此，单音性质形容词的描写对象还可以构成一个意义等级的连续体，因而有反义词。如"远"的连续体可以由"很远""比较远""有点远""不远"和"近"构成。因此，"远"与"近"构成反义。而"遥""辽""邈"描写的对象有限不能用于比较句，不能受程度副词修饰，因而也就没有反义词。同理，"大"与"小"可以构成反义，与"大"同义的单音状态形容词"浩""庞"等和与"小"同义的单音状态形容词"藐""蕞"等却不构成反义。单音性质形容词大多有反义词，单音状态形容词却没有反义词。

能否用于比较句，能否受程度副词修饰，能否有反义词等，这些是受语义特征制约的。

三　重言的产生

可能受文体的影响，甲骨文文献中没有见到任何词类的重言（张玉金，2001）。西周金文中已能见到"趄趄""穆穆"等为数不多的几个 AA 式重言了（徐振邦，1998）。《诗经》是韵文作品，重言形式已特别发达，共有 AA 式重言 73 个。

什么原因导致了重言的产生呢？也就是说，单音状态形容词为什么需要重言呢？要了解 AA 式重言产生的原因就非常有必要了解单音形态形容词 A 的使用情况。

杨建国（1979）、郭锡良（2000）发现，先秦的单音状态形容词可以独用。独用的单音状态形容词的语用功能是描写情貌，这可以从古人的注解和今人的分析两方面得到证明。

古代学者对先秦单音状态形容词的解释大多冠以"貌"字或"然"字。例如：

（25）裳裳者华，其叶湑兮。（诗·小雅·裳裳者华）（毛传：湑，盛貌。）

（26）北风其喈，雨雪其霏。（诗·邶风·北风）（毛传：霏，甚貌。）

（27）蓼彼萧斯，零露湑兮。（诗·小雅·蓼萧）（毛传：蓼，长大貌。）

（28）驿驿其达，有厌其杰。（诗·周颂·载芟）（毛传：有厌其杰，言杰苗厌然特美也。）

"湑、霏、蓼、厌"等都是单音状态形容词，《毛传》都用"××貌"或"××然"来解释。这表明：在古代学者看来，单音状态形容词就是表情貌的。

现代学者同样认为单音状态形容词是描写情貌的。杨建国（1979）认为："从意念上看，状态词或者绘景、或者拟声，总之，都是用来描写事物的某种状态。"

AA 式重言的语用功能是描写情貌，而单音状态形容词的语用功能也是描写情貌。单音状态形容词 A 已能完成描写任务，为什么还会出现其强化形式 AA 呢？

我们对《诗经》和《楚辞》中单音状态形容词的使用情况全面考察后发现：它们在先秦时使用已受到很大限制，纯粹单用的较少，重言使用得最多，其次有带词尾或加衬字使用的。

单音状态形容词在先秦的一种主要使用方式就是重言。如例（25）至例（28）的"湑、霏、蓼、厌"等又都可以重言。例如：

（29）有杕之杜，其叶湑湑。（诗·唐风·杕杜）

（30）今我来思，雨雪霏霏。（诗·小雅·采薇）

（31）蓼蓼者莪，匪莪伊蒿。（诗·小雅·蓼莪）

（32）厌厌其苗，绵绵其麃。（诗·周颂·载芟）

除重言外，先秦的单音状态形容词还可以带表状态的词尾"然、若、如、尔、焉"等。（张博，2000）例如：

（33）浩然和平，以为气渊。（管子·内业）

（34）巽在床下，用史巫纷若，吉，无咎。（易·巽）

（35）贲如皤如。（易·贲）

（36）郑虽无腆，抑谚曰"蕞尔国"，而三世执其政柄。（左传·昭公七年）

（37）诸侯其谁不欣焉望楚而归之。（左传·昭公元年）

单音状态形容词"浩、纷、皤、蕞、欣"等分别带上了词尾"然、若、如、尔、焉"构成为"浩然、纷若、皤如、蕞尔、欣然"。其中，"浩"可重言为"浩浩"，"纷"可重言为"纷纷"，"皤"可重言为"皤皤"，"欣"可重言为"欣欣"。

在《诗经》中，单音状态形容词还常与"有、其、斯、思"等衬字联合使用，以增强描写性。（王显，1956）例如：

（38）终风且曀，不日有曀。（诗·邶风·终风）

（39）我来自东，零雨其濛。（诗·豳风·东山）

（40）朱芾斯皇，室家君王。（诗·小雅·斯干）

（41）思媚其妇，有依其士。（诗·周颂·载芟）

单音状态形容词"曀、濛、皇、媚"分别与衬字"有、其、斯、思"联合，构成"有曀、其濛、斯皇、思媚"来加强描写的意味。其中，"曀"又可重言为"曀曀"，"濛"又可重方为"濛濛"，"皇"又可重言为"皇皇"。

不管是加衬字，加词尾还是重言，都说明了一个问题：先秦的单音状态形容词独用性已很差，表情貌的功能弱化，需要其他的手段来支援和强化其描写性。

在强化单音状态形容词描写性的各种方式中，哪一种方式最具有优势呢？我们对《诗经》和《楚辞》的单音状态形容词的使用情况进行了穷尽性的调查，得出如下统计数字：

	诗经	楚辞
单音状态词独用	304	93
单间状态词带词尾	10	13
单间状态词配衬字	99	
单音状态词重言	353	224

从上面的统计可以发现如下几个问题：

第一，协助单音状态形容词增强其描写性的各种方式中，重言的用例最多，是最重要的方式。

第二，从《诗经》到《楚辞》，单音状态形容词独用的越来越少，《楚辞》中独用的单音状态形容词不到《诗经》的三分之一。

第三，从《诗经》到《楚辞》，单音状态形容词带词尾的用例有增加的趋势。

上面的调查表明：在单音状态形容词描写性减弱的过程中，有多种方式都试图配合单音状态形容词增强其描写性，而重言是最重要的一种方式。因此，我们认为单音状态形容词的 AA 式重言产生的动因是先秦单音状态形容词语用功能的弱化。

四　重言的发展及趋势

我们通过大量调查发现，AA 式重言产生于先秦，两汉魏晋时期得到了较大发展，唐代时达到鼎盛。纵观先秦至唐的 AA 式重言，发现它们在结构、功能和意义几个方面都有较大的发展。

（一）AA 式重言在结构上的发展

从结构上说，AA 式重言的发展趋势是 AA 由不带词尾到带词尾，由带"然、如、若"等描状词尾到带"底、地、生"等抽象词尾。

先秦，早期著作中的 AA 式重言都不带词尾，晚期著作中的 AA 式重言多带词尾"焉、乎、然、如、尔"等。例如：

（42）昔尧之治天下也，使天下欣欣焉人乐其性，是不恬也。（庄子·在宥）

（43）周监于二代，郁郁乎文哉，吾从周。（论语·八佾）

（44）何为纷纷然与百工交易？（孟子·滕文公上）

（45）私觌，愉愉如也。（论语·乡党）

（46）尔毋从从尔！尔毋扈扈尔！（礼记·檀弓上）

"欣欣""郁郁""纷纷""愉愉""从从"等重言形式分别带上了词尾"焉、乎、然、如、尔"。

我们调查了先秦的《诗经》《楚辞》两部韵文作品，又调查了《尚书》《周易》《左传》《论语》《孟子》五部散文作品，发现：在韵文中，AA 式重言都不带词尾；在散文中，AA 式重言多带词尾"焉、乎、然、如、尔"等。

各部散文带词尾的情形如下表：

词尾 词尾数 著作	焉	乎	如	然	尔
《周易》					
《尚书》	1				
《左传》	4	4			
《论语》			6	10	2
《孟子》	3	5	2	13	1

由上表可以发现如下规律：

第一，早期著作《周易》AA 式重言都不带词尾，晚期的《孟子》带词尾的数量多，词尾的种类也多。

第二，词尾"然"出现的时间晚，但用例最多。

五代至宋：AA 式重言之后又出现了新的词尾"底""地""生"等。例如：

（47）忽然堂堂底坐，你向什么处摸索？（祖堂集·卷十四·鲁祖和尚）

（48）不言不语只偎人，满眼里，汪汪地。（全宋词·晁端礼·一落索）

（49）扫地次，道吾曰："太区区生！"（五灯会元·云岩昙晟禅师）

"堂堂""汪汪""区区"之后分别带上了词尾"底""地""生"。"底""地""生"等词尾与"然、如、尔"相比已没有描摹情状的作用了。

（二）AA 式重言在功能上的发展

从功能上说，AA 式重言的发展趋势表现在三个方面：一是 AA 式重言的非谓语化；二是 AA 式重言做降格成分；三是 AA 式重言受程度副词修饰。

1. AA 式重言的非谓语化

先秦时期，AA 式重言主要做谓语。例如：

（50）瞻彼淇奥，绿竹猗猗。（诗·卫风·淇奥）

（51）大隧之中，其乐也融融。（左传·隐公元年）

其次可以做状语、定语或主宾语。例如：

（52）余一人无日忘之，闵闵焉如农夫之望岁，惧以待时。（左传·昭公三十二年）

（53）敢昭告于皇皇后帝。（论语·尧曰）

（54）祸自所由生也，生自纤纤也。（荀子·大略）

为了较为全面地了解先秦文献中 AA 式重言的功能，我们调查并统计了《诗经》《楚辞》《尚书》《周易》《左传》《论语》《孟子》七部著作中 AA 式重言的用法。AA 式重言《诗经》共 353 词，使用 421 次；《周易》共 23 词，使用 47 次；《尚书》共 37 词，使用 45 次；《论语》共 32 词，使用 43 次；《孟子》共 38 词，使用 60 次；《左传》共 43 词，使用 51 次；但引用《诗经》21 次，引用《尚书》2 次，我们实际只讨论《左传》新出现的 AA 式重言 28 次的用例；《楚辞》只统计了先秦作者屈原、宋玉的作品，共 127 词，使用 168 次。

AA 式重言的具体用法如下表：

	《诗经》	《尚书》	《周易》	《左传》	《论语》	《孟子》	《楚辞》
总例数	421	45	47	28	43	60	168
做谓语	332	24	41	21	36	28	123
做定语	59	10	2	3	2	3	27
做状语	30	11	4	4	4	23	16
做主语						1	2
做宾语						5	

从上表可以发现这样一个事实：先秦，无论是在韵文中还是在散文中，AA 式重言主要做谓语，做定语和状语是其很次要的功能，做主语和宾语是个别现象。

两汉魏晋时期，AA 式重言的功能发生了较大变化。由先秦的主要做谓语发展到大多数做状语或定语。

我们全面调查了两汉魏晋赋、《陶渊明集》、《论衡》和《世说新语》四种文献中的 AA 式重言词的功能。两汉魏晋赋所用 AA 式重言 174 词，使用 287 次；《论衡》有 38 词，使用 73 次；《世说新语》有 57 词，使用 78 次；《陶渊明集》有 69 词，使用 100 次。它们的具体用法如下表：

	两汉魏晋赋	《陶渊明集》	《论衡》	《世说新语》
总例数	287	100	73	78
做谓语	119	8	17	27
做定语	99	64	33	8
做状语	69	27	15	39
做主语			2	2
做宾语		1	6	2

把上表与先秦 AA 式重言的功能比较一下，就会发现：AA 式重言的功能由主要做谓语已向主要做状语、定语转移。在赋中，AA 式重言做谓语还占有略微的优势；在《论衡》和《陶渊明集》中，做定语占优势；在《世说新语》中，做状语占优势。我们称这种变化为 AA 式重言功能的非谓语化。

2. AA 式重言做降格谓语

先秦，AA 式重言不管是做谓语，还是做状语、定语等，都是句子的成分。魏晋时期，个别 AA 式重言已降格做句子成分的成分了，由做主句的谓语变为做主谓谓语的谓语。到了唐代，这种现象渐多。例如：

（55）杨柳叶纤纤，佳人懒织缣。（梁·简文帝萧纲《春闺情诗》）

（56）三秋北地雪皑皑，万里南翔渡海来。（全唐诗·卢照邻·失群雁）

（57）夕阳下西山，草木光晔晔。（全唐诗·寒山·夕阳下西山）

例（55）中，"杨柳"是全句的主语，"叶纤纤"是全句的谓语，AA 式重言作为"叶纤纤"的降格谓语。例（56）的"皑皑"和例（57）中的"晔晔"都是降格谓语。

3. AA 式重言受程度副词的修饰

先秦，所有 AA 式重言都不能受程度副词的修饰。魏晋时期，个别重言开始受程度副词修饰。例如：

（58）阿母谓府吏，何乃太区区。（乐府古辞·古诗为焦仲卿妻作）

（59）异县不成隔。同乡更脉脉。（梁·王僧孺《为人伤近而不见诗》）

唐代已有许多 AA 式重言受程度副词修饰了。我们还进一步发现，能否受程度副词的修饰与 AA 式重言的使用频率有关。使用频率高的 AA 式重言容易受程度副词的修饰。

我们统计了《全唐诗》中出现 100 次以上的 AA 式重言的使用频率，得出如下结果：

词条	使用频率	词条	使用频率	词条	使用频率	词条	使用频率
悠悠	743	依依	263	嫋嫋	165	漫漫	125
苍苍	378	青青	257	凄凄	155	霏霏	121
萧萧	358	沈沈	237	迟迟	149	杳杳	115
纷纷	333	迢迢	230	冥冥	143	寥寥	107
茫茫	310	漠漠	213	濛濛	140	浩浩	105
寂寂	265	翩翩	166	萋萋	126	亭亭	103

以上的 AA 式重言大多能受程度副词"更、甚、太"等的修饰。

例如：

（60）池塘经雨更苍苍，万点荷珠晓气凉。（全唐诗·温庭筠·薛氏池垂钓）

（61）独坐南楼正惆怅，柳塘飞絮更纷纷。（全唐诗·罗邺·惜春）

（62）恶趣甚茫茫，冥冥无日光。（全唐诗·寒山·恶趣甚茫茫）

（63）天上梦魂何杳杳，宫中消息太沈沈。（全唐诗·韩偓·长信宫）

使用频率越高，修饰它的程度副词的种类也越多。《全唐诗》中，"悠悠"的使用频率最高，可受"最、甚、更"等几个程度副词的修饰。例如：

（64）迹不趋时分不侯，功名身外最悠悠。（全唐诗·司空图·携仙箓）

（65）万里音书何寂寂，百年生计甚悠悠。（全唐诗·薛逢·九日雨中言怀）

（66）从北南归明月夜，岭猿滩鸟更悠悠。（全唐诗·罗邺·览陈丕卷）

这种现象最初只出现于韵文中。宋代，散文中的 AA 也可受程度副词的修饰。例如：

（67）一日，忽招和仲饭，意极拳拳。（朱子语类·卷一百三十一）

不管是韵文还是散文，受程度副词修饰的 AA 式重言都处于谓语位置。

先秦，所有 AA 式重言都不能受程度副词的修饰，为什么后来能受程度副词修饰？这里需要解释的原因较多。我想最主要的原因是：魏晋之后，特别是唐代，AA 式重言表状态的功能在弱化，甚至向表属性的方向发展。

（三）AA 式重言在意义上的发展

从意义上说，AA 式重言的发展趋势表现在两方面：一是词汇意义的多义化；二是语法意义的抽象化。

我们比较了先秦文献与魏晋隋唐文献中 AA 式重言的意义，发现许多 AA 式重言的词汇意义都有多义化的趋势。它们在先秦构成重言后，迅速词汇化，以 AA 作为一个词汇单位，由单义而衍生出多义。例如，单音状态形容词"浩"本指水势盛大的样子。重言为"浩浩"也用来描写水势盛大。例如，《尚书·尧典》："汤汤洪水方割，荡荡怀山襄陵，浩浩滔天。""浩浩"再引申，可描写天宇广大无边貌。例如，《诗·小雅·雨无正》："浩浩昊天，不骏其德。"又引申为声音洪大。例如，汉·蔡琰《胡笳十八拍》："鞞鼓喧兮从夜达明，胡风浩浩兮暗塞营。"再引申用来形容宽广、深远。例如，《古诗十九首·涉江采芙蓉》："还顾望旧乡，长路漫浩浩。"再引申可形容胸怀开阔坦荡，气魄恢弘。例如，唐·白居易《咏意》："身心一无系，浩浩如虚舟。"

又如，单音状态形容词"皎"本指月光洁白貌。《说文》："皎，月之白也。"重言为"皎皎"后词义扩大，可形容其他物体的洁白貌。例如，《诗·小雅·白驹》："皎皎白驹，食我场苗。"引申可形容光明、明亮的样子。梁·吴均《忆费昶诗》："皎皎日将上，猎猎起微风。"再引申为"明白、分明"之意。例如，梁·王僧儒《为人述梦诗》"皎皎无片非，的的一皆是。"又引申为比喻心地纯洁。例如，汉《乐府古辞·豫章行》："我心何皎皎，梯落叶渐倾。"

其他如"依依"原指"草木茂盛貌"，后引申出"隐约""依恋不舍的样子"等意思；"绵绵"原是"连绵不断的样子"，后引申出"悠远、延长貌"、"时间长久"和"情思不断"等意义。

AA 式重言的语法意义是表状态，但许多 AA 式重言随着义变多，有一种越来越抽象和越来越主观化的趋势。如"浩浩"的"水势盛大"义还比较具体形象，而"宽广、深远"义则较为抽象，"胸怀开阔"义则主观性较强。"依依"的"草木茂盛"义较为具体形象，而"依恋不舍"的意义则主观性较强。

（四） AA 式重言的发展趋势

AA 式重言在结构上的发展趋势是 AA 由不带词尾到带词尾；由带"然、如、若"等描状词尾到带"底、地、生"等抽象词尾，这说明 AA 式重言的描状性在逐步弱化。

AA 式重言在功能上的发展趋势是由主要做谓语发展为主要做定语和状语，甚至做降格谓语、受程度副词修饰。这也说明 AA 式重言的描状性在逐步弱化。

AA 式重言在意义上的发展趋势是多义化、抽象化、主观化。具体比抽象的描写性强，客观比主观的描写性要强。这同样说明了 AA 式重言的描状性在弱化。

从结构、功能、意义等几个方面都会发现：AA 式重言的发展趋势是描写性的逐步弱化。

五　重叠的出现

（一）　AA 式重叠的出现

单音性质形容词构成的 AA 式重叠在先秦已零星出现。例如：

（68）无曰高高在上。（诗·周颂·敬之）

（69）青青子衿，悠悠我心。（诗·郑风·子衿）

唐代，AA 式重叠形式大量出现。一是出现了许多新的 AA 式重叠词；二是先秦至魏晋时出现的 AA 式重叠词使用频率增高。

新出现的 AA 式重叠如"短短""好好""厚厚""满满""慢慢""白白""黄黄"等。例如：

（70）白日何短短，百年苦易满。（全唐诗·李白·短歌行）

（71）杨花慢惹霏霏雨，竹叶闲倾满满杯。（全唐诗·韦庄·章江作）

（72）青青竹笋迎船出，白白江鱼入馔来。（全唐诗·杜甫·送王十五判官）

（二）　AA 式重叠出现的动因

AA 式重叠为什么会出现呢？这里包含着两个问题：一是 AA 式重叠为什么会在先秦零星出现？二是 AA 式重叠为什么会在唐宋大量出现？

唐以前，AA 式重叠的出现是一种零星的、偶发性的现象。它的出现，可能是受 AA 式重言的影响，通过类推而产生的。最初是一种语用行为，还没有成为一种必然趋势。用例也是个别的，没有频率可言。

唐代，AA 式重叠的出现是一种体系性的、必然性的现象。它的出现有内部和外部双重动因。内部动因是单音性质形容词潜在的描写性被启动。形容词发展的总趋势是意义越来越抽象，概括性越来越高。这就导致了只能描写某一类或某几类事物的单音状态形容词系统的消亡，它的功能位置出现空缺。同时，随着形容词双音化趋势的加快，原有的单音状态形容词开始与同义的单音性质形容词结合，由一个词类变成了一个词素类。如"悠"与"久"结合，"苍"与"白"结合，"纷"与"乱"结合，

"寂"与"静"结合，"浩"与"大"结合，等等。每一组中，前一个是单音状态形容词，后一个是单音性质形容词。两者结合就构成了新的双音性质形容词"悠久""苍白""纷乱""寂静""浩大"等。这种结合过程是双向互动的。一方面是单音状态形容词的意义更加抽象化，能与单音性质形容词组配；另一方面是单音性质形容词的描写性由隐性变为显性①，它也能与单音状态形容词组配，兼有表状态的用法。因此，单音性质形容词也就像单音状态形容词一样可以重叠表状态。这种内部动因使得 AA 式重叠大量出现成为可能。

外部动因是 AA 式重言描写性的全面弱化，已不能担负起描写性的语用功能。前面的分析已显示：AA 式重言由不带词尾发展到带词尾"然、如、若、尔、焉"；由主要做谓语发展到主要做状语和定语，甚至做降格谓语；由不受程度副词修饰发展到像单音性质形容词一样能受程度副词的修饰；意义由单义变为多义，等等。这一系列的变化都说明，AA 式重言的描写功能在逐步弱化。到唐代，因单音状态形容词的消亡（石锓，2004），AA 式重言已不再能产生大量的新成员来完成描写的任务，而已有的 AA 式重言词的描写功能又已弱化为近似于一个性质形容词。整个表描写的表达系统已经不能适应语言表达的需要了，需要一个新的描状系统来完成语言中表描写的任务。这时，由单音性质形容词重叠来替补 AA 式重言就成为一种必然的趋势。

六　重叠对重言的继承与发展

AA 式重言发展成为 AA 式重叠是一种系统性的变化。讨论两者的继承关系应从整体上把握两者在语用功能、结构特征、句法功能和语法意义等方面的继承性。

（一）AA 式重叠对 AA 式重言在语用功能上的继承

AA 式重言的语用功能是描写，AA 式重叠的语用功能也主要是描写。这一点在 AA 式重叠产生的初期表现得很明显。

---

① 单音性质形容词的描写性由隐性变为显性是自身变化的结果，还是与单音状态形容词组配的结果，值得进一步研究。

唐宋是重言向重叠发展的过渡时期，重言与重叠往往在上下文中对比着使用。例如：

（73）青青岸柳，丝条拂于武昌；赫赫山杨，箭竿稠于董泽。（张鷟《游仙窟》）

（74）澄潭隐隐听龙吟，古洞深深闻虎骤。（敦煌变文集·双恩记）

（75）薄薄施铅粉，盈盈挂绮岁。（全唐诗·魏承班·菩萨蛮）

例（73）中"青青"与"赫赫"相对，例（74）中"隐隐"与"深深"相对，例（75）中"薄薄"与"盈盈"相对。"青青""深深""薄薄"是 AA 式重叠；"赫赫""隐隐""盈盈"是 AA 式重言。由此可以看出，唐宋时的人仍是把两者看作同一类词语，表现同一种功能来使用的。这一点证明：在语用功能上，AA 式重叠是对 AA 式重言的继承。

（二）AA 式重叠对 AA 式重言在结构上的继承

AA 式重言在结构上曾先后带过词尾"然、若、如、尔、焉、生、地、底"等，AA 式重叠在结构上继承了这一点，也能带词尾"然、地、底"等，例如：

（76）深深然，高高然。人不吾知，又不吾谓。（全唐诗·谶记·道者遗记）

（77）何况慢慢地，便全然是空。（朱子语类·卷一百一十四）

（78）只是小小底物事会变。（朱子语类·卷七十九）

众所周知，现代汉语层面上的 AA 式重叠多带词尾"的"，但是，唐宋时期的 AA 式重叠多不带词尾。相比之下，AA 式重言带"地、底"的现象要比 AA 式重叠普遍得多。另外，AA 式重叠在个别情况下还带一套 AA 式重言不带的词尾"许、馨、个"等。例如：

（79）才既不长，于荣利又不淡；直以真率少许，便足对人多多许。（世说新语·赏誉）

（80）婀娜腰肢细细许，瞚睒眼子长长馨。（张文成《游仙窟》）

（81）有僧到大沩，师指面前狗子云："明明个，明明个。"（祖堂集·第十七·福州西院和尚）

（三）　AA 式重叠对 AA 式重言在语法功能上的继承

唐宋时期，AA 式重言可以做谓语、状语、定语和补语。AA 式重叠继承了这些用法，也能做谓语、状语、定语和补语。例如：

（82）看公如今只恁地慢慢，要追又不敢追，要取又不敢取。（朱子语类·卷一百二十）

（83）头风不敢多多饮，能酌三分相劝无？（全唐诗·白居易·酬舒三员外）

（84）承闻天台有青青之水，绿绿之波。（祖堂集·第七·夹山和尚）

（85）上得床，将一条棉被裹得紧紧地，自睡了。（南宋话本·快嘴李翠莲记）

"慢慢"做谓语，"多多"做状语，"青青"和"绿绿"做定语，"紧紧地"做补语。可能因为 AA 式重叠比 AA 式重言的描写性强一些，唐宋的 AA 式重叠没有做降格谓语的用法，也不能受程度副词的修饰。

（四）　AA 式重叠对 AA 式重言在语法意义上的继承与发展

单音状态形容词的语义特征是形象性和具体性。形象性是针对抽象性而言的，指的是具体的形象感。性质形容词中只有抽象的概念，状态形容词中往往包含具体的形象。例如，我们说到"白"，想到的是"黑、红、黄"等一些抽象的颜色。可当我们说"皑"时往往想到的是霜雪的形象。说"皎"时想到的是月光的形象、说"皤"时想到的是白发的形象。提到"依依"立刻想起杨柳，说到"灼灼"马上联想到桃花。与形象性相联系的是具体性。形象感是"具体而微"的，因此具有形象感的状态形容词描写的对象也不可能是一个宽泛的抽象物，一般是比较具体或是有针对性的物件。杨建国（1979）就指出："先秦状态词意念上是'定象'的，它们各自都有自己一定的描摹物件。"

单音状态形容词重言而成的 AA 式重言其语法意义也是表具体的状态。越是早期的重言，其表状态的意义越具体，是一种"具象状态"（石锓，2004）。同样是描写植物叶片的茂盛，《诗经》的作者们描写桃叶的茂盛用"蓁蓁"（《周南·桃夭》）；描写苕叶的茂盛用"菁菁"（《小雅·苕之华》）；描写杨叶的茂盛用"牂牂"（《陈风·东门之杨》）；描写柞叶的茂盛用"蓬蓬"（《小雅·采菽》）；描写芦苇叶的茂盛用"泥泥"（《大雅·行苇》）。

形象性和具体性因过分依赖于"此情此景"，随着情景的消失，重言词的意义也就容易模糊化，变得难以捉摸。汉代学者在解释它们时不得不进行概括，通通用"盛貌"来解释它们。

与单音状态形容词相比，单音性质形容词的语义特征是概括性和抽象性，它们修饰或描写的对象相当广泛，不限于某一类或某几类事物，因此可以受程度副词的修饰，含有量的特征。由单音性质形容重叠而成的 AA 式重叠，其语法意义虽然也表状态，但表示的不是具体的状态，而是一种抽象状态，我们曾称之为"泛化状态"（石锓，2004）。这种状态缺少具体而形象的特征，但产生了"程度"的意义，有了"量"的成分。朱德熙（1956）、俞敏（1956）、黎锦熙（1957）、邢福义（1965、2000）、李宇明（1996）、石毓智（1996）等许多学者都指出：单音性质形容词重叠的语法意义"都包含着一种量的观念在内"。"皑皑"是霜雪的样子，而"白白的"是很白的样子。"皑"重言后只表状态，没有量的变化，"白"重叠后不仅表状态，还有"很白"的意思，兼表程度。

显然，从 AA 式重言到 AA 式重叠，语法意义发生了很大的变化。由具象状态发展为泛化状态，由"无量"变得"有量"，从而"状态"也就衍生出了"程度"。

七　重叠对重言的替换

如果说唐宋是 AA 式重言向 AA 式重叠的过渡时期，那么元明则是 AA 式重叠淘汰 AA 式重言的时期。

（一）唐宋两类 AA 式结构的使用情况

唐以前，用于描写的 AA 形式几乎全是 AA 式重言，AA 式重叠属个别现象。唐宋时期，AA 式重言在生成上是消亡期，在使用上是兴盛期。也就是说，唐宋已不再大规模地产生新的 AA 式重言，但先秦至魏晋产生的 AA 式重言被大量使用，而且使用频率极高。同时，唐宋也是 AA 式重叠的产生时期，产生了一批新的 AA 式重叠，但使用频率不高。

为了了解唐宋时期 AA 式重言与 AA 式重叠的使用情况，我们对《全唐诗》中出现的 AA 形式进行了定量分析。从数量上说，AA 式重言远远多于 AA 式重叠。在《全唐诗》中，AA 式重言多达 760 多例，而 AA 式重叠只有 61 例。

从使用频率上说，AA 式重言的使用频率是历史上最高的时期，也远远高于 AA 式重叠。我们仅列举前 20 例高频的 AA 式重言和 AA 式重叠的使用频率对比如下：

《全唐诗》AA 式重言的使用频率表：

词条	词频	词条	词频	词条	词频
悠悠	742	青青	257	迟迟	149
苍苍	378	沈沈	237	冥冥	143
萧萧	358	迢迢	230	蒙蒙	140
纷纷	333	漠漠	213	萋萋	126
茫茫	310	翩翩	166	漫漫	125
寂寂	265	嫋嫋	165	霏霏	121
依依	263	凄凄	155		

《全唐诗》AA 式重叠的使用频率表：

词条	词频	词条	词频	词条	词频
高高	81	淡淡	15	浅浅	7
明明	41	弯弯	13	早早	5
轻轻	33	小小	12	急急	5
暗暗	25	长长	11	平平	5
深深	24	短短	9	暖暖	5
远远	19	满满	8	碎碎	5
细细	18	薄薄	7		

两相对比可知，AA 式重言的使用频率也远远高于 AA 式重叠。其中，"悠悠"的使用频率最高，达 742 例，20 词的使用频率都在 100 以上。而 AA 式重叠的使用频率很低，最高的"高高"也仅 81 次，大部分词的使用频率在 10 例以下。

（二）元明两类 AA 式结构的使用情况

元明时期是 AA 式重言逐渐消退的时期，也是 AA 式重叠大发展的时期。从数量上说，AA 式重言数量大为减少，AA 式重叠数量大为增加。

从使用频率上说，唐宋时期，AA 式重言处于高频状态，AA 式重叠处于低频状态；元明时期这种局面发生了逆转，AA 式重言处于低频状态，AA 式重叠处于高频状态。

为了弄清楚重言与重叠在元明的使用情况，我们重点调查了《元曲选》《金瓶梅词话》和《醒世姻缘传》三部作品中 AA 式形容词的使用情况。《元曲选》的曲文大抵是元代的文献，它的宾白多是明人加上的（梅祖麟，1984）。《金瓶梅词话》是明代中叶的作品。《醒世姻缘传》是明末清初的作品。我们以这三部作品为对象，考察重言与重叠在数量和使用频率上的变化。

1. 重言与重叠在数量上的变化

重言与重叠在三部作品中数量的变化如下表：

	《元曲选》	《金瓶梅词话》	《醒世姻缘传》
重言	153	101	65
重叠	57	79	101

上表显示，AA 式重言的数量呈递减之势，AA 式重叠的数量呈递加之势。《元曲选》中，AA 式重言多于 AA 式重叠；《醒世姻缘传》中，AA 式重叠多于 AA 式重言。

从数量上可看出，AA 式重言的发展呈消退趋势；AA 式重叠的发展呈增长趋势。

2. 重言与重叠的使用频率上的变化

在使用频率上，我们重点调查了《元曲选》和《醒世姻缘传》两部作品。

《元曲选》中，AA 式重言词共 153 个，AA 式重叠词共 57 个；《醒世姻缘传》中，AA 式重言词共 65 个，AA 式重叠词共 101 个。我们分别选取了两部作品中的两类重叠形式的前 18 个词，看看它们的使用频率。

《元曲选》AA 式重言的使用频率表：

词条	词频	词条	词频	词条	词频
悠悠	20	萧萧	10	匆匆	8
纷纷	28	涟涟	10	烘烘	7
孜孜	14	淡淡	9	凛凛	7
款款	14	飘飘	9	泠泠	7
隐隐	12	惺惺	9	漫漫	7
堂堂	15	澄澄	8	腾腾	7

《元曲选》AA 式重叠的使用频率表：

词条	词频	词条	词频	词条	词频
慢慢	163	小小	18	活活	12
明明	47	好好	17	高高	11
远远	44	多多	19	紧紧	10
暗暗	34	急急	15	微微	9
轻轻	26	大大	19	重重	10
早早	43	细细	13	忙忙	7

《醒世姻缘传》AA 式重言的使用频率表：

词条	词频	词条	词频	词条	词频
碌碌	9	奄奄	4	恋恋	3
挣挣	9	团团	3	茫茫	3
伴伴	6	草草	3	匆匆	3
翩翩	4	滔滔	3	扬扬	3
洵洵	4	淳淳	3	冥冥	2
淳淳	4	洋洋	3	忡忡	2

《醒世姻缘传》AA 式重叠的使用频率表：

词条	词频	词条	词频	词条	词频
好好	59	远远	23	忙忙	16
慢慢	56	急急	23	全全	13
足足	50	满满	21	牢牢	13
小小	32	高高	20	细细	10
快快	29	大大	20	活活	10
紧紧	29	轻轻	16	呆呆	10

比较上面两部作品中两类 AA 式重叠形式的使用频率，可以发现：

第一，AA 式重言的使用频率越来越低。在《元曲选》中，使用频率在 10 次以上的还有"悠悠、纷纷、孜孜、款款、隐隐、堂堂、萧萧、涟涟"8 个词；在《醒世姻缘传》中，使用频率在 10 次以上的 AA 式重言词没有一例。

第二，AA 式重叠的使用频率越来越高。在《元曲选》中，使用频率在 20 次以上的只有"慢慢、明明、远远、暗暗、轻轻、早早"6 个词；在《醒世姻缘传》中，使用频率在 20 次以上的有"好好、慢慢、足足、小小、快快、紧紧、远远、急急、满满、高高、大大"11 个词。

第三，两部作品都呈现同一种趋势，AA 式重叠的使用频率比 AA 式重言的使用频率高。

从上面的分析可以看出，AA 式重言正在逐步退出状态形容词系统。无论从数量上还是从使用频率上，这种消退的趋势都相当明显。

（三）AA 式重言消退的途径

随着 AA 式重叠的发展，AA 式重言的消退是一个循序渐退的过程，其消退的途径有以下四条：

第一，数量上的锐减，大量的 AA 式重言已不再使用。先秦至两汉魏晋，产生了大量的 AA 式重言词。其中，有许多词因适用对象不多，使用频率不高，早已死亡。有许多在唐代使用频率不高的 AA 式重言后代也多已不见。仅从《元曲选》《金瓶梅词话》和《醒世姻缘传》中就能发现，《全唐诗》中的 760 多例 AA 式重言绝大多数已不复存在。

第二，语体上，许多 AA 式重言词从口语退到了书面语中。唐以前，AA 式重言是口语中的成分；唐宋时期，AA 式重言虽可用于口语，但更多的是用于文人的诗词等书面语体中。到了元明时期，口语性很强的对白或行文中已很少能见到 AA 式重言了，但文人的诗词中还可见到它们。例如：

（86）洪波浩渺，滔滔若塞外九河；蠹浪奔腾，滚滚似巴中三峡。（醒世姻缘传·二十九回）

上例的"滔滔"和"滚滚"都只出现于明代小说的诗词之中。这说明，它们虽出现于明代的书面作品之中，但在明代的口语中已经消亡。

第三，语法上，许多 AA 式重言词由词变成了构词语素。有些 AA 式重言词因描写性弱化，语用功能衰弱，由一个造句单位语法化成了一个构词单位，变成了 ABB 词和一些固定四字格的构词语素。例如：

（87）李驿丞指天画地，血沥沥的发咒。（醒世姻缘传·八十八回）

（88）敬待夫子，和睦妯娌，诸凡处事井井有条。（醒世姻缘传·引起）

上例中，"血沥沥"的"沥沥"，"井井有条"的"井井"在元明以前都是独用的 AA 式重言词。到了《醒世姻缘传》中，它们都降格成为 ABB 词和四字格惯用语的语素了。这说明，它们作为一个词实际已经消亡了。

第四，语义上，少数留存下来的 AA 式重言词大部分义项消失。唐宋时期的 AA 式重言词，数量最多，使用频率最高，每个 AA 式重言词的义项也最丰富。到了元明，有少数 AA 式重言词虽还没有丧失词的资格，但大部分义项已丧失殆尽，意义又变得单纯起来。如"历历"在《全唐诗》中使用达 76 次之多，义项也特别丰富。例如：

（89）晴川历历汉阳树，芳草萋萋鹦鹉洲。（全唐诗·崔颢·黄鹤楼）

（90）历历上山人，一一遥可观。（全唐诗·白居易·游悟真寺）

（91）君不见沈沈海底生珊瑚，历历天上种白榆。（全唐诗·白居易·涧底松）

（92）历历愁心乱，迢迢独夜长。（全唐诗·戴叔伦·雨）

（93）历历余所经，悠悠子当返。（全唐诗·韩愈·送湖南李正字归）

（94）鸣蝉历历空相续，归鸟翩翩自著行。（全唐诗·李中·秋日登润州城楼）

例（89）是"清楚分明貌"，例（90）是"众多貌"，例（91）是"排列成行的样子"，例（92）是"忧愁貌"，例（93）是"逐一"的意思，例（94）是"鸟虫叫声"。到了《醒世姻缘传》中，"历历"使用仅一次，义项当然也只有一个，是"清楚分明"的意思。例如：

（95）入殓的时节，通身透明，脏腑筋骨，历历可数；通是水晶一般。（醒世姻缘传·二十七回）

八 从重言到重叠的动因与机制

（一）从重言到重叠的动因

从历时的角度看，导致 AA 式重言向 AA 式重叠发展的动因有三类：语用矛盾动因、语用新奇性动因和语义明晰性动因。

1. 语用矛盾动因

形容词 AA 形式由重言到重叠经历了两次大的弱化过程和两次大的发展。由单音状态形容词表描写发展到由单音状态形容词带词尾、加衬字和重言来表描写，这是状态形容词系统的第一次大弱化。第一次弱化的结果是 AA 式重言的大量出现。

AA 式重言由不带词尾发展到带词尾；由主要做谓语发展到主要做状语、定语，甚至做降格谓语；由不受程度副词修饰发展到可受程度副词修饰；由重言发展成重叠，等等。这是状态形容词系统的第二次大弱化。第二次弱化的结果是由单音状态形容词的重言变成了单音性形容词的重叠。

这两次弱化和发展的背后，起作用的是语用矛盾动因。状态形容词（含单音状态形容词和几类 AA 式形容词）发展的总趋势是语用功能（描写性）的不断弱化；汉语生动性表达的总要求是语用功能（描写性）的不断强化。当单音状态形容词的描写性弱化后，就用带词尾、加衬字，甚至是构成 AA 式重言的方式来强化描写性。当 AA 式重言需要带词尾、需要做降格谓语，甚至是需要用程度副词修饰时，就用 AA 式重叠去取代它。语用矛盾动因推动了形容词 AA 式重言向 AA 式重叠的发展。

2. 语用新奇性动因

从使用的角度看，状态形容词多出现于文学性强的文体中，很少用于政论及科技性的文献。描写性成分对语体有选择性。从发展的角度看，状态形容词的每一次大的变化都是从诗赋等韵文中开始的，然后慢慢扩散到散文。《诗经》集中体现了单音状态形容词向 AA 式重言的转化；而唐诗又集中表现了 AA 式重言向 AA 式重叠的转化过程。

人类语言交际的一种主要倾向：用新颖的说法取代陈旧的说法以取得更强的语用力量。（Lehman，1995；刘丹青，2001）诗歌对新奇性的追求更甚于普通语言。于此可见，追求新奇是强化状态形容词描写性的又一大动因。

3. 语义明晰性动因

AA 式重叠形式的消长有如下两种趋向：第一，意义易于理解的 AA 式重言能被后世继续使用；意义不易理解的 AA 式重言多不能流传于后世。第二，基式语义范围狭窄的 AA 式重言终归消亡；基式语义范围宽泛的 AA 式重叠发展至今。这些都反映出"意义明晰性"在 AA 式重叠形式的发展中起了作用。意义越明晰，语用功能越不易被弱化。这说明，追求语义明晰性也是 AA 式重叠形式发展的一大动因。

（二）从重言到重叠的机制

形容词 AA 重叠形式从重言发展到重叠有三种机制在起作用，即强化、更新和类推。

1. 强化

"强化"（reinforcement）本是语法化理论中的术语。它指在已有的虚词虚语素上再加上同类或相关的虚化要素，使原有虚化单位的句法语义作用得到加强。（刘丹青，2001）

西方语法化理论著作常举的一个典型的强化例子是 on top of。现代英语的 on 是个高度语法化的前置词，语义上相当于汉语中的后置词"上"。它的本义是"在物体的上方表面"，但引申出的语义域极其宽泛。例如：on the wall（在墙上）指表面而不指上方；on monday（在星期一）表日期；on sale（减价中）指时间上的进行状态；on the condition（在此条件下）表抽象的相关性等。因此，当说话人真想强调在某物上方表面时，会觉得 on 的意义太宽泛而选用 on top of。这种现象就是强化。（刘丹青，2001）

有学者指出，当虚化成分过分弱化时，更新和强化是保存语法力量的两种选择。汉语形容词 AA 式重言的产生就是"强化"的结果。不过，AA 式重言的出现不是为了保存语法力量，而是为了保存语用力量。（Lehman，1995）

当单音状态形容词的语用力量（描写性）弱化后，为了强化其描写性，就采用了加描写性词尾"然、如、若、尔、焉"和重言的办法来补救。唐代，AA 式重言受程度副词修饰，这也是为了保存描写性而采用的一些强化手段。

2. 更新

"更新"（renewal）指用较自主的单位取代更虚化的单位起同样或类似的作用。（刘丹青，2001）

"更新"与"强化"不同。强化涉及新旧并存，而更新是新旧相替。AA 式重叠替代 AA 式重言采用的就是更新手段。AA 式重言本是单音状态形容词的强化形式，产生之初有较强的语用功能（描写性），使用多了，使用久了，就成了旧形式，又难以充分发挥作用，需要用新的形式来增强描写性。

当 AA 式重叠代替 AA 式重言的时候，词尾"的"也代替了词尾"然"等。这也是一种更新。

3. 类推

类推就是一个语法格式的扩展。（Hopper & Trauggot，2011）类推可以使一个语法格式扩大其使用范围，也能诱发新的语法格式。

当单音状态形容词描写性弱化后，AA 式重言在先秦应运而生。就先秦而言，单音状态形容词重言是一种自然的变化结果，而单音性质形容词也出现了极个别的重叠现象（如《诗经》的"高高"）。这是一种突变，是重言类推的结果。也就是说，重言的语法格式扩大了使用范围，诱发了个别重叠的产生。唐代，随着重言描写性的弱化，重叠才成为一种主要的描写形式。

参考文献

［1］曹先擢：《〈诗经〉叠字》，《语言学论丛》第 6 辑，商务印书馆 1980 年版。

［2］郭锡良：《先秦汉语名词、动词、形容词的发展》，《中国语文》2000 年第 3 期。

［3］黎锦熙、刘世儒：《汉语语法教材》，商务印书馆 1957 年版。

［4］李宇明：《论词语重叠的意义》，《世界汉语教学》1996 年第 1 期。

［5］刘丹青：《语法化中的更新、强化与叠加》，《语言研究》2001 年第 2 期。

［6］刘丹青：《形容词和形容词短语的研究框架》，《民族语文》2005 年第 5 期。

［7］梅祖麟：《从语言史看几种元杂剧宾白的写作时期》，《语言学论丛》第 13 辑，商务印书馆 1984 年版。

［8］沈家煊：《"语法化"研究综观》，《外语教学与研究》1994 年第 4 期。

［9］石锓：《汉语形容词重叠形式的历史发展》，博士学位论文，中国社会科学院研究生院，2004 年。

［10］石毓智：《论汉语的句法重叠》，《语言研究》1996 年第 2 期。

［11］王显：《〈诗经〉中跟重言作用相当的有字式、其字式、斯字式和思字式》，《语言研究》1956 年第 1 期。

［12］向熹：《〈诗经〉里的复音词》，《语言学论丛》第 6 辑，商务印书馆 1980 年版。

［13］向熹：《诗经词典》，四川人民出版社 1986 年版。

［14］邢福义：《谈"数量结构＋形容词"》，《中国语文》1965 年第 1 期。

［15］邢福义：《汉语语法学》，东北师范大学出版社 2000 年版。

［16］徐振邦：《联绵词概论》，大众文艺出版社 1998 年版。

［17］杨建国：《先秦汉语的状态形容词》，《中国语文》1979 年第 6 期。

［18］俞敏：《名词、动词、形容词》，上海教育出版社 1956 年版。

［19］张博：《先秦形容词尾"如、若、尔、然、焉"考察》，《古汉语词汇研究》，宁夏人民出版社 2000 年版。

［20］张玉金：《甲骨文语法学》，学林出版社 2001 年版。

［21］朱德熙：《现代汉语形容词的研究》，《语言研究》1956 年第 1 期。

［22］朱德熙：《语法讲义》，商务印书馆 1982 年版。

［23］Christian Lehman, *Thoughts on Grammatocalization*, Munich：Lincom Europa，1995.

［24］Edith A. Moravcsik，"Reduplicative Constructions"，in Grecnberg（ed.），*Universals of Human Language*，Vol. 3，Stanford：Stanford University Press，1978.

［25］Paul J. Hopper & Elizabeth Gloss Traugott，*Grammaticalization*（《语法化学说》），外语教学与研究出版社 2001 年版。

原载《历史语言学研究》2009 年第 2 辑

该文研究获国家社科基金项目"汉语形容词重叠形式的历史发展"（04BYY020）的资助

唐以前的 AABB 式形容词语

AABB 式词语最早见于西周金文。管燮初（1981）在《西周金文语法研究》中提到有"仓仓恩恩"等五个 AABB 式词语，全都是拟声词。例如：

敫敫彙彙　豐豐彙彙　彙彙敫敫　仓仓恩恩　雓雓雓雓

从结构上说，它们是"两对叠音字构成一个复音词"；从语音上说，"两对叠音字之间是双声关系"；从意义上说，它们描写的都是事物或音乐之声；从功能上说，它们以独立成句为主。五例 AABB 式词语使用共九次：八次独立成句，一次作修饰语。

曹先擢（1980）谈到，《诗经》中的 AABB 式形容词语有 21 例。伍宗文（2001）在《尚书》《庄子》《荀子》《孙子》《韩非子》《战国策》《楚辞》《吕氏春秋》等先秦作品中找到形容词性的 AABB 式词语共计 38 例。我们在两汉魏晋赋中找到形容词性 AABB 式词语共 70 例；又在《淮南子》《论衡》《汉书》《三国志》《世说新语》《抱朴子》等散文文献中找到 46 例。本文将以这 175 例词语为主要对象，考察唐以前 AABB 式形容词语的结构、功能和意义。

一　AABB 的结构

从内部结构上看，唐以前的 AABB 都是两个 AA 式重言的叠加，不是 AB 重叠而成的 AABB。具体又分为两种情况：一是 AB 不连用的"AA + BB"；二是 AB 连用的"AA + BB"。

（一）AB 不连用的"AA + BB"

"穆穆皇皇"不是"穆皇"的重叠，而是"穆穆"和"皇皇"的连用。例如：

（1）穆穆皇皇，宜君宜王。（诗·大雅·假乐）

郑笺："天子穆穆，诸侯皇皇。"从郑笺就可以看出，汉代的学者已发现，"穆穆皇皇"是叠加，不是重叠。文献中，"穆穆"与"皇皇"也常常是分开使用的。例如：

（2）相维辟公，天子穆穆。（诗·周颂·雝）

（3）皇皇后帝，皇祖后稷。（诗·鲁颂·閟宫）

这证明汉代学者的分析是正确的。

其中，"穆穆"是"穆"的重叠；"皇皇"是"皇"的重叠。"穆"和"皇"都是可单用的单音状态形容词。例如：

（4）于穆清庙，肃雝显相。（诗·周颂·清庙）

（5）不显成康，上帝是皇。（诗·周颂·执竞）

毛传："穆，美也"；"皇，美也"。"穆""皇""穆穆""皇皇""穆穆皇皇"都是"美""盛"之义。"穆穆"和"皇皇"比"穆"和"皇"的描写性强，而"穆穆皇皇"的描写性最强。

但是，"穆"与"皇"不连用，在"穆穆皇皇"同时代的文献中找不到"穆皇"的存在。这就是我们所说的"AB不连用的'AA+BB'"。

从基式的独用性来看，大部分AABB基式"A"和"B"是独用的，但也有一部分AABB的基式未见独用。例如：

（6）兢兢业业，如霆如雷。（诗·大雅·云汉）

（7）儦儦俟俟，或群或友。（诗·小雅·吉日）

例（6），毛传："兢兢，恐也；业业，危也。""兢"在先秦文献中从未见单用；"业"在《诗经》中有单用例。如"昔在中叶，有震且业"（《诗·商颂·长发》）。毛传："业，危"。例（7）的"儦"和"俟"都不单用。从古代学者的分析中看出，"儦"与"俟"本是可以单用的。例如，《说文》："儦，行貌。《诗》曰：'行人儦儦。'"《说文》："俟，大也。"段注："此俟之本义也。自经传假为竢字，而俟之本义废矣。"按段玉裁的意思，"儦儦俟俟"本应写作"儦儦竢竢"。"竢"可以单用。但典籍中找不到"儦"或"俟"单用的例证。

（二）AB连用的"AA+BB"

有些AABB式词语，除"AA""BB"可分用外，"A"与"B"还连用，形式上像是"AB"的重叠。例如：

（8）灌漾燐乱，炜炜煌煌。（文选·王延寿·鲁灵光殿赋）

李善注："采色众多，眩曜不定也。"从李善的注来看，"炜炜煌煌"是光亮闪烁的样子。"炜炜"与"煌煌"常分开使用。例如：

（9）彤管有炜。（诗·邶风·静女）

郑笺："赤菅炜炜然。"

（10）昏以为期，明星煌煌。（诗·陈风·东方之杨）

朱熹《集传》："煌煌，大明貌。""炜炜""煌煌"都指光亮闪烁。

同时，"炜炜"的基式"炜"和"煌煌"的基式"煌"可以连用，临时构成"炜煌"。例如：

（11）辎轩蓼扰，彀骑炜煌。（文选·左思·吴都赋）

"彀骑炜煌"指张着弓弩的骑兵服饰辉煌。这种情形就是我们所说的"AB 连用的 'AA＋BB'"。

此类情形是"AA＋BB"向 AB 重叠为 AABB 发展过程中的过渡阶段，还不能认为是 AB 的重叠。从意义上说，"炜炜煌煌"是"炜炜"与"煌煌"意义的简单相加，"炜煌"的意义还没有凝固成为一个词的意义。从结构上说，"炜炜煌煌"还未完全定型，还可以构成"煌煌炜炜"。例如：

（12）灼煌煌以炜炜，独崇朝而达暮。（晋·夏侯湛《朝华赋》）

显然，即使到了魏晋时代，"煌煌"和"炜炜"还是两个词，"炜炜煌煌"也不是"炜煌"重叠出的一个词，而是两个重言形式的连用。

伍宗文（2001）认为：此类的 AABB 是重叠式 AABB，不是叠加式 AABB，并举"苾苾芬芬"为例，认为重叠式 AABB 在先秦就已产生。我们认为"苾苾芬芬"还是叠加式的短语，不是重叠式的词。只不过，它是基式可连用的叠加式。请看例句：

（13）苾苾芬芬，祀事孔明。（诗·小雅·信南山）

郑笺："苾苾芬芬然香，祀礼于是则甚明也。"郑玄把"苾苾芬芬"作为一个整体来解释，似乎它已是一个不可分割的形式。其实，"芬芬"与"苾苾"也是可分开使用的。例如：

（14）旨酒欣欣，燔炙芬芬。（诗·大雅·凫鹥）

毛传："芬芬，香也。""苾"是单音状态形容词，可单用。例如：

（15）有飶其香，邦家之光。（诗·周颂·载芟）

毛传："飶，芬香也。"清·陈奂《诗毛氏传疏》："飶，《楚茨》《信南山》作苾。馝、苾同也。"而且，重叠的"苾苾"在魏晋还是分用的。例如：

（16）蔚蔚丰秋，苾苾香秔。（谢灵运《山居赋》）

由此看来，"苾苾芬芬"首先应分析为"AA+BB"。其次"苾"与"芬"又可以连用。例如：

（17）苾芬孝祀，神嗜饮食。（诗·小雅·楚茨）

郑笺："苾苾芬芬，有馨香也。"郑玄已意识到"苾芬"与"苾苾芬芬"的关系，这只能说明 AB 连用的"AA+BB"比 AB 不连用的"AA+BB"给人印象是结合得要紧密一些，并不能说明"苾苾芬芬"就是"苾芬"的重叠。因为作为基式的"苾芬"还不是一个词，而是两个单音状态形容词的连用。这种连用的次序还不固定，既可以连用为"苾芬"，也可以连用为"芬苾"。例如：

（18）五味调香，所以养口也，椒兰芬苾，所以养鼻也。（荀子·礼论）

形容词的 AABB 重叠式是双音形容词的重叠式。作为基式的双音形容词都还没有形成，它的重叠式从何而产生呢？

AABB 叠加式由 AB 不连用发展到 AB 连用，这是叠加式向重叠式发展的关键一步。它的出现有一定的必然性，与单音状态形容词的描写性弱化有关。单音状态形容词描写性弱化而选择连用，因连用而词汇化为双音状态形容词。随着形容词双音化的形成，AABB 重叠式也就会在叠加式的基础上产生。据考察，这种过程的最终形成是在唐代。

综观唐以前 AABB 叠加式的发展会发现，AB 由不连用到连用有增加的趋势。先秦，《诗经》《庄子》《荀子》《楚辞》等文献中，AABB 叠加式词语共 59 例，而 AB 连用的 AABB 还只有 8 例。两汉魏晋赋中，AABB 叠加式共 70 例，而 AB 连用的 AABB 已有 25 例。随着单音状态形容词连用的增加，AB 连用的 AABB 也在增加。AB 不连用的"AA+BB"为叠加式 AABB 的发展提供了结构上的基础；AB 连用的"AA+BB"为重叠式 AABB 的形成起了桥梁作用。

从外部结构来看，先秦的 AA 式重言有许多可以带词尾"然、若、如、尔、焉"；但先秦的形容词性的 AABB 因描写性强，大多不带词尾。在我们调查的文献中，仅有三例 AABB 带"然"。例如：

（19）言顺比滑泽，洋洋纚纚然，则见以为华而不实。（韩非子·难言第三）

（20）子之言祭，济济漆漆然；今子之祭无济济漆漆，何也？（礼记·祭义）

（21）孝子如执玉，如奉盈，洞洞属属然，如弗胜，如将失之。（礼记·祭义）

准确地说，以上三例的"然"不是词尾，而是语尾。

两汉魏晋，AABB 带语尾"然"的也少。在我们调查的文献中，只发现两例。例如：

（22）及世之衰也，至伏羲氏，其道昧昧芒芒然。（淮南子·俶真）

（23）于此，万民睢睢盱盱然，莫不竦身而载听视。（淮南子·俶真）

无论是先秦还是两汉魏晋，只有做谓语的 AABB 才带语尾"然"。

二　AABB 内部结构的特点

唐以前，形容词性的 AABB 是两个重言式的连用，带有较强的语用性质，与今天的 AABB 式形容词有很大的区别。具体地说，AABB 在内部结构方面有三大特点：一是结构的松散性；二是组合的临时性；三是语序的不稳定性。

（一）AABB 结构的松散性

唐以前的"AA + BB"与现代的"AA + BB"有很大不同。"高高瘦瘦"是现代的叠加式 AABB，已经形成一种较为固定的组合。"高高"与"瘦瘦"虽可以分用，但一旦结合，中间不能被功能词隔开，不能说"高高而瘦瘦"或"高高并且瘦瘦"。这说明现代汉语里的叠加式 AABB 形容词的结构是紧凑的，是一个词。但唐以前的 AABB，结构就比较松散，中间可以加入连词"以""而"和"之"。例如：

（24）服觉皓以殊俗兮，貌揭揭以巍巍。（楚辞·九叹·远游）

（25）夜漫漫以悠悠兮，寒凄凄以凛凛。（文选·潘岳·寡妇赋）

（26）齐首目以瞪眄，徒眽眽而狋狋。（文选·王延寿·鲁灵光殿赋）

（27）登石峦以远望兮，路眇眇之默默。（楚辞·卜居）

"揭揭巍巍"是高貌；"漫漫悠悠"是漫长貌；"凄凄凛凛"是寒冷貌，中间都加了连词"以"。"眽眽""狋狋"是注视貌，中间加了连词"而"。"眇眇"是远貌；"默默"是寂静貌。"眇眇默默"构成相关的二元状态——"远而寂静貌",中间加了连词"之"。

有时,AABB 中间还可以加进语气词"兮"。例如:

(28) 顾章华兮太息,志恋恋兮依依。(楚辞·九思·伤时)

(29) 状貌崟崟兮峨峨,凄凄兮湝湝。(楚辞·招隐士)

"恋恋依依"是依恋貌;"崟崟峨峨"是高耸貌;"凄凄湝湝"是湿润貌。

(二) AABB 组合的临时性

唐以前的 AABB 除"战战兢兢""穆穆皇皇"等少数几个 AABB 被多次使用外,大多数的 AABB 都是一种临时性的组合,使用仅一次或次数极少。有些是对以前的两个 AA 式重言的临时加合。例如:

(30) 雎鸠丽黄,关关嘤嘤。(文选·张衡·东京赋)

(31) 泛滥溥漠,浩浩洋洋。(文选·马融·长笛赋)

《诗经·周南·关雎》有"关关雎鸠",《诗·小雅·伐木》有"鸟鸣嘤嘤","关关嘤嘤"就是对以上两个 AA 式重言的临时组合。《尚书·尧典》有"浩浩滔天",《诗·卫风·硕人》有"河水洋洋"。"浩浩"指水盛大貌;"洋洋"指水深广貌。"浩浩洋洋"也是对这两个 AA 式重言的临时组合。

AABB 组合的临时性还体现在 AABB 的组成成员不固定。一个 AA 式重言可以和多个相关的 AA 式重言组合成 AABB。"纷纷"就可以和九个不同的 AA 式重言构成九组 AABB 临时性组合。例如,"纷纷纭纭"(《孙子·势篇》)、"纷纷扰扰"(《楚辞·神女赋》)、"纷纷分分"(《吕氏春秋·慎大览》)、"纷纷若若"(《列子·力命》)、"纷纷翼翼"(枚乘《七发》)、"涽涽纷纷"(《荀子·解蔽》)、"莫莫纷纷"(扬雄《羽猎赋》)、"飚飚纷纷"(班固《西都赋》)、"湎湎纷纷"(《汉书·叙传》)等。有的(如"纷纷扰扰")经历了历史的考验,一直留存至今。

(三) AABB 语序的不稳定性

因为 AABB 是 AA 与 BB 的叠加,而且这种叠加的关系还比较松散,所以 AABB 的语序也是不固定的。两个 AA 式重言词可以叠加为"AA + BB",也可以叠加为"BB + AA"。例如:

（32）有昭辟雍，有贤泮宫，田里周行，济济锵锵而相从。（汉·刘向《说苑·建本》）

（33）重闱洞出，锵锵济济。（文选·左思·魏都赋）

（34）况乎圣德巍巍荡荡，黎氓所不能命哉。（汉·王褒《四子讲德论》）

（35）惠风被于区外，玄泽洽乎宇内。重泽接武，贡楛盈庭。荡荡巍巍，格于上下。（抱朴子·吴失）

（36）赫赫炎炎，云我无所。（诗·大雅·云汉）

（37）此其为乐也，炎炎赫赫，怅然若有所诱慕。（淮南子·原道）

"济济锵锵"与"锵锵济济"都指步趋有节、多而整齐的样子，"巍巍荡荡"与"荡荡巍巍"都指道德崇高、恩泽博大的样子，"赫赫炎炎"与"炎炎赫赫"都是盛大貌。它们的意义相同，而词序可以不固定。使用频率较高的"穆穆皇皇"也可以叠加为"皇皇穆穆"。例如：

（38）桀纣以乱，汤武以贤，涽涽淑淑，皇皇穆穆。（荀子·赋）

三 AABB 的功能

先秦，AABB 的描写性强，大多是独立成句，充当并列复句中的一个分句。《诗经》中的 AABB 受句式的限制，全都充当并列复句中的一个分句。散文中的 AABB 也大多是做分句。例如：

（39）恢恢广广，孰知其极？窖窖广广，孰知其德？泪泪纷纷，孰知其形？（荀子·解蔽）

（40）媒媒晦晦，无心而不可与谋。（庄子·知北游）

（41）纷纷纭纭，斗乱而不可乱也。（孙子·势篇）

另外，先秦散文中，AABB 已能够做句子成分了，主要是做谓语。例如：

（42）言语之美，穆穆皇皇；朝廷之美，济济鎗鎗。（荀子·大略）

（43）朋友切切偲偲，兄弟怡怡。（论语·子路）

（44）丧容累累，色容颠颠，视容瞿瞿梅梅。（礼记·玉藻）

极个别的 AABB 可以做定语。例如：

（45）周书所谓"庸庸祇祇"者，谓此物也夫！（左传·宣公十五年）

我们调查了《尚书》《诗经》《左传》《庄子》《论语》《孟子》《荀子》《孙子》《礼记》《吕氏春秋》中的 AABB 词，共计 51 例，使用 72 次。其中，独立充当分句的 50 次；做谓语的 21 次；做定语的仅 1 次。

两汉魏晋时期，AABB 的功能与先秦相比，变化不大。主要还是充当并列复句中的一个分句，其次做谓语。韵文中，个别的 AABB 可以做状语。以韵文为例，两汉魏晋赋中，形容词性的 AABB 共 70 例，使用 76 次。其中，独立做分句的 65 次；做句子谓语的 11 次。例如：

（46）眇眇忽忽，若神仙之仿佛。（文选·司马相如·子虚赋）

（47）不被创刃而死者，他他籍籍。（文选·扬雄·上林赋）

例（46），AABB 做分句；例（47），AABB 做句子的谓语。

只不过，两汉魏晋的韵文中，AABB 并列而用的情形比先秦突出一些，两个甚至三个 AABB 可以构成两个或三个并列分句。例如：

（48）清道案列，天行星陈。肃肃习习，隐隐辚辚。（文选·张衡·东京赋）

（49）纯驰浩蜺，前后骆驿。颙颙卬卬，椐椐彊彊，莘莘将将。（文选·枚乘·七发）

以散文为例，两汉魏晋的《论衡》《淮南子》《汉书》《世说新语》《三国志》《抱朴子》共有形容词性的 AABB46 例，使用 57 次。其中，独立充当分句的有 44 次，做句子谓语的有 12 次，做定语的 1 次。例如：

（50）战战惶惶，汗出如浆。（世说新语·言语）

（51）天下至广，万机至猥，诚不可不矜矜业业，坐而待旦也。（三国志·魏书·徐胡二王传）

（52）其后至汤，举兵伐桀，武王把钺伐纣，无巍巍荡荡之文，而有动兵讨伐之言。（论衡·齐世）

例（50），AABB 是分句；例（51），AABB 做谓语；例（52），AABB 做定语。

四 AABB 的意义

唐以前的 AABB 属两个重言式 AA 的连用，因此是重言式的 AABB。AA 式重言的语法意义是表现描写性，表状态，那么 AABB 的语法意义也应是表现描写性，表状态。不同的是，AA 式重言表现的是单一状态；AABB 式重言表现的是二元状态。AA 是一种状态；BB 又是一种状态。例如：

（53）缉缉翩翩，谋欲潛人。（诗·小雅·巷伯）

毛传："缉缉，口舌声；翩翩，往来貌。""缉缉翩翩"表现了"附耳私语"的神情和"往来奔走"的样子。"缉缉"和"翩翩"是两种状态。

有的 AABB 结构，"AA"与"BB"的意义相同，二元状态也近似于单一状态。例如：

（54）我黍与与，我稷翼翼。（诗·小雅·楚茨）

（55）其原野则有桑漆麻苧，菽麦稷黍。百谷蕃庑，翼翼与与。（文选·张衡·南都赋）

例（54）中，"与与""翼翼"分别描写了"黍"和"稷"茂盛的样子，都是单一状态。例（55）中，作者要表现"桑漆麻苧""菽麦稷黍"的茂盛，所以采用了"翼翼与与"这种二元状态来加强描写性。

因"与与"与"翼翼"描写的对象相似，二者的意义也相同。朱熹《诗集传》解释说："与与、翼翼，皆蕃盛貌。""翼翼与与"表现的虽是二元状态，但意义相同，都是"茂盛"之义，给人的感觉并没有两种状态的存在。我们称这种意义相同的叠加为同义叠加。

有的 AABB 结构，"AA"与"BB"的意义只是相近、相关、不相同，是典型的二元状态。例如：

（56）大哉！尧之为君也！巍巍乎！唯天为大，唯尧则之。荡荡乎，民无能名焉。（论语·泰伯）

（57）荡荡巍巍，格于上下。（抱朴子·吴失）

朱熹《论语集注》："巍巍，高大之貌；荡荡，广远之称也。""巍巍"形容尧的道德崇高，如同高山；"荡荡"形容尧对人民的恩泽博大，如同大海。两者所描写的对象虽是一个（尧），却形容的是两种不同的状态。这两种状态因对象同一而相互关联。因为"巍巍"与"荡荡"两词的意义有差别，我们称这种意义不同的叠加为差义叠加。

单音状态形容词没有反义词，由它们构成的 AABB 叠加形式也没有反义组合，只有同义和差义组合。

参考文献

[1] 卞觉非：《略论 AABB 重叠式的语义、语法、修辞和语用功能》，《南京大学学报》（哲）1985 年第 2 期。

[2] 曹先擢：《诗经叠字》，《语言学论丛》第 6 辑，商务印书馆 1980 年版。

[3] 崔建新：《可重叠为 AABB 式的形容词的范围》，《世界汉语教学》1995 年第 4 期。

[4] 管燮初：《西周金文语法研究》，商务印书馆 1980 年版。

[5] 郭志良：《有关"AABB"重叠式的几个问题》，《语言教学与研究》1987 年第 2 期。

[6] 吕叔湘：《形容词使用情况的一个考察》，《中国语文》1965 年第 6 期。

[7] 李宇明：《汉语量范畴研究》，华中师范大学出版社 2000 年版。

[8] 潘攀：《金瓶梅词话 ABB、AABB 构词格》，《华中师范大学学报》（哲）1997 年第 4 期。

[9] 任海波：《现代汉语 AABB 重叠式词构成基础的统计分析》，《中国语文》2001 年第 4 期。

[10] 石毓智：《论汉语的句法重叠》，《语言研究》1996 年第 2 期。

[11] 王明华：《论 AABB 式重叠构词法》，《杭州大学学报》（哲）1992 年第 4 期。

[12] 邢福义等：《形容词的 AABB 反义叠结》，《中国语文》1993 年第 5 期。

[13] 谢瑛：《汉语语法 AABB 重叠式刍议》，《汉语学习》1998 年第 1 期。

[14] 禹和平：《汉语双音节形容词 AABB 重叠式的语法功能考察》，《云南师范大学学报》1998 年第 4 期。

[15] 朱德熙：《语法讲义》，商务印书馆 1982 年版。

[16] 张敏：《汉语方言重叠式语义模式的研究》，香港《中国语文研究》2001 年第 4 期。

[17] 郑远志：《"AABB"式探讨》，《华中师院学报》1982 年第 2 期。

原载《三峡大学学报》（人文社会科学版）2005 年第 3 期
该文研究获国家社科基金项目"汉语形容词重叠形式的历史发展"（04BYY020）的资助

形容词 ABAB 式重叠的种类、形成时间及其他

形容词 ABAB 重叠式是典型的双音形容词的重叠式。因为双音形容词的形成比单音形容词的出现晚得多，所以，ABAB 重叠式在形容词各类重叠格式中出现得最晚。形容词 ABAB 重叠式有两类：一类是双音性质形容词的重叠形式，如"热闹热闹"。"热闹"是双音性质形容词。另一类是双音状态形容词的重叠形式，如"雪白雪白"。"雪白"是双音状态形容词。前一类出现于明代，后一类出现于清末。

一　双音性质形容词 ABAB 式重叠的出现

(一) 双音性质形容词 ABAB 式重叠及其特点

双音性质形容词的重叠模式一般是 AABB。但某些双音性质形容词却可以按 ABAB 形式重叠。这种重叠式见于明代。例如：

（1）望姐夫明日说说，教我青白青白，到年终他考满之时，图他保举一二就是姐夫情分。（金瓶梅词话·七十三回）

（2）交付给你，也叫我闲二年，自在自在。（醒世姻缘传·三十六回）

（3）请老祖宗过来散散闷，看着众儿孙热闹热闹。（红楼梦·十一回）

（4）也管不得许多了，横竖要求大妹妹辛苦辛苦。（红楼梦·十三回）

（5）将来你成了人，也叫你母亲风光风光。（红楼梦·一百一十回）

（6）如今仇是报了，咱们正该心里痛快痛快。（儿女英雄传·十九

回）

"青白青白""自在自在""热闹热闹""辛苦辛苦""风光风光"
"痛快痛快"等都是双音性质形容词"青白""自在""热闹""辛苦"
"风光""痛快"等的重叠形式。

从外部结构、句法功能、基式的语义特征、重叠形式的语法意义等几
个角度看，双音性质形容词的 ABAB 式重叠与形容词的其他重叠格式都不
一样，显得很有特点。

从外部结构看，形容词的 AA 式、AABB 式、ABB 式、A 里 AB 式和
ABAB 式等重叠形式都可以带词尾"的"。如"热热的""热热闹闹的"
"热乎乎的""糊里糊涂的""火热火热的"。而双音性质形容词的 ABAB
式重叠都不能加词尾"的"。如不能说"热闹热闹的"。

从句法功能上看，形容词的 AA 式、AABB 式、ABB 式、A 里 AB 式
和 ABAB 式等重叠形式都能充当状语、定语、谓语、补语等多种句法成
分，而双音性质形容词的 ABAB 重叠式只能做谓语，而且只有个别的可以
带宾语。例如：

（7）叫你这个小冤家先痛快痛快口头儿。（三侠剑·一回）

从语法意义上说，形容词的 AA 式、AABB 式、ABB 式、A 里 AB 式
和 ABAB 式等重叠形式，有的表状态，有的表程度，有的表贬义，但都具
有描写性。而双音性质形容词的 ABAB 重叠形式却含有"尝试、轻微、
短时"等语法意义。李宇明（1996）指出：可重叠为 ABAB 的双音性质
形容词一般都可以变为"AB 一下、AB 一次、AB 一回、AB 一会儿"等。
例如：

（8）让他们两人都冷静冷静→让他们两人都冷静一下。

（9）你让俺痛快痛快吧→你让俺痛快一次吧。

（10）咱们也神气神气→咱们也神气一回。

（11）让我安静安静→让我安静一会儿。

这种变换说明，ABAB 形式含有"尝试、轻微、短时"等语法意义，
已经具有动词重叠的某些特点，因为双音节动词的 ABAB 重叠式也可以有
类似的变换。例如：

（12）学习学习→学习一下　比赛比赛→比赛一回

讨论讨论→讨论一次　活动活动→活动一会儿

从基式的语义特征来看，能如此重叠的形容词属动态形容词。邢福义

（1980）曾经提出"形容词动态化"的概念："形容词带上了某种表示性状变化的成分，具有一定的动态，但并未完全转化为动词。"并认为，当形容词出现在

（13）已经……了（否定式为"还没……"）

（14）曾经……过一阵（否定式为"从来没……过"）

（15）（顿时）……起来

（16）（逐渐）……下去

等格式中，或者带"着"表示性状的正在持续，这些形容词就已经动态化了（李宇明，1996）。能构成 ABAB 式重叠的双音性质形容词基本都能进入以上框架。刘月华（1983）、郭锐（2002）就把这类词处理为形容词和动词的兼类词。

（二）双音性质形容词 ABAB 重叠式的来源

表示"尝试、轻微、短时"等语法意义的双音性质形容词的 ABAB 重叠式是怎样形成的呢？这可能与动词重叠式的形成有着同样的来源。

范方莲（1964）发现：现代汉语里动词的重叠式 VV 来源于 V 一 V。例如：

（17）你且坐一坐。

（18）你且略坐坐。（西游记）

（19）你到厨房去看一看。（曹禺）

（20）你到厨房看看去。（曹禺）

（21）你与我整理一整理（元曲选·鲁斋郎）

（22）要把各处的人整理整理。（红楼梦·一百一十回）

因为"一"是轻声，容易脱落，所以"坐一坐"变成了"坐坐"；"看一看"变成了"看看"；"整理一整理"变成了"整理整理"。动词重叠"所谓量的意义就是（一）V 本身的意义，与前面的 V 无关"。

"热闹"等双音性质形容词也像动词一样，可以带动量补语，可以构成"AB 一 AB"的格式。例如：

（23）我们晚上买些烟火来弄个玩意儿，大家热闹一热闹。（海上尘天影·二十四回）

（24）一家一首，送到府里去，燥脾一燥脾，风光一风光，有何不可？（飞花艳想·七回）

（25）我舞一回，给大家高兴一高兴。（花月痕·三十五回）

当"一"因轻声而脱落后，"热闹一热闹""风光一风光""高兴一高兴"就变成了"热闹热闹""风光风光""高兴高兴"。

从重叠的角度看，此类应是动词的重叠形式。

二 双音状态形容词 ABAB 式重叠的兴起

（一）双音状态形容词 ABAB 式重叠的出现与使用状况

清末，双音状态形容词开始构成 ABAB 式重叠。例如：

（1）又见对面那山坡上一片松树，碧绿碧绿。（老残游记·续第一回）

（2）那虎即到西涧，却立住了脚，眼睛映着月光，灼亮灼亮。（老残游记·八回）

（3）风也息了，雨也止了，云也散了，透出一个月亮，湛明湛明。（老残游记·十四回）

（4）头上戴了一顶新褐色毡帽，一个大辫子，漆黑漆黑拖在后边。（老残游记·续第二回）

（5）手里还把着一个雪白雪白的叫做"玉鹨"，是好不容易花了重价买来的。（清·蘧园《负曝闲谈·九回》）

（6）那房子却造得十分华丽，上下都是用红砖一块一块砌就的，顶上有几处像宝塔一样，溜尖溜尖。（负曝闲谈·六回）

"碧绿""灼亮""湛明""漆黑""雪白""溜尖"都是双音状态形容词。这是目前我们发现的最早的几例双音状态形容词的 ABAB 重叠形式。《老残游记》和《负曝闲谈》都是 1903 年出版的作品。

清代，双音状态形容词的 ABAB 重叠形式还极其少见。若要考察此类重叠的结构、功能与意义，还必须以现当代文献中出现的用例为主。

在现当代的语料中，双音状态形容词的 ABAB 重叠式仍然是形容词各类重叠式中用例最少、使用频率最低的一类重叠式。以老舍的《四世同堂》为例，《四世同堂》中的 AABB 式重叠形容词多达 114 例，仅"迷迷糊糊"一词使用达 22 次；AA 式重叠形容词有 82 例，仅"慢慢"一词使用达 252 次；A 里 AB 式重叠形容词虽只有"糊里糊涂""怪里怪气""唠里唠叨"三个，但"糊里糊涂"使用达 11 次。而双音状态形容词的

ABAB 式重叠词语只有"飘轻飘轻""黑紫黑紫""煞白煞白""汕绿汕绿""黑绿黑绿"五例。除"煞白煞白"使用两次外,其他四例都只出现过一次。

(二) ABAB 式重叠的结构

1. 基式的结构

可重叠为 ABAB 式的双音状态形容词,结构上颇具特点,多数是偏正式合成词,少数是并列式短语。

先看偏正式的 AB。

偏正式的双音状态形容词,前一个语素修饰限制后一个语素,在意义上以后一个语素为主。后一个语素都是可以单用的单音性质形容词,前一个语素可以是名词性语素、动词性语素、单音状态形容词性的语素、单音性质形容词性的语素和类副词性语素。

前一语素为名词性语素的:

雪白雪白　漆黑漆黑　冰冷冰冷　蜡黄蜡黄

血红血红　猴精猴精　蜜甜蜜甜　瓦蓝瓦蓝

"雪""漆""冰""蜡""血""猴""蜜""瓦"都是可独用的名词。

前一语素为动词性语素的:

滚圆滚圆　喷香喷香　溜滑溜滑

飞快飞快　闪亮闪亮　飘轻飘轻

"滚""喷""溜""飞""闪""飘"等都是可独用的动词。

前一语素为单音状态形容词性语素的:

帮硬帮硬　黝黑黝黑　油绿油绿　通红通红

湛蓝湛蓝　殷红殷红　甘甜甘甜　碧绿碧绿

"帮""黝""油""通(彤)""湛""殷""甘""碧"等都是单音状态形容词,历史上曾独用,现在都不独用了。

前一语素为单音性质形容词性语素的:

嫩绿嫩绿　黑红黑红　浓绿浓绿

傻高傻高　闷热闷热　紫黑紫黑

"嫩""黑""浓""傻""闷""紫"都是可独用的形容词。

前一语素为类副词性语素的:

稀烂稀烂　煞白煞白　崭新崭新

贼亮贼亮　鼽咸鼽咸　精光精光

"稀""煞""崭""贼""鼽""精"在此都只有表程度的意义。但与一般的程度副词不同，它们极少独立使用，只与有限的几个单音性质形容词构成固定的搭配。如"精"，只能构成"精光""精瘦"等有限的几个词。我们把这类语素称为类副词性语素。

再看并列式的 AB。

并列式的 AB，两个成分之间不是修饰关系，而是并列关系，在意义上没有明显的主次之分。并列式 AB 的前后两个成分都是单音性质形容词。例如：

瘦高瘦高　白胖白胖　黑瘦黑瘦　短粗短粗

酸甜酸甜　尖细尖细　粗壮粗壮　瘦小瘦小

并列式 AB 构成的 ABAB 格式比偏正式双音状态形容词构成的 ABAB 格式出现要晚。这类并列式 AB 既可以构成为 AABB，又可以重叠为 AB-AB。如"白胖"，可构成"白白胖胖"，又可重叠为"白胖白胖"。构成 AABB 时只表状态，如"白白胖胖"指"又白又胖"；构成 ABAB 时既表状态，又表程度，如"白胖白胖"指"很白很胖"。

当 A 与 B 同义时，A 与 B 就容易词汇化为双音形容词（如"长久""辛苦"），AABB 的同义叠加也就会变成 AABB 式重叠（如"长长久久""辛辛苦苦"）。"白"与"胖"意义只是相关而不相同，因此"白"与"胖"构成的 AABB 只能是叠加式，不是重叠式。现在，这类意义相关而不相同的"白胖""黑瘦""短粗""瘦高""尖细"等双音形式也能构成 ABAB 式重叠了。这证明，继意义相同的 AB 词汇化之后，意义相关的 AB 也开始有词汇化的迹象了，因此它们也能作为基式构成为 ABAB 式重叠。看来，"瘦高""白胖""黑瘦""短粗""酸甜"等双音形式正在由并列式短语向复音形容词的方向发展。

2. 重叠形式的结构

从内部结构来看，ABAB 重叠形式只有重叠一种结构方式，不像 AABB 那样有重叠和叠加两种结构方式。

从外部结构来看，ABAB 带词尾"的"是可选性的，不是强制性的。例如：

（7）昙花真美呀！雪白雪白的。（汪曾祺《昙花·鹤和鬼火》）

（8）有一匹马，真是一条龙，高腿狭面，长腰秀颈，雪白雪白。（汪

曾祺《职业》）

例（7）去掉"的"和例（8）加上"的"都不影响句子的完整性。

（三）　ABAB 式重叠的句法功能

由双音状态形容词构成的 ABAB 重叠形式可以做谓语、定语、补语和状语。例如：

（9）他就老那么飘轻飘轻的，好像一片飞在空中的鸡毛那样被人视为无足重轻。（老舍《四世同堂·惶惑》）

（10）天池的水，碧蓝碧蓝的。（汪曾祺《天山行色》）

（11）小姑娘们摘取着柿子，大红大红的柿子，盛满她们的筐篮。（萧红《生死场·菜圃》）

（12）饭庄门口站着一群艳俗艳俗的新郎新娘。（王朔《一点正经没有》）

（13）锅在"洋炉子"上，和炉子都熏得乌黑乌黑，越显出豆腐的白。（朱自清《冬天》）

（14）脸上涂抹得粉白粉白的。（方方《埋伏》）

（15）我全身冰冷冰冷地僵住了。（曲波《桥隆飙》）

（16）小鱼全身银亮银亮的发光。（柯蓝《南湖的鱼和菱》）

例（9）和例（10）的"飘轻飘轻"和"碧蓝碧蓝"做谓语，例（11）和例（12）的"大红大红"和"艳俗艳俗"做定语，例（13）和例（14）的"乌黑乌黑"和"粉白粉白"做补语，例（15）和例（16）的"冰冷冰冷"和"银亮银亮"做状语。

从总体上看，双音状态形容词的 ABAB 重叠形式主要是做谓语和定语。为了弄清 ABAB 重叠式的句法功能，我们调查了现当代下列各位作家的作品，具体是：老舍《四世同堂》《骆驼祥子》，朱自清散文《冬天》《瑞士》，萧红《生死场》，李广田《到桔子林去》，汪曾祺《汪曾祺自选集》，阿城《棋王》，尤凤伟《石门夜话》，老鬼《血色黄昏》，陈建功、赵大年《皇城根》，王蒙《夜的眼》《坚硬的稀弱》，王朔《一点正经没有》，海波《母亲与遗像》，刘心武《黑墙》《小墩子》，王小波《黄金时代》《绿毛水怪》《我的舅舅》，张贤亮《绿化树》《邢老汉和狗的故事》《习惯死亡》，余华《活着》，池莉《让梦穿越你的心》，张正隆《雪白血红》，方方《暗示》《埋伏》，张炜《白慧》《秋天的愤怒》《海边的雪》等。

在以上作品中，我们共找到双音状态形容词 ABAB 重叠式 62 个，使用 98 次。其中，做谓语 52 次，做定语 35 次，做补语 10 次，做状语 1 次。

黄斌（2001）统计了王国璋等编的《现代汉语重叠形容词用法例释》一书中所收录的 ABAB 式形容词，发现："所收集的 89 个 ABAB 式词语中，有 72 个词语可以充当谓语，71 个词语可以充当定语，30 个词语可以充当补语，18 个词语可以充当宾语，5 个词语可以充当状语，5 个词语可以充当中心语，受副词的修饰。"从黄先生所举例证来看，那充当宾语的 18 个词语和充当中心语的 5 个词语都是本文所说的谓语。因此，我们从不同的角度进行统计的结果是一致的。

（四）ABAB 式重叠的语法意义

重叠形式的语法意义就是对基式语义特征的强化。要了解 ABAB 式的语法意义首先应了解 AB 的语义特征。

1. 表状态成分的程度化与 AB 语义特征的变化

AB 式双音状态形容词"雪白、滚圆、黝黑"等本是表状态的。因为性质形容词"白""圆""黑"等词义抽象，形象性丢失，所以才前加单音状态形容词（如"黝"）、名词（如"雪"）和动词（如"滚"）以增加它们的形象性和具体性，使"雪白、滚圆、黝黑"等具有表状态的语义特征。但使用时间一长，使用范围一扩大，这些前加成分就会受到单音性质形容词的影响，形象性也会丢失，变得不表状态。AB 双音状态形容词前加成分的状态淡化现象在清代已出现。例如：

（17）但见月光映着石墩上，雪亮如银。（双凤奇缘·十一回）

"雪亮"是 AB 式状态形容词，"雪"本是表现"亮"的状态性成分。因状态淡化，又用"如银"来强调"亮"的状态性。清代，许多的 AB 式双音状态形容词开始两两连用。例如：

（18）今有一串上好滚圆雪白珠子，是一宦家侍妾，央我货卖几百贯钱钞。（禅真逸史·六回）

（19）只觉得一个冰凉挺硬的东西，在嘴唇上哧溜了一下子。（儿女英雄传·四回）

（20）光着脑袋，一张焦黄精瘦的刮骨脸，蓬蓬松松的一嘴花白黄

须。（红楼复梦·十二回）

"滚圆雪白""冰凉挺硬""焦黄精瘦"等都是两个 AB 式双音状态形容词的连用。这种连用的出现，一方面是为了表现状态的多样性，另一方面也是为了抵消 AB 形容词状态的淡化。朱德熙（1956）已注意到"雪白、冰凉、通红"等一类形容词的"前一个音节已经丧失了原来的意义，近于前加成分的性质"。所谓"丧失了原来的意义"指的是它们表状态的意义淡化，但表程度的意义形成。这种发展过程有些方言中表现得比较明显。如"雪白"，本指像雪一样白，因使用频繁，"雪"的形象性淡化，主观性增强，产生了程度义，"雪白"也就指"很白"。

在湖南祁东方言中，程度化了的"雪"除构成"雪白"外，还类推出"雪红""雪绿""雪黄"等双音状态形容词。它们都是"很红""很绿""很黄"的意思（伍云姬，1999）。又如"血红"，本指"像鲜血一样红"，因使用频繁，"血"的形象性淡化，产生了程度义，"血红"指"很红"。

在辽宁大连，表程度的"血"就曾经几乎等同于"很"和"非常"。"凡'很''非常'能修饰的词语，'血'几乎都能修饰"（迟永长，1996）。如"血甜""血软""血好"，等等。

汉语里，处于双音状态形容词前一语素位置上的是原有单音状态形容词、名词、动词等。清末，类程度副词性的"煞""崭""齁""贼"等也能出现在这一位置，构成"煞白""崭新""齁甜""贼亮"等双音状态形容词。至此，AB 表程度的语义特征已基本形成。

李宇明（2000）用 Ax 表示性质形容词，用 f_1 表示附加在性质形容词上的成分，并认为"f_1 就如同是一个程度加强符号"，同时把"雪白"一类状态形容词码化为"f_1/Ax"。这就是说，李先生认为，普通话里"雪白"一类双音状态形容词的语义特征就是表程度。在湘方言里，伍云姬（1999）更是直截了当地用公式 [很 X 的] 来概括"墨黑的""刷白的"等一批双音状态形容词的语义特征。

2. ABAB 的语法意义

既然 AB（雪白）的语义特征是表程度，那么 ABAB（雪白雪白）的语法意义应该是对"程度"的再一次强化，表程度中的"极量"——超最高程度。谢自立、刘丹青（1995）在研究苏州方言变形形容词时就指出："XA（如'墨黑'）都能重叠 X 构成 XXA 或整个儿重叠构成重叠式形容词里的 XAXA，它们都表达同类的程度极高的语法意义，如'墨黑'可以说成'墨墨黑、墨黑墨黑'。"

（五）ABAB 式重叠产生的动因与机制

探讨 ABAB 式重叠产生的动因，也就是要说明双音状态形容词 AB 为什么要重叠。要回答这个问题，可以从 AB 式双音状态形容词的变化过程中去寻找一种合理的解释。

自清代以来，双音状态形容词的前加成分向着表程度的方向发展，这势必导致 AB 表状态的功能弱化。状态形容词的语用功能就是要表现描状性。为了增强 AB 的描状性，从普通话到方言共使用了三种手段，即词汇手段、语音手段和语法手段。

1. 运用词汇手段强化 AB 的描状性

AB 双音状态形容词中，表现状态的主要是前加成分 A，状态弱化的也是前加成分 A。增强 A 的描状性的词汇手段有两种：一是把与 A 同义的多个状态性语素同时用上；二是连用意义相近的两个 AB。例如：

（21）院子里堆了半院子的煤炭，把天光都遮住了，觉得乌漆墨黑。（负曝闲谈·八回）

（22）已望见那座府门，是白玉石做的，通明雪亮，宛如水晶。（红楼真梦·四十一回）

例（21）中，"乌漆墨黑"是"乌黑""漆黑""墨黑"三种 AB 式双音状态形容词的融合。当 AB 中的"A"状态弱化后，就用"乌""漆""墨"等三种状态的语素一起来强化"黑"的状态。例（22）中，"通明"和"雪亮"都是双音状态形容词。当"通"与"雪"由表状态的成分向表程度的成分发展时，就采用连用的方式强化"明"与"亮"的状态。这两种方式在现代南方方言中还常见到。苏州方言的"簇崭全新"与"碧绿生青"就属于这一类。（谢自立、刘丹青，1995）

2. 运用语音手段强化 AB 的描状性

清代，"漆黑"等 AB 式双音状态形容词是如何运用语音手段来强化 AB 的描状性的，这已经无法证明了。现代方言中，AB 双音状态形容词表状态的成分常用重读或增加音节的长度等方式强化其描状性。伍云姬（1999）发现：在湖南方言里，"墨黑的""刷白的"等 AB 式双音状态形容词，"第一个音节重读，音节的长度常为第二个音节的二倍至三倍。第一个音节读得越重，音节拖得越长，表程度的意味越浓"。这就是说，为了表现"黑"的状态，通过拉长"墨"的读音来体现。表状态的成分位于哪里，哪里的重音和音节长度就被加强。在笔者的母语（湖南临澧话）里，这类双音状态形容词构成的语序与普通话或别的方言不同，单音性质形容词在前，表状态的语素在后。如普通话的"漆黑的"，笔者的母语要说成"黑漆哒"。要强化"黑"的状态，通过拉长第二字（漆）的读音来完成。第二字的声音拖得越长，状态的程度也越重。

3. 运用语法手段强化 AB 的描状性

这里所说的语法手段就是重叠。当 AB 的描状性弱化之后，为了强化状态性成分 A，要么重叠状态性语素 A 构成 AAB，要么重叠整个双音状态形容词 AB 构成 ABAB。这两种强化方式在清代都已出现。例如：

（23）人家是新开剪、头次上身、崭崭新的衣服，全给油了。（小五义·六十五回）

（24）陶子尧听了，面孔气得雪雪白，一句话也说不出来。（官场现形记·十回）

（25）头上戴了一顶新褐色毡帽，一个大辫子，漆黑漆黑拖在后边。（老残游记·续第二回）

"崭崭新""雪雪白"这种重叠方式在现代吴方言区还大量存在。（徐立芳，1987；谢自立、刘丹青，1995；徐烈炯、邵敬敏，1997；徐波，2001）

从上面的分析可知，ABAB 式重叠是强化双音状态形容词的描状性的方式之一。它出现的动因是 AB 状态的弱化与需要被强化这一语用矛盾所引起的。有意思的是，ABAB 的出现本为强化 AB 的描状性，结果强化的是 AB 的程度。

ABAB 形成的机制是语法强化。

参考文献

［1］陈光：《现代汉语双音动词和形容词的特别重叠式》，《汉语学习》1997 年第 3 期。

［2］迟永长：《辽宁口语中的程度副词》，《辽宁大学学报》1996 年第 6 期。

［3］范方莲：《试论所谓"动词重叠"》，《中国语文》1964 年第 4 期。

［4］郭锐：《现代汉语词类研究》，商务印书馆 2002 年版。

［5］黄斌：《形容词的重叠形式 ABAB 式》，《武汉交通管理干部学院学报》2001年第 2 期。

［6］李宇明：《双音性质形容词的 ABAB 式重叠》，《汉语学习》1996 年第 4 期。

［7］李宇明：《汉语量范畴研究》，华中师范大学出版社 2000 年版。

［8］刘月华：《实用现代汉语语法》，外语教学与研究出版社 1983 年版。

［9］伍云姬编：《汉语方言共时与历时语法研讨论文集》，暨南大学出版社 1999年版。

［10］王素梅：《双音节状态形容词的 ABAB 式重叠》，《汉语学习》1998 年第2 期。

［11］邢福义：《现代汉语语法知识》，湖北人民出版社 1980 年版。

［12］谢自立、刘丹青：《苏州方言变形形容词研究》，《中国语言学报》第 5 期，商务印书馆 1995 年版。

［13］徐波：《宁波方言形容词摹状形式》，《语文研究》2001 年第 3 期。

［14］徐烈炯、邵敬敏：《上海方言形容词重叠式研究》，《语言研究》1997 年第2 期。

［15］徐立芳：《苏州方言形容词初探》，《徐州师范学院学报》1987 年第 1 期。

［16］朱德熙：《现代汉语形容词的研究》，《语言研究》1956 年第 1 期。

原载《广播电视大学学报》（哲学社会科学版）2004 年第 4 期

该文研究获国家社科基金项目"汉语形容词重叠形式的历史发展"（04BYY020）的资助

汉语形容词重叠研究概述

汉语形容词的重叠是一个很复杂的问题，因此讨论的文章相当多。本文将从语法研究、语义研究和语音研究三个角度来介绍这些研究成果。

一 形容词重叠的语法研究

朱德熙、吕叔湘为形容词重叠研究奠定了基础。朱德熙的研究主要集中在三个方面：归纳了形容词重叠的基本形式及其读音基本规律；探讨了形容词重叠式的语法意义和感情色彩；揭示了"汉语的形容词重叠式和原式的主要区别"。

吕叔湘对形容词重叠的研究体现在微观和宏观两个方面。微观上，吕叔湘对杨朔《海市》里实际出现的形容词重叠形式进行了分析：一是发现了形容词重叠 AA 式、ABB 式、AABB 式都有两类不同的存在形式。AA式中，"一种是单音形容词重叠"，如"小小的""高高的"；"一种是重叠后方才成为形容词"的，如"茫茫""漠漠"。ABB 中，一种是"AB成词的"，如"机灵灵""冷淡淡"；另一种是"AB 不成词的"，如"笑嘻嘻""羞答答"。AABB 中，"AB 成词的"为一类，如"冷冷静静""清清楚楚"；"AB 不成词的"为另一类，如"轰轰烈烈""影影绰绰"。这种细致入微的观察给了我们很大的启发。二是考察了形容词重叠式做定语、状语、补语、谓语的具体情况。宏观上，吕叔湘全面分析了形容词生动形式的构成与功能，并对 AA、ABB、ABC、AXYZ、AABB、A 里 AB、BABA 等各式重叠格式和生动格式一一列表，分析它们的结构和读音。

此后，对汉语形容词重叠结构的语法形式和语法功能的研究便全面展开。

（一）形容词重叠语法形式的研究

对形容词重叠的各种格式进行全面讨论的有杨建国、赵建功、李大星、沈荣森、程湘清、刘晓龙、杨振兰、石定栩、汪大昌等。他们考察的是历史文献中形容词的各种重叠格式；杨振兰、石定栩、汪大昌考察的是现代汉语里形容词的各种重叠格式。石定栩的观点值得注意，他论证了"形容词重叠式与非重叠式的句法结构形式不同，前者是短语，而后者是词，因而具有不同的句法特性"。

更多文章只分析了形容词重叠的某一格式。

ABB 式。对 ABB 重叠格式进行讨论的有马克前、顾静如、邢公畹、陈鸿迈、辛尚奎、周成、邵敬敏、李海霞、曹瑞芳、潘攀、张美兰、徐浩、戴莉等。陈鸿迈（《楚辞》）、李海霞（《楚辞》）、潘攀（元杂剧、《金瓶梅》）、张美兰（近代汉语）考察的是历史文献中的形容词 ABB 格式。马克前、顾静如、辛尚奎、周成、戴莉、曹瑞芳、邵敬敏分析的是现代汉语 ABB 式形容词。邢公畹考证了某些 ABB 中"BB"的来源。徐浩在分析现代汉语 ABB 形容词的同时简述了 ABB 词的历史演变。值得注意的是陈鸿迈、邵敬敏的研究。陈鸿迈指出：《楚辞》中的 ABB（烂昭昭）是一种 A + BB 式的三字词组，不是现代汉语中的 ABB 式形容词。邵敬敏采用了动态分析法，发现了 ABB 式形容词在现代汉语中的四种发展趋向：语素虚化趋向、ABB 功能扩大趋向、ABB 类化趋向、ABB 书面化趋向。

AABB 式。对 AABB 格式进行讨论的有陆志韦、郑远志、董树人、卞觉非、郭志良、蒋绍愚、王明华、邢福义、崔建新、储泽祥、陈光、潘攀、谢瑛、禹和平、任海波、伍宗文、王为民、王红梅等。伍宗文（先秦）、蒋绍愚（唐代）、潘攀（《金瓶梅词话》）、王明华（《金瓶梅》）、王红梅（"三言""二拍"）、王为民（《绿野仙踪》）考察了历史文献中 AABB 格式的使用情况。陆志韦、郑远志、董树人、卞觉非、郭志良、邢福义、崔建新、储泽祥、陈光、任海波讨论的是现代汉语 AABB 式形容词。从格式的角度看，陆志韦、邢福义、储泽祥对 AABB 形容词的观察有新发现。陆志韦注意到："干干净净"和"大大小小"是两类不同的形容词并立四字格。"干干净净"是"干净"的重叠；"大大小小"不是"大小"的重叠，是"大大 + 小小"。"大大小小"不是重叠式，是叠加式，又分为两类：一类是前 AA 与后 BB 意义相反的，如"大大小小"；另一类是前 AA 与后 BB 意义相近的，如"香香甜甜"。邢福义等着重讨论了"大大小小"等形容词的反义叠结现象，分析了这种现象的结构组织、语义关系和句法功能。储泽祥则分析了"香香甜甜"等单音形容词的 AABB 差义叠结现象，探讨了 AABB 差义叠结的语用价值。

ABAB 式。双音节状态形容词能构成 ABAB 式重叠，如"雪白雪白"；双音节性质形容词也能构成 ABAB 式重叠，如"暖和暖和"。王素梅、黄斌讨论了现代汉语中双音节状态形容词的 ABAB 式重叠。李宇明、陈光讨论了现代汉语中双音节性质形容词的 ABAB 式重叠。李宇明认为：（1）双音性质形容词的重叠都具有"致使性"，大多出现在"让/使/叫 + 某人 + ABAB"的句法格式中；（2）这种 ABAB 式重叠可以看作形容词动态化的一种；（3）双音节性质形容词的 ABAB 重叠与 AABB 重叠有很大不同：前者是动态的，后者是静态的；前者只能做谓语，后者可做定语、状语、补语、谓语；前者是临时重叠，后者是常规重叠。

A 里 AB 式。对形容词 A 里 AB 重叠形式进行讨论的有王力、力山、徐仁甫、蒋明、赵元任、张寿康、太田辰夫、黎良军、祝克懿、刘叔新等。王力首先注意到了"糊里糊涂"中的"糊里"是赘语。赵元任把 A 里 AB 列为"生动重叠形式"的模式之一，并认为"里"是中缀。

（二）形容词重叠语法功能的研究

赵元任注意到，形容词重叠式一般不受程度副词修饰，如不说"很干干净净的"；不能直接用"不"否定，如不说"不绿油油的"；没有比较级，如不说"这个比那个大大儿的"。吕叔湘从形容词重叠式与结构助词的搭配情况来论述它们的语法功能：修饰名词性成分，无论哪种格式一般都必须带"的"，如清清的水，水汪汪的大眼睛，干干净净的床单；修饰动词短语，一般都带"地"，如"随随便便地说"；做谓语，一般都带"的"，如"眼睛大大的"；在"得"字后做补语，AABB 式可省"的"，其他格式不能省。如"烫得平平的，收拾得整整齐齐（的）"；前面加上指量短语或数量短语后可做主语和宾语，必带"的"。如"那个胖乎乎的走过来了，买了一个结结实实的"。

形容词重叠式带有明显的描写性，最适合做谓语和补语。定语和状语位置上的形容词重叠式的功能会有变化。朱德熙用十种方言材料证明：定语位置上的重叠式形容词"一律要名词化"。名词化的方式有两种：一种是在"的₂"后头加"的₃",组成"形容词重叠式 + 的₂ + 的₃ + 名词"的结构。如广西平南县白话:"——只旧旧哋嘅面盆冇见开"(一个旧脸盆不见了)。"哋"相当于"的₂",是状态形容词词尾;"嘅"相当于"的₃",是结构助词,可使谓词性成分体词化。另一种是把"的₂"换成"的₃",组成"形容词重叠式 + 的₃ + 名词"。又如,广西平南白话:"一叠厚厚嘅报纸淋湿了"(厚厚的一沓报纸淋湿了)。谓语位置上的形容词重叠式是谓词性成分,语法意义是表示陈述;定语位置上的形容词重叠式是体词性成分,语法意义是表示指称,与其后的名词构成"同位性偏正结构"。张爱民比较了形容词重叠式做状语与做定语、补语、谓语的不同,发现"形容词重叠式处在不同语法位置上所产生的结构意义,使其做状语与做其他成分的区别呈现出错综复杂的情况"。

龚继华、朱德熙发现:形容词的基式(性质形容词)和重叠式(状态形容词)在语法功能上有很大的区别,基式的使用远不如重叠式自由。朱先生指出:做定语、状语时基式要受限制,如可以说"薄纸、慢走",但不能说"薄灰尘、慢游"。而重叠式就不受什么限制,如"薄薄的灰尘、慢慢地游"。做谓语时基式单独做谓语含有比较或对照的意思,因此往往是两件事对比着说,如"人小心不小";而重叠式没有比较和对照的意思,可单独出现,如"脚儿小小的"。做补语时由重叠式构成的格式可以受"已经、连忙、马上"等时间副词的修饰,可以跟"把、被、给"等介词连用,还可以做状语。由基式构成的格式就不能。如可以说"马上忘得干干净净""两只手给捆得紧紧的""洗得干干净净地收着",但不能说"马上忘得干净""两只手给捆得紧""洗得干净地收着"。

二　形容词重叠的语义研究

谈形容词重叠的意义应考虑两个方面:一是基式的语义特征;二是重叠结构的语法意义。

(一) 基式的语义特征

哪些形容词能进入哪一种重叠格式,往往取决于其基式的语义特征。陈光认为:不能进入 ABAB 式而只能进入 AABB 式的形容词"马虎、歪斜"等有(–可控＋属性＋静态)的语义特征;只能进入 ABAB 式而不能进入 AABB 式的形容词"活跃、稳定"等有（＋可控＋使动＋带使动宾语）的语义特征；既可以进入 ABAB 式也常进入 AABB 式的形容词"热闹、轻松"等有（±可控＋使变／＋属性±动态－带宾）的语义特征。

（二）重叠的语法意义

关于形容词重叠的语法意义，大家看法还很不一致。大致有如下几种说法：表程度、表状态、表强调、表主观估价、表"类同物复现"。

"表程度"说。黎锦熙认为，形容词"重叠后可以产生特定的附加意义（表示'量'的范畴的）"。俞敏认为："形容词的重叠式表示'全量'。大致说，凡是重叠以后就加上一个'很'的意思，'红红' ＝ '很红'，'大大' ＝ '很大'。"朱德熙认为："一般来说，完全重叠式在状语和补语两种位置上往往带有加重、强调的意味"，"在定语和谓语两种位置上的时候，完全重叠式不但没有加重、强调的意味，反而表示一种轻微的程度（'小称意义'）"。李宇明指出："词语重叠的主要表义功能是'调量'，使基式所表达的物量、数量、动量、度量向加大或减小两个维度上发生变化"，"表达度量的重叠以形容词重叠为主"。石毓智谈到重叠式的语法意义"是使基式定量化，而不同数量特征的基式其定量结果可能会有或大或小的差异"。"对于形容词，重叠式确立一个程度。"

"表状态"说。刘丹青认为："作为状态形容词的各种重叠式主要用来再现事物的状态，给事物以主观的描写。"具体表现在三个方面：一是可变性。重叠式一般是再现某一时刻所处的某种状态，如"白醭醭葛面孔"。二是形象性。重叠式都带有明显的形象色彩，能直接诉诸听话人的形象思维，唤起视、听、味、触等方面的印象（所以是"再现"）。三是主观性。重叠式带有明显的说话人主观色彩，包括对程度的估价肯定和感情色彩。

"表强调"说。谢自立、刘丹青认为："就重叠而言，它新增加的内容还是强调，由此也可以进一步证明重叠的主要作用确是强调，而不是程度。"形容词重叠跟未变化的原来形式相比，"它既保留了原形的基本语义，又增添了形象描摹、主观态度等新的语义要素"。

"表主观估价"说。冯成麟在分析 A 里 AB 重叠式的语法意义时说："像'糊糊涂涂'跟'糊里糊涂'固然都表示'很糊涂'的意思，可是第二重叠式（糊里糊涂）另外还带着憎恶的感情。"朱德熙认为："形容词重叠式跟原式的词汇意义是一样的，区别在于原式单纯表示属性，重叠式同时还表示说话的人对于这种属性的主观估价。换句话说，它包含着说话人的感情在内。"

"类同物复现"说。张敏认为："汉语方言里体词（主要是量词）和谓词（形容词、动词）重叠式的各种基本意义类型，如周遍、逐指、增量、减量、相似、延续、反复等，都可以从'类同物复现'的高层模式推导出来。""形容词重叠式在原式基础上增加的意义起码有三类：一、原式表达的事物性质在重叠式里有所增减，这是性质程度量的变化；二、性质的程度在重叠式里没有增减，但说话人对这种性质的强调量有所增减；三、跟原式比，重叠式可多出某种感情色彩。"

三　形容词重叠的语音研究

形容词在重叠的过程中总会产生一些音变现象，形成一定的节律。这些音变现象包括变声、变韵和变调。

（一）变声变韵重叠研究

在现代汉语普通话中，形容词重叠变声变韵的现象未见有学者研究。古代汉语、近代汉语和现代方言中，形容词重叠变声变韵的现象引起了一定的关注。

在古代汉语里，向熹分析了"猗猗"变"猗傩"、"勉勉"变"黾勉"等变声变韵现象。严承钧分析了"勿勿"与"密勿"的音转字变现象。严廷德分析了"迟迟"变"峙踌"、"卒卒"变"造次"的声韵变化。李国正考察了从"便便"到"便蕃"的变化。刘又辛分析了"拘拘—拘挛""团团—团栾""蒙蒙—鸿蒙"等重叠的变音现象。Sun 全面研究了上古汉语联绵词的内部结构，把它们的变声变韵现象归纳为三种重叠模式：顺向重叠；逆向重叠；无向裂变式重叠。

近代汉语里，江蓝生发现金元曲文中的"滴羞跌蹳"一类四字格词语是一种变形重叠式。"跌蹳"是基式，"滴羞"是"跌蹳"的变音重叠式。石锓也分析了元曲双音状态形容词的变音重叠，认为"乞留曲律"[＊k'i lǐəu k'iu liu] 是"曲律"的逆向变韵重叠。"曲"逆向重叠出

"乞"；"律"逆向重叠出"留"。"曲"变"乞"，声母不变，韵母由
［＊iu］变为［＊i］；"律"变"留"，声母不变，韵母由［＊iu］变成
［＊iɔu］。

在现代汉语方言里，陈亚川、郑懿德分析了福州话形容词重叠式的音
变方式。一是顺向变声重叠的，如"干焦"［kaŋna］重叠为"干焦焦"
［kaŋna la］。第二个"焦"韵母未变，声母变为［l］。二是逆向变韵重叠
的如"奇怪"［ki kuɑì］重叠为"奇怪怪"［ki kuai kuɑì］。第一个"怪"
声母未变，韵母由［uɑì］变为［uai］。邓玉荣也分析了广西藤县话单音
节形容词的变形重叠，逆向变韵重叠的，如"短"［dun］重叠为［dɐŋ
dun］；顺向变声重叠的，如，"歪"［mai］重叠为［mai hai］，声母由
［m］变成［h］。

（二）变调重叠研究

现代汉语中，形容词 AA 式、ABB 式、AABB 式、A 里 AB 式重叠都
有变调的现象，这引起了许多学者的注意。

AA 的变调。赵元任观察到单音节形容词 A 重叠成 AA 后，第二个 A
的声调变阴平。朱德熙也认为："不管基式原来是什么字调，重叠以后第
二个音节一律读阴平。例如'小小儿的'、'好好儿的'。"俞敏对此还做
了比较形象的说明："单音节的形容词重叠以后第二音节有重音，改用阴
平调。比方，'好好'＝'好蒿'，'慢慢'＝'慢妈儿'，'快快'＝
'快宽'……"但也有不同看法。吕叔湘主编的《现代汉语八百词》，表
一所列的 133 个可以重叠成 AA 式的单音节词中，有 113 个重叠后第二个
A 的声调变阴平。看来，并不是所有的单音形容词重叠为 AA 式后都变
调。王启龙运用统计的方法得出的结论是："许多单音节形容词重叠后，
第二个音节儿化变阴平，但并不是所有的单音节形容词重叠式都如此。"
例如，"惨"重叠为"惨惨的"就不变调。重叠后第二音节儿化变阴平的
约占 77%；重叠后第二音节一般不儿化变阴平的约占 23%。"从字面语义
上看，重叠后第二个音节不能儿化变阴平的单音节形容词中的'坏字眼'
相对多一些；而可以儿化变阴平的单音节形容词中的'好字眼'相对多
一些。"

ABB 式形容词的叠音后缀 BB 的读音。黄伯荣、廖序东《现代汉语》：
"单音节形容词的叠音后缀，不管原来是什么声调的字，也都念成 55 调

值。"例如，"白生生、软绵绵、直挺挺、沉甸甸"。1978 年版的《现代汉语词典》也把许多本音为非阴平的字注为阴平。如，"白茫茫""黑洞洞"等。林廉、李志江、李小梅对此提出了不同看法。李志江认为，BB 的读音，一般读这个字的本调，而且多数声调为阴平，如"干巴巴"的"巴巴"。也有相当数量的 BB，声调本读阳平、上声或去声，但语言习惯常常将它们改读为阴平，如"绿油油"的"油油"、"直挺挺"的"挺挺"、"沉甸甸"的"甸甸"。作者还通过对比《现代汉语词典》1978 年原版与 1994 年修订版对 ABB 的不同标音，参考作者本人的实地调查，得出结论：ABB 的叠音后缀逐渐从 BB 改读阴平朝不改读阴平的方向变化。即"油油""挺挺""甸甸"已不读阴平，而读本调了。

AABB 的变调。吕叔湘等《现代汉语八百词》认为："在口语中 BB 常读阴平调，第二个 A 读轻声，第二个 B 常儿化。"如"慢慢腾腾的 màn. mantēngtēng. de 和干干净净儿的 gān. ganjīngjīngr. de"。表中列出了 232 个双音节形容词，其中 229 个可以按 AABB 式重叠，107 个重叠后 BB 变阴平，其余重叠后 BB 不变调。朱德熙认为："基式是双音节形容词，重叠式有'AABB'和'A 里 AB'两种。"无论是哪一种，重音都在第一个音节上；第二个音节读轻声。例如，"大大方方、古里古怪"。卞觉非注意到可按 AABB 式重叠的双音节形容词分两种情况：一种没有 AB 原形，如轰轰烈烈（＊轰烈）；另一种有 AB 原形，如干干净净（干净）。只有在有 AB 原形的重叠式里 BB 才读阴平调。胡明扬发现：口语和书面语等语体对双音节形容词重叠式 AABB 的语音模式有影响。北京话双音节形容词重叠后的语音模式是 AA，也就是后两个音节读带重音的阴平，如"热热闹闹、高高兴兴"等。普通话特别是书面语双音节形容词重叠后的语音模式是 AA′BB，也就是第一个音节读重音，第二个音节轻声，第三个音节读次重音，第四个音节读轻声。如"平平凡凡"。蒋平着重考察了《现代汉语八百词》表三中双音节形容词的重叠变调现象，发现"AABB 重叠式中 BB 是否变阴平调与 AB 原型中 B 是否读轻声有关"。

ABAB 与 A 里 AB 的变调。吕叔湘、朱德熙认为：在 BABA（笔直笔直）四个音节中，重音常落在第一个音节 B 上。王启龙认为：A 里 AB 基本上是 A 都念本调，"里"念轻声，多数 B 念阴平。

（三）形容词重叠的节律

李宇明分析河南泌阳话性质形容词重叠时，根据音强、音长和音高等超音段成分总结出了甲乙两种节律模式。以 AA 式重叠为例，甲种节律：音强为"中重"，音长为"中中"，第一音节读本调，第二音节不管本调如何全读阴平。例如，"大大儿哩"。乙种节律：音强为"中轻"，音长为"中中"，第一音节读本调，第二音节都读阴乎。例如，"懒懒儿哩"。

参考文献

［1］朱德熙：《现代汉语形容词的研究》，《语言研究》1956 年第 1 期。

［2］吕叔湘：《形容词使用情况的一个考察》，《中国语文》1965 年第 6 期。

［3］吕叔湘：《现代汉语八百词》，商务印书馆 1980 年版。

［4］石定栩：《形容词重叠式的句法地位》，《汉语学报》2000 年第 2 期。

［5］邵敬敏：《ABB 式形容词动态研究》，《世界汉语教学》1990 年第 1 期。

［6］邢福义：《形容词的 AABB 反义叠结》，《中国语文》1993 年第 5 期。

［7］李宇明：《双音性质形容词的 ABAB 式重叠》，《汉语学习》1996 年第 4 期。

［8］赵元任：《汉语口语语法》，吕叔湘译，商务印书馆 1990 年版。

［9］朱德熙：《从方言和历史看状态形容词的名词化》，《方言》1993 年第 2 期。

［10］朱德熙：《语法讲义》，商务印书馆 1979 年版。

［11］陈光：《现代汉语双音动词和形容词的特别重叠式》，《汉语学习》1997 年第 3 期。

［12］石毓智：《论汉语的句法重叠》，《语言研究》1996 年第 2 期。

［13］刘丹青：《苏州方言重叠式研究》，《语言研究》1986 年第 2 期。

［14］谢自立、刘丹青：《苏州方言变形形容词研究》，《中国语言学报》1995 年第 5 期。

［15］张敏：《汉语方言重叠式语义模式的研究》，香港《中国语文研究》2001 年第 1 期。

［16］Sun Jingzao, Reduplication in Old Chinese, Ph. D. dissertation, The University of British Columbia, 1999.

［17］江蓝生：《单音词的多次变形重叠》，"第五届国际古汉语语法研讨会"暨"第四届海峡两岸语法史研讨会"会议论文，台湾中研院，2004 年。

［18］蒋平：《形容词的重叠与变调》，载邢福义《汉语法特点面面观》，北京语言文化大学出版社 1999 年版，第 158—170 页。

［19］李宇明：《泌阳话性质形容词的复叠及有关的节律问题》，《语言研究》

1996 年第 1 期。

原载《武汉理工大学学报》（社会科学版）2005 年第 4 期

该文研究获国家社科基金项目"汉语形容词重叠形式的历史发展"（04BYY020）的资助

BA 式双音状态形容词的形成与演变[*]

BA 式双音形容词有两类：

雪白　火红　碧绿　金黄　铁青

乳白　桃红　果绿　米黄　天青

以上两组都是偏正式双音形容词，A 都是形容词性语素，B 都是名词性语素。但两者的语义和功能又稍有些不同。上一组描写事物的状态，可以做定语，也可以做谓语和补语，是状态形容词；下一组确定事物的分类，可以做定语，但一般不做谓语和补语，是非谓形容词。本文只讨论上一组 BA 式双音状态形容词的形成与发展。

一　BA 式双音状态形容词的种类

吕叔湘《现代汉语八百词》说："BA 式双音形容词是由单音节形容词 A 前面加上一个修饰成分 B 构成的。"我发现，根据 B 词性的不同，BA 式双音状态形容词可以分为四类：

A. 雪白　漆黑　金黄　冰冷　猴急　B. 喷香　滚圆　飞快　溜光　死硬

C. 黝黑　嫣红　甘甜　傻白　烂熟　D. 贼亮　煞白　齁咸　稀烂　精光

A 类的 B 语素是名词性语素，如"雪""漆""金""冰""猴"等；B 类的 B 语素是动词性语素，如"喷""滚""飞""溜""死"等；C 类的 B 语素是形容词性语素，如"黝""嫣""甘""傻""烂"等；D 类的 B 语素是类程度副词性语素，"贼""煞""齁""稀""精"在此都只有表程度的意义。但与一般的程度副词不同，它们极少独立使

---

*　本文曾于 2010 年在王力先生诞辰 110 周年的小组会议上宣读，会后得到了杨荣祥教授和张美兰教授的指教，谨此致谢！

用，只与有限的几个单音性质形容词构成固定的搭配。如"精"只能构成"精光""精瘦"等有限的几个词。我们把这类语素称为类副词性语素。

二 BA 式双音状态形容词的形成

（一）BA 式双音状态形容词出现的时间

1. "雪白"类双音状态形容词出现于魏晋至唐代。例：

（1）朝为张天之炎热，夕为冰冷之委灰。（葛洪《抱朴子·逸民》）

（2）惆怅人生不满百，一事无成头雪白。（全唐诗·薛逢·老去也）

（3）姆抱幼子立侧，眉眼如画，发漆黑。（全唐文·韩愈·殿中少监马君墓志）

2. "喷香"类双音状态形容词出现于宋代至元代。例：

（4）马作的卢飞快，弓如霹雳弦惊。（全宋词·辛弃疾·破阵子）

（5）你有甚事疾忙奏，俺无那鼎镬边滚热油。（元曲选·马致远·汉宫秋）

3. "黝黑"类双音形容词也出现于魏晋至唐代。例：

（6）掘食，蒸食，其味甘甜。（贾思勰《齐民要术·卷十》）

（7）俯察千仞之深谷，而皆黝黑。（全唐文·杨炯·浑天赋）

（8）已怜根损斩新栽，还喜花开依旧数。（全唐诗·白居易·喜山石榴花开）

不过，这一时期的"黝黑"类双音形容词还不是状态形容词，它们在明清才演变成为双音状态形容词。

4. "贼亮"类双音状态形容词出现于明清时期。例：

（9）此时众宫人走得精光，哪个敢近灵扶柩。（西游记·十一回）

（10）今日孙悟空不用争持，把这虎一棒打得稀烂。（西游记·十四回）

（11）安老爷听得这句话，只啊哟一声，登时满脸煞白，两手冰冷。（儿女英雄传·四十回）

（二）BA 式双音状态形容词形成的条件

1. BA 式双音状态形容词形成的语义基础

从 A、B 两组 BA 式双音状态形容词形成的语义基础来看，虽然 B 的词性不同，但都来源于比拟意义的表达。"雪白"来自"如雪之白"的比拟结构，"金黄"也来源于"似金之黄"的比拟结构。例：

（12）质同雪白，味若饴甘。（全唐文·权德舆·中书门下贺元和殿甘露降表）

（13）晴湖胜镜碧，寒柳似金黄。（全唐诗·贾岛·送人适越）

同理，"飞快"即"如飞之快"，"喷香"指香味浓郁"如同喷鼻"。例：

（14）吸寒灰万丈，快如飞瀑。（全宋词·赵彦端·念奴娇）

（15）极望荷花三十里，香喷鼻。（全宋词·米友仁·渔家傲）

C 组的 BA 式双音状态形容词形成的语义基础也是比拟，用"然"表示。例：

（16）黄子遊豫章，见水次有山，塊然生，黝然黑，骨然立。（明·黄淳耀《顽山赋》）

（17）忽见嫣然红数萼，故乡情思不胜春。（元·虞集《题秋日蜀棠》）

（18）扰扰飞潜易陆沉，化工刺手斩然新。（宋·陈造《程帅寄诗见忆次韵》）

"黝然黑"指黑的样子，"嫣然红"指红的状态，"斩然新"指新的情貌。与 A、B 组不同的是，"黝"也有黑义，"嫣"也有红义，"斩"也有新义，它们都是现在已不能单独使用的单音状态形容词。

D 组的 BA 式双音状态形容词形成的语义基础是比拟的进一步发展，表示的是程度意义。"贼亮"等于很亮，"煞白"等于很白，"鞠咸"等于很咸，"稀烂"等于很烂，"精光"等于很光。比拟的基础就是比较，比较的结果必然产生量的变化，量变形成程度。因此，从比拟到程度是一种很自然的变化。

C 组比较特殊。其中，"黝黑""嫣红""甘甜"本是并列式性质形容词，"黝"与"黑"同义，"嫣"与"红"同义，"甘"与"甜"同义。到了宋元明清，它们被重新分析为偏正结构，"黝"用来说明"黑"的程度，"嫣"用来说明"红"的程度，"甘"用来说明"甜"的程度。明清产生的"傻白"与"烂熟"自然按偏正关系组合。"白""熟"表属性，"傻""烂"表程度，同时衍生出一定的主观意义。

2. BA 式双音状态形容词形成的结构基础

典型的 BA 式双音状态形容词的结构都是偏正式的。魏晋至唐，名词、动词、形容词修饰和补充性质形容词的各种结构都已出现。这些结构的出现为 BA 式双音状态形容词的形成准备了结构框架。

首先，各类形象感鲜明的名词在比况动词的协助下，可以修饰和补充单音性质形容词。例：

（19）鲜肤胜粉白，曼脸若桃红。（梁·刘遵《繁华应令诗》）

（20）洛下长大耳，东阿黑如墨。（先秦汉魏晋南北朝诗·宋诗·卷十）

（21）三伏热如火，笼窗开北牖。（先秦汉魏晋南北朝诗·晋诗·卷十九）

其次，某些动词也可以修饰和补充单音性质形容词。例：

（22）泛徽胡雁咽萧萧，绕指辘轳圆衮衮。（全唐诗·无名氏·姜宣弹小胡笳引歌）

（23）恼杀多情香喷喷，双厣盈盈回首。（全宋词·赵长卿·念奴娇）

再次，某些状态形容词也可以修饰和补充单音性质形容词。例：

（24）黯然而黑，几然而长。（汉诗·文王受命）

（25）华露霏霏冷，轻飚飒飒凉。（北周·王褒《九日从驾诗》）

（26）梦中乘传过关亭，南望莲峰簇簇青。（全唐诗·韦庄·梦入关）

不管是哪一类 BA 式双音状态形容词，也不管 B 语素是来源于哪一类词，到了明清时期，BA 式双音形容词的 B 语素都有向表程度演变的趋势。

三 BA 式双音状态形容词的演变

通过分析发现，BA 式双音状态形容词在明清时期表状态的意义发生了很大变化，意义的发展促成了结构的变化，甚至导致了语音的变化。

（一）BA 式状态形容词意义的变化

BA 式状态形容词语义变化的总趋势是状态意义的淡化，程度意义的强化。具体表现为三个方面，即状态意义的淡化，表状态语素意义的泛化和表状态语素意义的主观化。

1. B 语素状态意义的淡化

BA 式状态形容词，如"雪白""漆黑"，其中的 A 语素"白""黑"等是性质形容词，意义抽象、稳定，不太容易产生变化。其中的 B 语素"雪""漆"等是表状态的语素，在明清时期的使用中出现了状态意义的淡化现象。例如：

（27）月娥备了酒馔，在房中饮酒行乐，俨如夫妇，二人打得火一般的滚热。（七剑十三侠·四十四）

（28）脸儿朝霞也似的通红，叫了两声也不应。（荡寇志·七十六回）

（29）其色或黝黑如墨，或如紫端，或赤黄如霞光倒映。（清·陈梦雷《白云别墅记》）

"通红""滚热""黝黑"等状态形容词，"通""滚""黝"本来是表状态形象的，"通"形容"红"的状态，"滚"表示"热"的形象，"黝"表示"黑"的情状。现在，它们的状态义谈化，导致要再用"朝霞""火"和"墨"等物象来强化状态的形象感。

由于 BA 式状态形容词 B 语素的形象淡化，人们已想不起它们的形象，因此这就导致了其中的部分语素 B 的字形都发生了变化，如："漆黑"变为"焌黑""黢黑"；"笔直"变为"壁直""逼直"；"斩新"变为"崭新""展新"；"绯红"变为"飞红"；"沸滚"变为"飞滚"。例如：

（30）黢，黑也。（集韵·术韵）

（31）漆黑的脸，赛过乌金纸儿。（小五义·七回）

（32）弄得一张焌黑的脸皮贴在两边颧骨上面。（醒世姻缘传·三十九回）

（33）你会碰见成千上万歪戴着帽子、晒得黢黑的小伙子。（王朔《空中小姐》）

"漆黑"原是状态形象极强的，指"像漆一般黑"。《型世言·三十四回》："面目黑如漆染，须发一似螺卷。"随着"漆"形象感的淡化，"漆黑"变成了"焌黑"和"黢黑","漆"的语音也稍有变化。"黢"字一直未见于文献,到宋代,当"漆黑"之"漆"的意义淡化后,才出现的一个变音形式,从而形成一个新字。

（34）首府挺着胸脯,笔直的站在那里。（官场现形记·二十回）

（35）那马负疼,壁直立起来。（水浒传·四十七回）

（36）忽然有一根幡竿,逼直竖将起来。（初刻拍案惊奇·卷二十）

"笔直"原也是状态形象极强的,指"像笔管一样直"。《金瓶梅词话·三十七回》:"好不笔管儿般直缕的身子儿。"随着"笔直"形象感的淡化,"笔直"变成了"壁直""逼直","笔"的语音也稍有变化。

（37）楸树馨香倚钓矶,斩新花蕊未应飞。（全唐诗·杜甫·三绝句）

（38）那四五个乐工都换了斩新双丝的屯绢圆领,蓝绢衬摆。（醒世姻缘传·二十六回）

（39）比如冬天做就一身崭新绸绫衣服,到夏天典了,又去做纱罗的。（型世言·五回）

（40）你女婿给你将房子修造的展新,我听见说同这儿也差不多。（红楼复梦·五十五回）

"斩新"在唐代就已出现,"斩"的"全新貌"这一意义久已淡化。明清,"斩新"又变为"崭新"和"展新"。现在,"崭"的用法很像程度副词,有"崭亮""崭齐""崭绿"等组合。

（41）提了裤子就跑,羞的绯红的脸。（醒世姻缘传·三十七回）

（42）只见晴雯独卧于炕上,脸面烧的飞红。（红楼梦·五十二回）

（43）地下焰烘烘一个火炉,顿着一壶沸滚的茶。（醒世姻缘传·十四回）

（44）九娃泡了一壶飞滚的茶送来。（歧路灯·二十三回）

"绯红"的"绯"还有"红"义,"沸滚"的"沸"还有"滚"义,而"飞红""飞滚"的"飞"已没有了状态,只表程度了。

2. B 语素意义的泛化

随着 B 语素表状态意义的消失,部分 BA 式状态形容词的 B 语素使用范围扩大,也可用于其他 BA 式状态形容词里,如"雪白"随着"雪"形象的淡化,除构成"雪白""雪亮"之外,还可构成"雪青""雪红""雪嫩""雪淡""雪尖""雪乱"等。例:

（45）靠南窗户，一张床，雪青的幔帐带飞沿。（三侠剑·一回）

（46）珊宝看萱宜，穿着一件雪红纺绸洋金花边时镶单衫。（海上尘天影·四十二回）

（47）把那雪嫩的皮肤……弄成三堆白骨。（续金瓶梅·七回）

（48）金鹅绒头的手套，金钮璀璨，硬领雪清。（孽海花·十五回）

（49）这些浮华早先也已看得雪淡。（后红楼梦·九回）

（50）从袖筒管里，一把烁亮雪尖的剪刀伸了出来。（官场现形记·四十九回）

（51）见箱笼中间抖得雪乱，知是乘着闹弄了一些去。（野叟曝言·三十回）

"漆黑"的"漆"形象淡化，可构成"漆青"和"漆紫"。同样，"焌黑"的"焌"也可构成"焌青"和"焌紫"。例：

（52）脸是漆青，手是冰冷，心是乱跳。（儿女英雄传·三十五回）

（53）把一张肉红脸，登时连耳朵带腮颊，憋了个漆紫。（儿女英雄传·十六回）

（54）那昼间看了四面焌青的山，翠绿的树，如镜面湖水。（醒世姻缘传·二十四回）

（55）浑身上不是绯红，脸弹子就是焌紫。（醒世姻缘传·四十八回）

"碧绿"的"碧"形象淡化，不仅可构成"碧青""碧翠"，还可构成"碧清""碧香"。例：

（56）那个烟竟是碧青，连云直上。（红楼梦·四十八回）

（57）两道秀眉碧翠，一双凤眼澄清。（说唐后传·三十三回）

（58）那山坡下两棵桂花开的又好，河里的水又碧清。（红楼梦·三十八回）

（59）我们做客人的，刻刻留心，时时吊胆，身子睡着，心里是碧清的。（野叟曝言·十五回）

（60）只将……碧香粳米汤煮小米几样过口。（后红楼梦·二十二回）

"绯红""沸滚"淡化为"飞红""飞滚"之后，又出现了"飞热""飞利""飞薄""飞熟""飞灵"等双音状态形容词，例：

（61）到了四五更的时候，脸上跟火烧的一样，飞热起来。（老残游记·续第三回）

（62）袖中掏出一把飞利的小刀，向脖子上只一抹。（老残游记·五

回）

（63）明晃晃掌中一口朴刀，尖长背厚刃飞薄。（三侠剑·五回）

（64）在两天之中把大家的姓名记得飞熟，并且知道他们的籍贯。（老舍《不成问题的问题》）

（65）在农民势力极盛的县，农民协会说话是"飞灵的"。（毛泽东《湖南农民运动考察报告》）

在 BA 式双音状态形容词中，随着 B 语素意义的泛化，整个 BA 式词语表状态的意义消失，表程度的意义形成。因此，有些 B 语素渐渐向准程度副词发展。如，"溜"从"溜圆""溜光"中泛化后，构成了"溜尖""溜亮""溜薄""溜急""溜脆"等；"精"从"精光"中泛化后，构成"精空""精穷""精硬""精圆""精松""精瘦"等；"稀"从"稀糟""稀烂"中泛化后，构成了"稀软""稀破""稀脏""稀旧""稀扁""稀清""稀深""稀弱""稀嫩""稀瘦""稀臭""稀碎""稀熟"等。在个别例句中"稀"还由构词语素衍生出程度副词用法。例：

（66）可不知怎么个原故儿，稀不要紧的平常事，到了你们文墨人嘴儿里，一说就活眼活现的。（儿女英雄传·三十二回）

（67）若是在别的人呢，这是稀不相干的事。（二十年目睹之怪现状·七十回）

"稀不要紧"就是"很不要紧"，"稀不相干"就是"很不相干"。

3. B 语素意义的主观化

在 B 语素意义淡化与泛化的过程中，相伴产生的是 B 语素意义的主观化。BA 式状态形容词中，B 语素由不带主观感情的状态性成分向带有表厌恶、讨厌色彩的成分发展，出现了"惨白""惨黑""惨绿""傻白""傻大""傻好""死白""死紧""死硬"等双音形式。例：

（68）又看他面色惨白，心里也替他难受。（老残游记·续第七回）

（69）遍身肌肉枯焦，面目惨黑，无异骷髅。（女仙外史·四十三回）

（70）人静漏残灯惨绿，碧纱窗外一声鹃。（二十年目睹之怪现状·四十九回）

（71）说金子幌眼，说银子傻白。（西游记·六十七回）

（72）从外边拿着一个煅黑傻大的铁嘴老鸹往后来。（醒世姻缘传·五十八回）

（73）上元县的竺太太有个姑娘，听说长的傻好的。（红楼复梦·四

十四回)

(74) 见清之介死白的脸色，蹙着眉，垂着头。(孽海花·二十八回)

(75) 孙氏气涌心头，把元茂身上一把拧得死紧。(品花宝鉴·五十一回)

(76) 就把那山坡下死硬的黄土跌做个二尺浅深之坑。(西游记·七十六回)

从"雪白"到"惨白""傻白""死白"，人们对"白"的形象逐渐带上了一些感情色彩。

(二) BA 式状态形容词结构的变化

BA 式状态形容词状态的弱化主要表现为 B 语素状态的弱化，为挽救这种弱化的趋势，强化 BA 式状态形容词的状态性，BA 式词语的发展从结构上来说选择了两种变化方式：一是累加状态语素，二是重叠整个词语。重叠整个词语就形成了 BABA 式重叠。如强化"雪白"的状态就形成了"雪白雪白"。

累加状态语素又有两方面情况：一是异素累加，二是同素累加。

1. 异素累加

因为 BA 式词语中，A 是性质形容词，稳定性强，不易变化，而 B 是状态性成分，易于变化。因此，需要累加，需要强化的是 B 语素。所谓异素累加，就是在 BA 式词语的 B 语素位置上再加一个不同的状态性语素，构成 CBA 结构。如"斩新"加"簇"构成"簇斩新"。所谓同素累加，就是在 BA 式状态形容词的 B 语素位置上再加上一个相同的状态性语素，构成 BBA 结构。如"崭新"再加"崭"构成"崭崭新"。BA 式状态形容词在明清形成的异素累加形式主要有"簇斩新""墨测黑""墨漆黑""葱碧绿""碧靛青""溜油光""乌油黑""赤通红""乌油光"等。例如：

簇新 + 斩新 = 簇斩新

(77) 我这里得了一件奇物，今日早起方系上，还是簇新的。(红楼梦·二十八回)

(78) 时光易过，已是四月初八，芬陀西庵收拾得簇斩新了。(绮楼重梦·三十四回)

墨黑 + 测黑 = 墨测黑

（79）但他是初到省的人员，两眼墨黑，他不认得上司，上司也不认得他。（官场现形记·三十六回）

（80）鼻子上架着一幅又大又圆，测黑的墨晶眼镜。（官场现形记·第三回）

（81）这间屋是墨测黑，连个窗户都没有的。（官场现形记·四十六回）

墨黑 + 漆黑 = 墨漆黑

（82）脱却罗笼截却脚，大地撮来墨漆黑。（五灯会元·护国景元禅师）

葱绿 + 碧绿 = 葱碧绿

（83）拔步床上悬着葱绿双绣花卉草虫的纱帐。（红楼梦·四十回）

（84）看见一个壁虎，生得通身碧绿。（二十年目睹之怪现状·六十八回）

（85）套玉环、佩玉佩，葱碧绿衬衫，青缎靴子。（小五义·六十四回）

碧青 + 靛青 = 碧靛青

（86）又命将周围的短发剃了去，露出碧青头皮来。（红楼梦·四十八回）

（87）越显出这靛青的头，雪白的脸来了。（红楼梦·七十八回）

（88）只见路傍碧靛青的流水，两岸覆着菊花。（醒世恒言·第三十八回）

溜光 + 油光 = 溜油光

（89）将头发梳的溜光，挽了一个窝峰的髻儿。（绿野仙踪·八十三回）

（90）先就看见薛宝钗坐在炕上作针线，头上挽着漆黑油光的髻儿。（红楼梦·八回）

（91）原来是一个十七八岁的极标致的一个小姑娘，梳着溜油光的头。（红楼梦·三十九回）

异素累加的 BA 式状态形容词，除以上的加一个语素构成双 B 形式的三音状态形容词外，还有加两个语素构成三 B 形式的四音状态形容词。如：

乌黑 + 漆黑 + 墨黑 = 乌漆墨黑

（92）脚步轻了一轻，眼前乌黑的了。（说唐后传·十六回）

（93）院子里堆了半院子的煤炭，把天光都遮住了，觉得乌漆墨黑。（负曝闲谈·第八回）

挺硬 + 帮硬 + 铁硬 = 挺帮铁硬

（94）才把张冰冷的面孔放和了些，把条铁硬的肠子回暖了些。（儿女英雄传·二十三回）

（95）解将下来，已经是笔直挺硬的了。（二十年目睹之怪现状·一百三回）

（96）或漆黑的素面打那一寸厚的锅盔，挺帮铁硬，嚼也嚼不动。（姑妄言·六十回）

例（93）中，"乌漆墨黑"是"乌黑""漆黑""墨黑"三种 BA 式双音状态形容词的融合。当 BA 中的"B"状态弱化后，就用"乌""漆""墨"三种表状态的语素一起来强化"黑"的状态。例（96）中，"挺帮铁硬"是"挺硬""帮硬""铁硬"三种双音状态形容词的融合，"挺""帮""铁"都是为了强化"硬"的状态。①

2. 同素累加

明清时期，BA 式状态形容词形成的同素累加形式主要有"崭崭新""雪雪白""簇簇新""猩猩红""溜溜光""滚滚圆"等。例：

（97）人家是新开剪、头次上身，崭崭新的衣服，全给油了。（小五义·六十五回）

（98）陶子尧听了，面孔气得雪雪白，一句话也说不出来。（官场现形记·十回）

（99）国师把根禅杖放在佛堂中间，笔笔直竖着。（三宝太监西洋记通俗演义·五十九回）

（100）设若我做出件事来，簇簇新的冤冤相报。（儿女英雄传·八回）

（101）弯流流翠生生的两道黑眉，猩猩红的一张樱桃小口。（品花宝鉴·三十九回）

---

① 这种方式在现代南方方言中还常见到。苏州方言的"簇崭全新"等就属于这一类（谢自立、刘丹青，1995）。

（102）抬枪磨得干干净，大炮洗得溜溜光。（清·陈龙昌《水师得胜歌》）

（103）凌云亭子有龙眠，吐出珠玑滚滚圆。（清·潘相《冻苑八景诗》）

"崭崭新""雪雪白"这种累加方式在现代吴方言区还大量存在。（徐立芳，1987；谢自立、刘丹青，1995；徐烈炯、邵敬敏，1997；徐波，2001）

（三）BA 式状态形容词语音的变化

随着"漆黑"的"漆"等表状态的意义淡化，BA 式双音状态形容词除了运用累加与重叠的手段来增强其描写性外，也采用语音强化的方式来增强描写性。通常运用两种语音手段：一是延长 B 语素的读音；二是改变 B 语素的读音。

现代方言中，BA 双音状态形容词表状态的成分 B 常用重读或增加音节的长度等方式强化其描状性。伍云姬（1999）发现：在湖南方言里，"墨黑的""刷白的"等 BA 式双音状态形容词，"第一个音节重读，音节的长度常为第二个音节的二倍至三倍。第一个音节读得越重，音节拖得越长，表程度的意味越浓"。这就是说，为了表现"黑"的状态，通过拉长"黑"字前面的"墨"的读音来体现。表状态的成分位于哪里，那里的重音和音节长度就被加强。在笔者的母语（湖南临澧话）里，这类双音状态形容词构成的语序与普通话或别的方言不同，单音性质形容词在前，表状态的语素在后。如普通话的"漆黑的"，笔者的母语要说成"黑漆哒"。要强化"黑"的状态，通过拉长第二字（漆）的读音来完成。第二字的声音拖得越长，状态的程度也越高。

许多方言里都有丰富的 BA 式双音状态形容词。它们的共同特点是：A 语素是单音性质形容词，很好辨认。而 B 语素往往读音复杂，来源不清，无法辨认。甚至用汉字都无法记录，只能用音标表示。其实，这些 B 语素是随着 BA 式双音状态形容词意义的虚化和主观化而改变了读音的。例如，湖南长沙方言（张小克，2004）中，"墨黑"的"墨"产生音变就形成了"□ [mə˧] 黑的""糜 [mi˧] 黑的""咩 [miɛ˧] 黑的"和"□ [mia˧] 黑的"四种词形。受"喷香"类推而形成的"喷臭"的"喷"也产生了音变，形成"烹 [pʼən˧] 臭的""攀 [pʼan˧] 臭

的"和"匡 [k'uan˥] 臭的"三种词形。在四川成都方言（邓英树，
2002）中，"喷香"变为"（馦）香"，"喷臭"变为"滂臭"，"绷紧"
变为"梆紧"，"漆黑"变为"黢黑"等都是因为 BA 式双音状态形容词
意义的变化，导致了 B 语素读音的改变。B 改变或延长读音的 BA 式双音
状态形容词，往往更加生动、更加形象，更富有表现力。

通过以上的分析，我们发现：BA 式双音状态形容词因 B 语素状态意
义的淡化，导致了整个 BA 式词语表状态功能的弱化。为了保持表状态的
功能，BA 式状态形容词选择了三种方式：一是延长或改变 B 的语音；二
是累加 B 类语素；三是重叠整个 BA 式双音状态形容词。

四　结论

从形成上说，BA 式双音状态形容词的意义基础是比拟，结构基础是
各类以单音性质形容词为核心的偏正结构。从演变上说，BA 式双音状态
形容词语义上表状态、表程度的功能有不断弱化和主观化的趋势；结构上
有由双音节向多音节发展的趋势，最后主要向 BABA 式重叠发展；语音
上，B 语素通过延长读音和改变读音的方式来增强自己的生动性和表
现力。

参考文献

［1］邓英树：《成都话的 BA 式形容词》，《西南民族学院学报》（哲社）2002 年
第 10 期。

［2］江蓝生、陆尊梧：《实用全唐诗词典》，山东教育出版社 1994 年版。

［3］李崇兴：《宜都话的两种状态形容词》，《方言》1986 年第 3 期。

［4］吕叔湘：《现代汉语八百词》，商务印书馆 1980 年版。

［5］石锓：《汉语形容词重叠形式的历史发展》，商务印书馆 2010 年版。

［6］王力：《中国现代语法》，商务印书馆 1985 年版。

［7］王素梅：《双音节状态形容词的 ABAB 式重叠》，《汉语学习》1998 年第
2 期。

［8］伍云姬：《语音要素在词汇语法化进程中所担任的角色》，载伍云姬编《汉
语方言共时与历时语法研讨论文集》，暨南大学出版社 1999 年版。

［9］向熹：《简明汉语史》，商务印书馆 2010 年版。

［10］谢自立、刘丹青：《苏州方言变形形容词研究》，《中国语言学报》第 5 期，

商务印书馆 1995 年版。

[11] 徐波：《宁波方言形容词摹状形式》，《语文研究》2001 年第 3 期。

[12] 徐立芳：《苏州方言形容词初探》，《徐州师范学院学报》1987 年第 1 期。

[13] 徐烈炯、邵敬敏：《上海方言形容词重叠式研究》，《语言研究》1997 年第 2 期。

[14] 张小克：《长沙方言的"bA 的"式形容词》，《方言》2004 年第 3 期。

原载《历史语言学研究》2013 年第 6 辑
该文研究获国家社科基金项目"汉语形容词的历时演变"（09BYY020）的资助

元明曲文中 ABC 式形容词的形成

元明曲文中的 ABC 式形容词历年来引起了许多专家学者的注意，大家在解释它的语义、描写它的结构方面都取得了丰硕成果。但是，学界对 ABC 中 BC 的性质和来源则鲜有研究，对整个 ABC 这一类词还没有一个明确的认识。这就为我们的研究提供了空间。这里，我们拟在前人研究的基础上，根据朱德熙（1982）提出的"变形重叠"理论，从分析这类形容词的语音入手来解释其形成方式。

元明时期，有许多 ABC 式形容词。如"闹镬铎""短古取""滑七擦""热忽剌""冷急丁""黑咕咚"，等等。它们大多是附加式 ABB 和音缀式 ABB 的变音形式。附加式 ABB 的变音与音缀式 ABB 的变音在方式上很不相同。附加式 ABB 的 BB 都是有词汇意义的附加叠音语素，这类 BB 的变音是变声变韵；音缀式 ABB 的 BB 都是一些没有词汇意义的音节，这类 BB 的变音有其特有的规律。音缀式 ABB 的变音对现代汉语状态形容词的形成有影响，因而是本文讨论的重点。

一　ABB 变声变韵形成的 ABC

元明时期，附加式 ABB 形容词中的 BB 有变声或变韵的现象。下面举例来说明这种音变现象。

（一）胀膨膨——胀膨脖

（1）买花钱滴溜溜杖上挑着，沽酒店闹炒炒桥边问也，载诗囊胀膨膨驴背上驮者。（全元散曲・无名氏・春日即事）

（2）别家做酒全是米，我家做酒只靠水。吃的肚里胀膨脖，虽然不

醉也不馁。(元曲选、盆儿鬼·一折)

例(1)中,"胀膨膨"是附加式 ABB 形容词,"膨膨"是附加语素,有词汇意义,表"胀貌"。例如,《素问·至真要大论》:"肺䐜腹满,膨膨而喘欬,病本于肺。"例(2)中,"胀膨脝"是"胀膨膨"的变音形式。"膨膨"变成了"膨脝",也表"胀貌"。例如,《全唐诗·寒山·携残荒草庐》:"饱食腹膨脝,个是痴玩物。"历史上,"脝"只出现在"膨脝"一词中,从不独用,是"膨"变声重叠出的一个无意义的音节。"膨膨"与"膨脝"的拟音分别为:膨膨 [pʰəŋ平阳 pʰəŋ平阳]、膨脝 [pʰəŋ平阳 xəŋ平阴]。两相对比就会发现,第二音节(脝)的韵母未变,声母由滂母变成了晓母。这是顺向变声重叠。

(二) 闹火火——闹濩铎

(3)背着这闹火火,亲身自向莲台拜。(元曲选·留鞋记·二折)

(4)我则见扬尘蔽日罩荒郊,更和那人马可便闹濩铎。(元曲选外编·伊尹耕莘·二折)

"闹火火"与"闹濩铎"都形容非常喧闹的样子。"火火"是有词汇意义的,其本字应是与"镬""濩""和""火"读音相同相近的"咊",其义是叫呼喧闹。《集韵·麦韵》:"咊,叫呼也。""闹濩铎"又写作"闹镬铎""闹和朵"。"镬铎"也单用,指"扰乱;喧闹"。例如,《元曲选·后庭花》一折:"那壁厢欢喜杀三贞妇,这壁厢镬铎杀五脏神。""镬铎"应是"火火"(或"咊咊")的变音形式,第二音节"铎",韵母未变,声母变了。

以上两组是 ABB 第三音节变音的例子,这两例都是顺向变声构成的 ABC。

(三) 淡氲氲——淡氤氲

(5)乱纷纷叶满空山,淡氲氲烟迷四野渡。(康海·中山狼·三折)

(6)我受用淡氤氲香喷鹊尾炉,光激滟酒倾蕉叶杯。(元曲选·误入桃源·三折)

"淡氲氲"与"淡氤氲"都形容薄烟弥漫的样子。"氲氲""氤氲"都能独用,都指"烟雾弥漫貌"。历史上,"氲"可以独用,也可以重叠为"氲氲";而"氤"不能独用,只出现于"氤氲"一词中,可能是"氲"

变音重叠出的一个音节。两词的拟音分别为：氲氲 [iuən平阴 iuən平阴]、氤氲 [iən平阴 iuən平阴]。两相对比就会发现，"氤氲"的第一音节（氤），声母没变，韵母变了，丢掉了圆唇的介音。这是逆向变韵重叠。

（四）湿浸浸——湿淋浸

（7）咱也曾湿浸浸卧雪眠霜，咱也曾磕擦擦登山蓦岭。（元曲选·气英布·二折）

（8）湿淋浸满身香露侵毛骨，吉玎珰过耳清馀响珮琚。（全元散曲·汤式·梦游江山为友人赋）

"湿浸浸"与"湿淋浸"都形容湿润、浸透。"浸浸"是附加语素，有词汇意义，"浸润湿貌"。例如，《全元散曲·汤式·京口道中》："露浸浸芳杏洗朱颜，云冉冉晴峦闪翠鬟。""淋浸"应是"浸浸"的变音形式。"淋浸"的第一音节（淋），韵母没变，声母变成了边音。比较"湿淋淋"与"湿淋浸"，"湿淋淋"有"湿得往下滴水"的意思，"湿淋浸"没有"滴水"的状态。因此，"淋浸"的"淋"与动词"淋"在意义上没有关联，也是一个无义的音节。从变声变韵重叠的一般规律来看，双音节词的逆向变音应变韵母。但在 ABB 三音节词的框架内，第二音节的变音可能会受到第一音节重读的影响，因此，声母变成了响度较高的边音，以适应第一音节的重音。

以上两组是 ABB 第二音节变音的例子。"淡氤氲"变了韵母，"湿淋浸"变了声母，它们都由 ABB 变为 ABC。

还有的 ABB，第二音节可变音，第三音节也可以变音。如下面的"短促促"。

（五）短促促——短卒律/短局促/短秃促/短古取

（9）见一日买几遍龟儿卦，似这般短促促携云握雨，几时得稳拍拍立计成家。（全元散曲·兰楚芳·思情）

（10）怎想他短卒律命似颜回。（元曲选·青衫泪·第二折）

（11）眼见得有家难奔，畅好是短局促燕尔新婚。（元曲选·秋胡戏妻·一折）

（12）风吹帽，裘敝貂，短秃促青驴鞴断了稍。（六十种曲·邯郸记·第四出）

（13）好轻乞列薄命，热忽剌姻缘，短古取恩情。（元曲选外编·调风月·三折）

从意义上讲，"短促促""短卒律""短局促"和"短古取"都是"短促"的意思。"促促"是附加语素，形容时间短促。例如，晋·张华《轻薄篇》诗："促促朝露期，荣乐遽几何。"从语音上说，"卒律""局促""古取"都是"促促"的变音形式。《元曲选》音释："促，音取。"显然，"促""取""卒"三字的读音是相同的。我们首先拟出它们的近代音，分别为：短促促〔tsʿiu_{入作上} tsʿiu_{入作上}〕、短卒律〔tsʿiu_{入作上} liu_{入作去}〕、短局促〔tʿu_{入作上} taʿiu_{入作上}〕、短秃促〔tʿu_{入作上} tsʿiu_{入作上}〕、短古取〔ku_{上声} tsʿiu_{入作去}〕。

从语音变化看，"短促促"变为"短卒律"，第三字（律）的声母和声调发生了变化。声母由清母变成了来母，这是顺向变声重叠。声调遵循"浊上变去"的变调规律，由上声变为去声。"短促促"变为"短局促"是第二字（局）的声母发生了变化，由清母变成了见母。"短促促"变为"短秃促"和"短古取"也是第二字（秃、古）的语音变了。"促"变为"秃"和"古"既不是变声，也不是变韵，与后面谈到的音缀式 ABB 的变音方式相同。

二　ABB 变音形成的 ABC

音缀式 ABB 的 BB 都是没有词汇意义的音缀，它们的音变方式与附加式 ABB 不同。请看例句分析。

（一）滑擦擦——滑七擦

（14）怎当这头直上急簌簌雨打，脚底下滑擦擦泥淤。（元曲选·潇湘雨·三折）

（15）我这刚移足趾，强整身躯，滑七擦争些跌倒，战笃速直恁艰虞。（元曲选·生金阁·一折）

"滑擦擦"与"滑七擦"都是"滑溜"的意思。"擦擦"是由拟声词虚化而成的叠音音缀，"七擦"是"擦擦"的变音形式。

（二）热剌剌——热忽剌

（16）休假温存絮叨叨取撮，俨问候热剌剌念合。（元曲选·对玉梳·二折）

（17）秀才家能软款，会安详，怎作这般热忽剌的勾当？（元曲选·张生煮海·三折）

"热剌剌"和"热忽剌"都形容亲热、热情的样子。"剌剌"是元明最常用的叠音音缀，可以接在许多单音性质形容词之后；"忽剌"是"剌"的变音形式。

（三）冷丁丁——冷急丁

（18）冷丁丁舌尖上送香茶。（全元散曲·关汉卿·新水令）

（19）叫一声青天，可怜！你平地里送我一番愁，我冷急丁遭他一个闪。（无名氏·雷泽遇仙·五折）

"冷丁丁"与"冷急丁"都是"冷不防"的意思。"丁丁"是叠音音缀；"急丁"是"丁丁"的变音形式。

（四）呆邓邓——呆不邓

（20）我为甚的呆邓邓把衣裳袒裸，乱蓬蓬把鬓发婆娑。（元曲选·赚蒯通·三折）

（21）呆不邓的大河西受了那家们制伏。（六十种曲·紫钗记·第三十出）

"呆邓邓"与"呆不邓"都指痴呆的样子。"邓邓"是叠音音缀；"不邓"是"邓邓"的变音形式。"呆不邓"多写作"呆不腾"，也指痴呆的样子。例：

（22）为甚么乾支剌吐着舌头，呆不腾瞪着个眼脑。（元曲选·燕青博鱼·四折）

（五）悄促促——悄没促

（23）虽然是背巷里悄促促没个行人，只怕雪地里冷冰冰冻坏了你。（元曲选·杀狗劝夫·二折）

（24）投至我黑塔窟悄没促的僧归禅宝。（朱有燉《豹子和尚》四折）

"悄促促"与"悄没促"都是寂静无声貌。"促促"是叠音音缀；"没促"是"促促"的变音形式。

（六）黑洞洞——黑咕咚

（25）眼见得王文用在明晃晃刀头上遭危难，王从道在黑洞洞井底下何时旦？（元曲选·硃砂担·三折）

（26）舌尖砥破窗上纸，看见绣楼黑咕咚。（小八义·三十五回）

"黑洞洞"和"黑咕咚"都形容很黑暗的样子。"洞洞"是叠音音缀，它的变音形式写作"咕咚"，也写作"古董"。如明·沈榜《宛署杂记·民风》："不明亮曰黑古董。"

（七）软脓脓——软骨农

（27）玉纤纤手儿，一捻捻腰儿，软脓脓肚儿，翘尖尖脚步儿。（水浒传·四十四回）

（28）古怪！这软骨农的是甚么东西？（醒世姻缘传·五十二回）

"软脓脓"与"软骨农"都形容柔软的样子。"软脓脓"又写作"软浓浓"（《金瓶梅词话》）、"软哝哝"（徐渭《雌木兰》）和"软囊囊"（《后西游记》）。"脓脓"是叠音音缀。"软骨农"是"软脓脓"的变音形式，又写作"软古囊"。黄肃秋校注《醒世姻缘传》："软骨农的，绵软没有筋骨的东西。也写作软古囊的。"

除音缀式 ABB 外，个别附加式 ABB 也有变为 ABC 的现象。如下例。

（八）笑盈盈——笑没盈

（29）慢脸笑盈盈，相看无限情。（李煜《菩萨蛮》）

（30）常子是笑没盈弄盏传杯。（全元散曲·乔吉·套数·杂情）

"笑盈盈"与"笑没盈"都指满面含笑的样子。"盈"有"充满"之义，如"早则解放愁怀，喜笑盈腮"（元曲选·蝴蝶梦·四折）。"盈盈"是"盈"的重言形式，有实义。

三 音缀式 ABB 形容词变音的动因与变音规律

自元代以来，音缀式 ABB 形容词为什么要变为 ABC 呢？这些变音现象的背后有没有什么规律性呢？

（一）音缀式 ABB 的音变动因

唐以前，ABB 的 BB 是能独立充当句子谓语、定语、状语和补语的 AA 式重言形式，是独立的词，也是自由的句法成分。唐代，ABB 的 BB 因词汇化而由句法成分（词）变成了构词成分（词素）。这是 BB 的功能弱化。宋代，随着 ABB 式形容词使用范围的扩大，ABB 中的 BB 语义淡化，变成了音缀。这是 BB 的语义弱化。至此，我们发现：AA 式重言由词变为词素、再由词素变为音缀的过程实际上就是 AA 式重言的虚化过程。江蓝生（1999）在研究语法化程度的语音表现时已经发现："语法化往往伴随着音变，这已有古今大量的语言事实为证。"看来，音缀式 ABB 变为 ABC 的过程，实际上是 BB 语音弱化的过程。

由此看来，元明清音缀式 ABB 变音的动因是 BB 语法化的单向性所决定的。也就是说，根据语法化的一般规律，ABB 发展到元明清时期，已开始由功能弱化、语义弱化发展到语音弱化了。

（二）音缀式 ABB 的变音规律

了解了音缀式 ABB 形容词变音的动因，我们有必要回过头来再看看 ABB 变为 ABC 的语音变化过程。通过对比就会发现，音缀式 ABB 变为 ABC，既不是某个音节变声，也不是某个音节变韵，有两个变化特别引人注目：第一，所有的变音都发生在 ABB 的第二个音节；第二，演变之后的字大多是中古的入声字。如"滑七擦"的"七"、"热忽剌"的"忽"、"冷急丁"的"急"、"呆不邓"的"不"、"短秃促"的"秃"、"悄没促"的"没"、"软骨农"的"骨"、"美不滋"的"不"、"傻的乎"的"的"。[①]

---

① 入声字起衬音作用已见于唐代。江蓝生、曹广顺《唐五代语言词典》（1977）发现《敦煌变文集》中的入声字"不"就是一个无义的衬音字。例如，《燕子赋》："雀儿烦恼，两眉不皱。""两眉不皱"就是"两眉皱"。

只有"短古取"的"古"和"黑咕咚"的"咕"是例外。①

"擦"变为"七"、"刺"变为"忽",这是入声韵的字(如"擦")变为入声韵的字(如"七");"丁"变"急"、"邓"变"不",这是阳声韵的字(如"丁")变为入声韵的字(如"急");"促"② 变为"秃"和"没"、"滋"变"不"、"乎"变"的",这是阴声韵的字(如"滋")变为入声韵的字(如"不")。这就说明,音缀式 ABB 第二个音节不管它是入声韵字、阳声韵字还是阴声韵字,变为 ABC 时都倾向于变为入声韵的字。

看看北方方言中 ABB 式形容词的变化就会发现:ABB 第二音节加入声字或原有字变入声在北方方言区是具有普遍性的。贺巍(1959、1984)先后发现:河南中和方言和河南获嘉方言的 ABB 式形容词的 A 与 BB 之间,多加一些衬字。河南中和方言多加"吓""骨""圪"。例如,"热吓腾腾""灰不答答""黑骨出出""酸圪溜溜"等。河南获嘉方言多加"圪""骨""卜""没""即"等。例如,"脆圪剥剥""乱骨东东""满卜当当ㄦ""光没泥ㄦ泥ㄦ""光即牛牛"等。孙也平(1988)发现:黑龙江方言的 ABC 式形容词的第二个音节多是"得""不""没""答""古"等字。例如,"轻得溜""胖不出""醉没哈""粉答拉""黑古洞"等。郭校珍(2000)发现:山西娄烦方言的 ABB 式形容词的 A 与 BB 之间多加"圪""忽""不"等字。例如,"白圪洞洞ㄦ地""光圪秃秃ㄦ地""能忽及及ㄦ地""甜忽腻腻ㄦ地""软不脓脓ㄦ地""酸不几几ㄦ地"等。以上的"吓、骨、圪、卜、没、即、得、不、答、忽"等都是中古的入声字,只有"古"字是一个例外。

音缀式 ABB 变为 ABC 时,为何倾向于第二个音节变音呢?第二个音节为何又倾向于变为入声呢?

我们推测:在音缀式 ABB 变为 ABC 的过程中,ABB 的轻重音模式在起作用。元明清 ABB 式形容词的第二个音节可能是全词的轻音位置。因为汉语使用的是表意文字体系,没有记录下元明清时期 ABB 的轻重音情况,我们只能根据现代汉语三音节词的轻重音模式并结合普通话和现代方言中 ABB 的韵律模式进行一些理论上的推论。颜景助、林茂灿(1988)

---

① "古"和"咕"有时也写作入声字"骨"。例如,"软古囊"又写作"软骨农"。

② 《元曲选》音释:"促,音取。"看来,此"促"不应在入声,应归入阴声韵。

对北京话不带轻声的三字组进行声学实验后发现："在不带轻声的三字组里，可以有两种重音。一种是'中轻重'格式的，它叫正常重音。……另一种叫作加强重音。"看来，在正常情况下，北京话三字组词语（如"天安门"）的第二个音节是全词最轻音。那么，具体到 ABB 这种三字组，它的轻重音节律又如何呢？朱德熙（1956）在分析普通话中带后附成分的形容词时说：形容词的后附成分有的是双音节的，如"黑乎乎"的"乎乎"；有的是三音节的，如"黑咕隆咚"的"咕隆咚"。他指出："无论是双音节或三音节的后附成分，第二个音节都读轻声。"李宇明（1996）对河南泌阳话形容词重叠的节律进行了考察，发现河南泌阳话的附加式 ABB 形容词有甲、乙两种节律模式。甲种节律模式是："ABB 式的音强模式一般为'中轻重'……音长模式为'中短长'"，如"硬邦邦哩"；乙种节律模式是："音强模式为'中轻轻'，音长模式为'中短中'"，如"油乎乎哩"。不管是哪一种节律模式，ABB 的第二个音节在语音上都有"轻"而"短"的特点。同时，李先生还发现，泌阳话的 ABC（如"灰不出"）式形容词的节律模式与 ABB 式形容词的乙种节律模式也是相同的，即"音强模式为'中轻轻'；音长模式为'中短中'"。看来，无论是普通话还是北方方言中，ABB 的第二个音节是全词的轻音位置。

　　元明的 ABC 式形容词，第二个音节多为中古入声字。而入声字的语音特点就是"轻而短促"。由此看来，元明音缀式 ABB 的第二个音节也可能是全词的最轻音，是语音最容易弱化的位置。因此，元明音缀式 ABB 的音变可能是根据其轻重音模式而做出的选择。

四　ABC 式形容词的进一步发展

　　明清时期，由音缀式 ABB 发展而形成的 ABC 式形容词又有了进一步的发展。发展的趋势是由三音节变为四音节。发展的途径有三条：

　　第一，ABC 的 C 再一次变声，衍生出一个音节。例如，"黑洞洞"变为"黑咕咚"或"黑古董"之后，又变为"黑古隆洞。"例如：

　　（31）这个说："黑古隆洞，毛毛轰轰鬼吹风。"（济公全传·五十回）

　　"黑咕咚"变为"黑古隆洞"是"咚"的声母变化再衍生出一个音节"隆"。

第二，ABC 的 C 不变音，再重叠一次。如"软囊囊"变为"软骨农"或"软古囊"之后，又变为"软古囊囊"；"美滋滋"变为"美不滋"之后，又变为"美不滋滋"。有些 AxBB 的第四个音节有再变声的情况。如"酸溜溜"变为"酸不溜"，再重叠为"酸不溜溜"。第四音节的"溜"再一次变声为"丢"，构成"酸不溜丢"。

第三，在变声或变韵的 ABC 式词语的 A 与 BC 之间再加入一个入声的衬字。例如，"黑湫湫"（黑卒卒）变为"黑流鳅"，再加"不"构成"黑不溜僽"。例如：

（32）你道像些甚么，黑不流鳅好像个灶王。（梁辰鱼《浣纱记》十六出）

（33）一个浓眉大眼黑不溜僽的小旦唧留了半天。（儿女英雄传·三十二回）

我们称这些四音节状态形容词为 AxBC 式形容词。这些形容词的"xBC"三个音节有的由附属性音节变为可以构词的多音语素。如"黑咕隆冬"的"咕隆冬"可以脱离"黑"，与"圆""肉"等形容词构成"圆咕隆冬"和"肉咕隆冬"。田文玉（1987）注意到："酸里巴叽"的"里巴叽"可以和五六十个形容词构成"A 里巴叽"。如"傻里巴叽""呆里巴叽""软里巴叽""苦里巴叽""绿里巴叽""短里巴叽"等。带这些三音词尾的形容词都带有贬义的感情色彩。

参考文献

［1］朱德熙：《潮阳话和北京话重叠式象声词的构造》，《方言》1982 年第 3 期。

［2］江蓝生：《语法化程度的语音表现》，《中国语言学的新拓展》，香港城市大学出版社 1999 年版。

［3］贺巍：《中和方言中的"坏""骨""圪"》，《中国语文》1959 年第 6 期。

［4］贺巍：《获嘉方言形容词的后置成分》，《方言》1984 年第 1 期。

［5］孙也平：《黑龙江方言附加式形容词多音后缀》，《语言研究》1988 年第 2 期。

［6］郭校珍：《山西娄烦方言的重叠式形容词》，《语言研究》2000 年第 1 期。

［7］颜景助、林茂灿：《北京话三字组重音的声学表现》，《方言》1988 年第 3 期。

［8］朱德熙：《现代汉语形容词研究》，《语言研究》1956 年第 1 期。

［9］李宇明：《泌阳话性质形容词的重叠及有关的节律问题》，《语言研究》1996

年第 1 期。

［10］田文玉：《说形容词语缀"里巴叽"》，《华中师范大学学报》1987 年第 2 期。

［11］江蓝生、曹广顺：《唐五代语言词典》，上海教育出版社 1997 年版。

［12］龙潜庵：《宋元语言词典》，上海辞书出版社 1985 年版。

［13］李崇兴：《元语言词典》，上海教育出版社 1998 年版。

［14］王学奇、王静竹：《宋金元明清曲辞通释》，语文出版社 2002 年版。

原载《湖北大学学报》（哲学社会科学版）2009 年第 6 期

该文研究获国家社科基金项目"汉语形容词的历时演变"（09BYY020）的资助

元曲四音状态词的构成

在《元刊杂剧三十种·张鼎智勘魔合罗》中有这样一段曲文："淋得俺湿漉漉，显那吉飚古堆波浪渲成渠。汲留忽刺水流乞留屈吕路，失留疏刺风摆奚留急了树，乞纽忽哝泥，匹飚扑答淤。急张拘住慢行早尺留出吕去，我子索滴留滴列整身躯。"

面对"吉飚古堆""汲留忽刺""乞留屈吕""失留疏刺""奚留急了""乞纽忽哝""匹飚扑答""急张拘住""尺留出吕""滴留滴列"等这一类四字格词语，长期以来不知如何去分析它。周法高（1953）、马思周和潘慎（1982）、杨建国（1982）、向熹（1993）的研究指出：这些词都是状态词；这些词的第一字和第三字有双声关系，第二字与第四字有双声关系，如"吉飚古堆"（k—d—k—d）、"匹飚扑答"（p—d—p—d）；这类四音节词并不是元代剧作家的创造，而是元以前汉语发展演变的结果。这些结论无疑是正确的，对提高我们的认识是很有帮助的。

但是，元曲中的四音节状态词是如何构成的？为什么第一字与第三字双声、第二字与第四双声呢？要回答这些问题还需进一步研究。朱德熙（1982）《潮阳话和北京话重叠式象声词的构造》一文对上述问题的解决起了关键性的指导作用。经全面考察分析，我们认为："吉飚古堆"等一类词是金元时的变形重叠词。

一　变形重叠、变声重叠与变韵重叠

朱德熙（1982）提出了这三个相关的概念。朱文认为："我们可以把汉语方言里常见的重叠形式区分为两种类型，一种是不变形重叠，另一种是变形重叠。"所谓不变形重叠就是基式与重叠式完全相同。如"啪啦"

重叠为"啪₁啦₁啪₂啦₂"。基式"啪₁啦₁"与重叠式"啪₂啦₂"在语音上没有变化。所谓变形重叠就是基式与重叠式不完全相同。与基式相比，重叠式的语音发生了变化，因此字也写得不同了。如"啪啦"重叠为"噼里啪啦"。基式是"啪啦"，重叠式却变成了"噼里"。也就是基式的"啪"声母不变，韵母变 [i]，变为重叠式的"噼"；基式的"啦"声母不变，韵母变 [i]，变成了重叠式的"里"。因此说，"噼里啪啦"是"啪啦"的变形重叠。

在变形重叠里，相对于基式而言，重叠式改变了声母而韵母不变的重叠叫"变声重叠"。如拟声词"啪"重叠出"啪啦"。"啪"是基式，"啦"是重叠式。基式与重叠式韵母相同，都是 [a]，声母不同，基式的声母 [pʰ] 变成了重叠式的声母 [l]。重叠式改变了韵母而声母不变的重叠叫"变韵重叠"。如拟声词"啪"重叠出"劈啪"。"啪"是基式，"噼"是重叠式。基式与重叠式声母相同，都是 [pʰ]，韵母不同，基式的韵母 [a] 变成了重叠式的韵母 [i]。朱德熙最后总结说："在潮阳话和北京话的几种重叠式象声词里，变声重叠都是顺向的，变韵重叠都是逆向的。"并说"变声重叠顺向，变韵重叠逆向，是不是所有汉语方言的共性，这还有待于事实的验证"。

随后，马庆株（1987）、陈亚川和郑懿德（1990）、包智明（1997）、项梦冰（1997）、李小凡（1998）、孙景涛（1998、1999）分别考察了普通话拟声词的变形重叠、福州话形容词的变形重叠、晋语分音词的构造、连城客家话拟声词的变形重叠、苏州方言拟声词的变形重叠和古汉语联绵词的内部构造，一致认为：变声重叠顺向，变韵重叠逆向，是汉语变形重叠的共性。

二　元曲中四字格变形重叠式举例

元曲中"吉飑古堆"一类的四字格词语也是一种重叠变形重叠式。"古堆"是基式，"吉飑"是重叠式。"古"与"吉"声母相同（注：都是见母字），韵母发生了变化；"堆"与"飑"声母相同，韵母也发生了变化。这种变形重叠式是一种逆向变韵重叠，我们称之为 A'B'AB 重叠式。

A'B'AB 重叠式最早见于 12 世纪的《董西厢》，13、14 世纪的《元刊杂剧三十种》《全元散曲》《元曲选》《元曲选外编》等的曲文中也有一些用例。我们将在以上材料的范围内进行调查，从意义和语音两方面来证明这种重叠关系。在这一部分，我们首先从意义入手，发现基式与重叠词之间的意义联系。

金元曲文中的四字格变形重叠式根据基式的词性不同可以分为拟声词的重叠、拟态词的重叠和形容词的重叠三类。

（一）基式为拟声词的变形重叠

1. 扑鼕 ［pú túŋ］—劈丢扑鼕 ［pí tiəu pú túŋ］①

（1）手抱着顽石，扑鼕的身跳在江里。（元曲选·伍员吹箫·第三折）

（2）将他来难移难动，没歇没空，厮推厮拥，劈丢扑鼕，水心里打沐桶。（元曲选·柳毅传书·第二折）

"扑鼕"与"劈丢扑鼕"都是拟声词，都用来模拟鼓声、重物落地或落水的声音。例（1）模拟的是人跳到水里的声音；例（2）模拟的是火龙与泾河龙作战落入水中的声音。"劈丢扑鼕"应是"扑鼕"的变形重叠式。拟声词音近则通，字形也不固定，所以"扑鼕"又写作"扑通"，"劈丢扑鼕"又写作"劈飋扑桶、疋飋扑鼕、辟留扑同"。例：

（3）你则说金水桥扑通的丢下个半生半死小孩儿。（元曲选·罗李郎·第一折）

（4）一个将尧民歌乱唱的令儿差，一个疋飋扑鼕擂鼓无高下。（全元散曲·王大学士·点绛唇）

（5）番鼓儿劈飋扑桶擂，火不思必留不剌扑。（全元散曲·无名氏·水仙子）

（6）你休踏着砖瓦，辟留扑同敢漾我在阶直下，不是磕碎脑袋，就是抢了鼻凹。（元刊杂剧三十种·薛仁贵衣锦还乡）

2. 搕叉 ［kŏ tʃa］—乞抽扢叉 ［kí tʃíəu kŏ tʃa］

（7）史牙恰束手才争斗，狄将军去他顶门上搕叉的则一刀。（元曲选外编·衣襖车·第二折）

（8）凭着我这蘸金巨斧，乞抽扢叉，砍他鼻凹。（元曲选·昊天塔·

---

① 这一部分的拟音依据杨耐思（1981）的《中原音韵音系》。

第二折）

"搕叉"与"乞抽扢叉"都模拟的是刀砍的声音，"乞抽扢叉"应是"搕叉"的变形重叠式。"搕叉"又写作"扢插、可叉、磕叉、磕擦"等。例：

（9）把头发披开砧子上，斧举处吓杀刘郎，救不迭扢插地一声响。（刘知远诸宫调·第二）

3. 各邦〔kau paŋ〕—急彪各邦〔ki piəu kau paŋ〕

（10）则听则听的狗儿咬各邦捣碓处。（元曲选外编·黄花峪·第三折）

（11）我这里急煎煎整顿了衣服，急周各支荡散了枪竿篓，急彪各邦踏折了剑菖蒲，见一道小路儿荒疎。（元曲选外编·黄花峪·第三折）

"各邦"与"急彪各邦"用来模拟捣碓声或物体断裂时发出的声响，"急彪各邦"应是"各邦"的变形重叠式。"急彪各邦"又写作"急并各邦"。例：

（12）那秃二姑在井口上将辘轳儿乞留曲律的搅，瞎伴姐在麦场上将那碓臼儿急并各邦的捣。（元曲选外编·黄鹤楼·第二折）

4. 支剌〔tʃi la〕—直留支剌〔tʃi liəu tʃila〕

（13）休则管我跟前声支剌叫唤因甚的。（元曲选·勘头巾·第三折）

（14）他两个一上一下，直留支剌，唱叫扬疾。（元曲选·神奴儿·第一折）

"支剌"与"直留支剌"都用来模拟口角、吵闹之声。"直留支剌"应是"支剌"的变形重叠式。

5. 忽剌〔xu la〕—忽剌剌/吸留忽剌〔xi liəu xu la〕

（15）袄庙锁屹塔的对岩，蓝桥下忽剌剌的水淹，将一对小小夫妻送的来他羞我惨。（全元散曲·曾瑞·怀离）

（16）你看他吸留忽剌水流乞留曲律路，更和这失留疎剌风摆希留急了树。（元曲选·魔合罗·第一折）

"忽剌剌"与"吸留忽剌"都模拟风声和水流声，它们应有一个共同的基式——"忽剌"，"忽剌剌"是"忽剌"的不完全重叠，"吸留忽剌"是"忽剌"的变形重叠。因书面文献记录口语的不完善性，我们在元代白话文献中已难以找到"忽剌"的存在，只见到它的 ABB 和 A'B'AB 重叠式。"吸留忽剌"又写作"吸里忽剌"。例：

（17）则被这吸里忽剌的朔风儿那里好笃簌簌避。（元曲选·杀狗劝夫·第二折）

6. 各支［kau tʃĭ］—各支支/急周各支［ki tʃiəu kau tʃĭ］

（18）我把那厮脊梁骨各支支生撅作两三截。（元曲选·黑旋风·第二折）

（19）［蔡净云］这个是甚麼撅折了？［正末唱］急周各支撅折我些红匙筋。（元曲选外编·黄花峪·第三折）

"各支支"与"急周各支"都模拟的是断裂之声，它们应是"各支"的重叠式。"急周各支"是"各支"的变形重叠。

7. 疏剌［ʃu la］—疏剌剌/失留疏剌［ʃi liəu ʃu la］

（20）黑黯黯冻云垂，疏剌剌寒风起，徧长空六出花飞。（元曲选·杀狗劝夫·第二折）

（21）寒森森朔风失留疏剌串，舞飘飘瑞雪踢良秃栾旋。（元曲选外编·贬黄州·第二折）

"疏剌剌"与"失留疏剌"都模拟的是风声和水流声，它们应是"疏剌"的重叠式。"失留疏剌"又写作"失溜疎剌、失流疎剌、赤溜束剌"。例：

（22）凄凄凉凉恹渐病，悠悠荡荡魂魄消，失溜疎剌金风送竹频摇。（全元散曲·杨讷·怨别）

（23）希壤忽浓泥又滑，失流疎剌水渲的渠。（元曲选外编·黄花峪·第三折）

（24）头直上淅零淅零雨，半空里赤溜束剌风。（全元散曲·无名氏·秋景）

（二）基式为拟态词的变形重叠

1. 蹀躞［ti ɛsie］—滴羞蹀躞［ti siəu tie sie］

（25）御酒淋漓袍袖湿，宫花蹀躞帽簷偏。（元曲选·玉壶春·第一折）

（26）桑园里只待强逼作欢娱，唬的我手儿脚儿滴羞蹀躞战笃速。（元曲选·秋胡戏妻·第三折）

"蹀躞"与"滴羞蹀躞"都形容颤抖的样子，"滴羞蹀躞"应是"蹀躞"的变形重叠。"滴羞蹀躞"又写作"滴羞跌屑、的羞剔薛、的羞剔瘁、的留的立、滴留滴列"。例：

（27）不由我滴羞跌屑怕怖，乞留兀良口絮。（元曲选·后庭花·第二折）

（28）子觉我兢兢战战心怕，不由我的羞剔薛腿胫摇。（元刊杂剧三十种·萧何月夜追韩信）

（29）我则见的留的立不住腿胫摇。（元曲选外编·三夺槊·第二折）

（30）急张拘住慢行早尺留出吕去，我子索滴留滴列整身躯。（元刊杂剧三十种·张鼎智勘魔合罗）

2. 摩娑〔muo suo〕—迷羞摩娑〔mi siəu muo suo〕

（31）老夫人手执着棍儿摩娑看，粗麻线怎透得针关？（元曲选外编·西厢记·三本二折）

（32）扭得身化一道金光，索甚你回来回去迷羞摩娑慌，分付取臭肉皮囊。（元刊杂剧三十种·泰华山陈抟高卧）

"摩娑"与"迷羞摩娑"有"不断搜索""连续抚摸"的意思，"迷羞摩娑"应是"摩娑"的变形重叠。"摩娑"又写作"摩挲"；"迷羞摩娑"又写作"婆娑没索"。例：

（33）我把手摩挲揪住马。（元曲选·燕青博鱼·第一折）

（34）那蹇驴儿柳荫下舒着足乞留恶滥的卧，那汉子去脖项上婆娑没索的摸。（元曲选·黄粱梦·第四折）

3. 秃刷〔t'u ʃua〕—踢收秃刷〔t'i ʃiəu t'u ʃua〕

（35）那里有野鸳鸯眼秃刷的在黄金殿，则这夥木鹦哥嘴骨邦的在仙音院。（元曲选·两世姻缘·第一折）

（36）他把我踢收秃刷观觑，子觉我兢兢战战心怕。（元刊杂剧三十种·萧何月夜追韩信）

"秃刷"与"踢收秃刷"都是形容人着慌时眼快速转动或打量的样子。"踢收秃刷"应是"秃刷"的变形重叠式，又写作"剔抽秃刷、剔抽秃揣"。例：

（37）他剔抽秃刷廝觑，迷留没乱踌躇。（元曲选·后庭花·第二折）

（38）眼脑又剔抽秃揣的慌，口角又劈丢扑搭的喷。（元曲选·虎头牌·第一折）

4. 笃速 ［tu su］—笃速速/滴羞笃速 ［ti siəu tu su］

（39）我数日前笃速速眼跳，昨夜里便急爆灯花。（元曲选·薛仁贵·第四折）

（40）一口气不回来抵住喉咽，气的我手儿脚儿滴羞笃速战。（元刊杂剧三十种·霍光鬼谏）

"笃速速"与"滴羞笃速"都形容颤抖，它们应有一个共同的基式——"笃速"。"笃速"是"踧踖"的变音形式。（江蓝生，2004）"笃速速"是"笃速"的不完全重叠，"滴羞笃速"是"笃速"的变形重叠。"笃速速"又写作"笃簌簌、都速速"，"滴羞笃速"又写作"滴羞都苏、滴修都速"。例：

（41）不剌剌征宛似纱灯般转，都速速把不定浑身战。（元曲选外编·三夺槊·第四折）

（42）你气的我手儿脚儿滴修都速战。（元刊杂剧三十种·张千替杀妻）

（43）唬的我慌慌张张手脚滴羞都苏战。（元曲选·青衫泪·第二折）

5. 骨碌 ［ku lu］—骨碌碌/急留骨碌 ［ki liəu ku lu］

（44）唬得项王在坐上骨碌碌滚将下来。（元曲选·气英布·第三折）

（45）我则见五个镘儿乞丢磕塔稳，更和一个字儿急留骨碌滚。（元曲选·燕青博鱼·第二折）

"骨碌碌"与"急留骨碌"都用来形容物体的转动、滚动，它们应有一个共同的基式——有"滚动"义的"骨碌"。在金元曲文中虽难以见到，但元以前的文献中的确存在过。唐·刘恂《岭表录异》卷上："涧中有石鳞次，水流其间……或有乘牛过者，牛皆促敛四蹄，跳跃而过。或失，则随流而下。见者皆以为笑。彼人谚曰：'跳石牛骨碌，好笑好笑。'"此处的"骨碌"就是"滚动"的意思。由此看来，"急留骨碌"应是"骨碌"的变形重叠。"骨碌碌"又写作"古鲁鲁、古鹿鹿、骨噜噜、骨鲁鲁、骨辘辘"等；"急留骨碌"又写作"急留古鲁"。

（46）将匕首拔，觑着你软肋上扎，教古鲁鲁鲜血浸寒沙。（元曲选外编·豫让吞炭·第三折）

（47）看沙场血浸横尸首，直杀的马头前急留古鲁，乱滚滚死、死、死人头。（元曲选·气英布·第三折）

6. 七林 [tsʮ lim] —七林林/七留七林 [tsʮ liəu tsʮ lim]

（48）我这里七林林转过庭槐，慢腾腾行过厅堦。（元曲选·黄粱梦·第二折）

（49）我这里七留七林行，他那里必丢不搭说。（元曲选·黑旋风·第二折）

"七林林"与"七留七林"都形容低头快行的样子，它们共同的基式应是"七林"。"七留七林"是"七林"的变形重叠。"七林林"又写作"缉林林、齐临临"；"七留七林"又写作"七留七力"。例：

（50）咱也曾磕擦擦登山蓦岭，咱也曾缉林林劫寨偷营。（元曲选·气英布·第二折）

（51）可又早七留七力来到我跟底，不言不语立地。（元曲选·谢天香·第三折）

7. 出律 [tʃʮu liu] —出出律律/赤留出律 [tʃʮ liəu tʃʮu liu]

（52）见一个宿鸟儿忔楞楞腾出出律律忽忽闪闪串过花梢。（全元散曲·王廷秀·怨别）

（53）则听啾啾唧唧聒耳山禽唱，唬的那呆呆邓邓的麋鹿赤留出律的撞。（元曲选外编·黄花峪·第一折）

"出出律律"与"赤留出律"都用来形容奔窜的样子，它们应有一个共同的基式——"出律"。"出出律律"是"出律"的 AABB 式重叠；"赤留出律"是"出律"的 A'B'AB 式重叠。"赤留出律"又写作"尺留出吕、出留出律"。例：

（54）急张拘住慢行早尺留出吕去，我子索滴留滴列整身躯。（元刊杂剧三十种·张鼎智勘魔合罗）

（55）我见他出留出律两个都迴避。（元曲选·谢天香·第三折）

（三）基式为形容词的变形重叠

1. 曲律 [kʮu liu] —乞留曲律 [kʮ liəu kʮu liu]

（56）待不吃呵又被这酒旗儿将我来迤逗，他、他、他舞东风在曲律竿头。（元曲选·李逵负荆·第一折）

（57）你过的这乞留曲律蚰蜒小道，听说罢官人你记着。（元曲选外编·黄鹤楼·第二折）

"曲律"与"乞留曲律"都指的是弯弯曲曲的样子，"乞留曲律"

应是"曲律"的变形重叠式。"曲律"又写作"曲吕、崛崉";"乞留曲律"又写作"乞留曲吕、乞留屈律、乞留屈吕、溪流曲律、乞量曲律"。例:

（58）本待作曲吕木头车儿随性打，原来是滑出律水晶球子怎生拿。（全元散曲·乔吉·杂情）

（59）你看怪石嵯峨，奇泉崛崉，花开掩暎，树影婆娑。（元曲选外编·猿听经·第一折）

（60）过了些乞留曲吕涧，重重叠叠山。（全元散曲·无名氏·水仙子）

（61）乞留屈律归鸿行断，必飋不答蹇驴步懒。（全元散曲·汤式·京口道中）

（62）汲留忽剌水流乞留屈吕路，失留疏剌风摆奚留急了树。（元刊杂剧三十种·张鼎智勘魔合罗）

（63）怎生向溪流曲律坡前去，吉飋古突山上逃。（元曲选外编·西游记·第九折）

（64）将这领希留合剌的布衫儿扯得来乱纷纷碎，将这双乞量曲律的肐膝儿罚他去直僵僵跪。（元曲选·杀狗劝夫·第二折）

2. 团栾［tʻon lon］—剔留团栾［tʻi liəu tʻon lon］

（65）这供愁的景物好依时月，浮着个钱来大绿蒐蒐荷叶，荷叶似花子般团圞。（元曲选外编·拜月亭·第三折）

（66）皎皎洁洁照橹篷剔留团栾月明，正潇潇飒飒和银筝失留疏剌秋声。（全元散曲·郑光祖·梦中作）

"团栾"与"剔留团栾"都有"极圆"或"团团转"的意思，"剔留团栾"应是"团栾"的变形重叠式。"剔留团栾"又写作"剔留秃栾、踢良秃栾"。例:

（67）那独角牛身凛凛，貌堂堂，身长一丈，膀阔三停，横里五尺，竖里一丈，剔留秃圞，恰似个西瓜模样。（元曲选外编·独角牛·第二折）

（68）寒森森朔风失留疏剌串，舞飘飘瑞雪踢良秃栾旋。（元曲选外编·贬黄州·第二折）

"秃栾"是"团"的分音词。①

3. 没乱 [muo lon] —迷留没乱 [mi liəu muo lon]

（69）一会没乱，一会心酸，都撮来眉上攒。（全元散曲·曾瑞·闺怨）

（70）我见他自推自跌自偬儚，迷留没乱把双眉皱。（元曲选·马陵道·第二折）

"没乱"与"迷留没乱"都形容心绪烦躁、精神恍惚。"迷留没乱"应是"没乱"的变形重叠。"没乱"在宋、金两代原写作"懑乱"和"闷乱"，都是"烦闷"之意。例，宋·苏辙《上皇帝书》："纾则乐易，乐易则有所不为；窘则懑乱，懑乱则无所不至。"金《董西厢》卷七："好恓楚，空闷乱，长叹吁。"由此看来，"没乱"应是"懑乱""闷乱"的语音变异形式。"迷留没乱"又写作"迷留闷乱、没留没乱、没撩没乱"。例：

（71）莺莺尽劝，全不领略，迷留闷乱没处着。（董西厢·卷七）

（72）没留没乱，不言不语，尽夫人问当，夫人说话，不应一句。（董西厢·卷三）

（73）哀哀怨怨，一曲琵琶。没撩没乱离愁，悲悲切切，恨满天涯。（全元散曲·武林隐·昭君）

4. 乞良 [kʽi liaŋ] —乞留乞良 [kʽi liu kʽi liaŋ]

（74）我不怕烦恼杀他爷爷，我则怕乞良煞他奶奶。（元刊杂剧三十种·看钱奴·第二折）

（75）您两个忕作的出，空教我乞留乞良，迷留没乱，放声啼哭。（元曲选·鲁斋郎·第三折）

"乞良"与"乞留乞良"都形容悲愁、凄凉的样子。"乞良"又写作"乞两、化俩"；"乞留乞良"又写作"赤留乞良"。例：

（76）［带云］不争夫人死呵［唱］枉乞两的两个小冤家不快，那凄凉日月索皱捱。（元曲选·黄粱梦·第二折）

---

① 江蓝生（2004）《浅论单音词的多次变形重叠》指出："团"的反切分音词是"突栾"（宋·宋祁《宋景文公笔记·释俗》："孙炎作反切，谓'团'曰'突栾'……"宋·洪迈《容斋三笔·切脚语》："世人语音有以切脚而称者，亦间见之于书史中。如以'蓬'为'勃笼'……'团'为'突栾'"），分音词是单音词在词的双音化过程中音节求偶的产物，大多数分音词有音无字，用同音字替代。

（77）然如此省艰难，怕仡俩的成病了。（元刊杂剧三十种·周公摄政·第二折）

（78）一会儿赤留乞良气，一会家迷留没乱倒。（元曲选外编·哭存孝·第四折）

5. 胡突［xu tu］—希飑胡都［xi tiəu xu tu］

（79）人道你聪明，我道你胡突。（全元散曲·王晔·问黄肇）

（80）见希飑胡都茶客微醒，细寻寻思思双生双生，你可闪下苏卿。（全元散曲·郑光祖·梦中作）

"胡突"即"糊涂"，又写作"糊塗、胡鹘、糊突、鹘突、溷涽"等等（顾原颉、王学奇，1983；龙潜庵，1985；李崇兴等，1988），与"希飑胡都"同义，应是其基式。

6. 疙疸［kau ta］—吉丢疙疸［ki tiəu kau ta］

这组词有些特别，基式是名词，指"不平的突起物"，一般特指皮肤上突起的或肌肉上结成的硬块。但重叠后变成了形容词，形容不规则的突起，又指"不平滑""不顺利"。

（81）俺两个说下咒愿，有一个私去看病的，嘴上就生僵疙疸。（元曲选外编·降桑椹·第二折）

（82）那石头急流骨都，吉丢疙疸。[1]（孤本元明杂剧·暗度陈仓·第二折）

"疙疸"又写作"胳挞"；"吉丢疙疸"又写作"吉丁疙疸"。例：

（83）迭迭薄薄眼，瑰瑰赖赖肉，胳胳挞挞筋，生几根采采色色血今髭。（宋元平话集·秦并六国平话·卷下）

（84）俺是乍出外，不曾行得惯。这路途吉丁疙疸的，蚤蹋破我这脚也呵。（元曲选·盆儿鬼·第一折）

三　金元曲文中的四字格变形重叠式音变分析

为了讨论的方便，我们将四字格变形重叠式分为三组：

---

① 此例引自顾学颉、王学奇《元曲释词》（二），第117页。

A 组　　　　　　　　　　　　　　　　B 组

吸留忽剌 [xi liəu xu la]　　　　　乞量曲律 [kʻi liaŋ kʻiu liu]

失留疏剌 [ʃi liəu ʃu la]　　　　　踢良秃栾 [tʻi liaŋ tʻu lon]

赤溜束剌 [tʃʻi liəu tʃʻu la]　　　　急并各邦 [ki piəŋ kau paŋ]

急留骨碌 [ki liəu ku lu]　　　　　吉丁疙疸 [ki tiəŋ kau ta]

剔留亮鲁 [tʻi liəu tʻu lu]　　　　　辟留扑同 [pʻi liəu pʻu tʻuŋ]

赤留出律 [tʃʻi liəu tʃʻiu liu]　　　吉廲古突 [ki liəu ku tu]

乞留曲律 [kʻi liəu kʻiu liu]　　　　吸里忽剌 [xi li xu la]

剔留团栾 [tʻi liəu tʻon lon]

剔留秃栾 [tʻi liəu tʻu lon]

迷留没乱 [mi liəu muo lon]　　　　　　　　C 组

直留支剌 [tʃi liəu tʃi la]　　　　　的溜的立 [ti liəu ti li]

滴羞笃速 [ti siəu tu su]　　　　　滴溜滴列 [ti liəu ti liɛ]

滴羞蹀躞 [ti siəu tiɛ siɛ]　　　　乞留乞良 [kʻi liəu kʻi liaŋ]

迷羞摩娑 [mi siəu muo suo]　　　　七留七林 [tsʻi liəu tsʻi lim]

劈丢扑蓁 [pʻi tiəu pʻut ʻuŋ]　　　出留出律 [tʃʻiu liəu tʃʻiu liu]

吉丢疙疸 [ki tiəu kau ta]　　　　没留没乱 [muo liəu muo lon]

希廲胡都 [xi tiəu xu tu]

急周各支 [ki tʃiəu kau tʃi]

乞抽扢叉 [kʻi tʃʻiəu kʻo tʃʻa]

踢收秃刷 [tʻi ʃiəu tʻu ʃua]

急彪各邦 [ki piəu kau paŋ]

　　这三组重叠式中，A 组是四字格变形重叠式的常用格式，B 组是 A 组的变化形式，C 组虽总的格局与 A 组相同，但显示了 A'B'AB 重叠式的结构已开始发生变化。

　　在 A'B'AB 中，基式不会有规律性的语音变化，重叠式的音变有一定的规律。因此，四字格变形重叠式的音变规律也就是第一、第二音节音变的规律。

（一）第一音节音变的规律

　　第一音节重叠第三音节时在韵母和声调两方面都有较整齐的规律性。韵母方面，不管基式（第三音节）的韵母是什么，重叠式（第一音节）

的韵母一律变为舌面前高元音［i］，只有"出""没"两字例外。^①声调方面，不管基式（第三音节）的声调是什么，重叠式（第一音节）的声调一律变为入声，只有"希""迷"两字例外。"支刺"没有重叠为"支留支刺"而重叠为"直留支刺"就充分体现了第一音节的声调有倾向于变为入声的特点。

四字格变形重叠式第一音节的语音特点是：声母与基式保持一致；韵母倾向于变为舌面前高元音［i］；声调倾向于变为入声。

（二）第二音节音变的规律

第二音节因 A、C 两组与 B 组的情形有些不同，我们分开来谈。

A 组和 C 组里，第二音节重叠第四音节时在韵母和声调两方面也都有很整齐的规律性。韵母方面，不管基式（第四音节）的韵母是什么，重叠式（第二音节）的韵母一律变为尤侯韵的［iəu］。声调方面，不管基式（第四音节）的声调是什么，重叠式（第二音节）的声调一律变为平声。声母是次浊声母的变阳平，如"留"^②；声母是清声母的变阴平，如"羞、丢、飚、周、抽、收、彪"。

四字格变形重叠式第二音节的主要语音特点是：声母与基式保持一致；韵母倾向于变为尤侯韵的［iəu］；声调倾向于变为平声；又以阳平的"留"为最常见。

B 组是 A 组的变式。B 组的第二音节与 A、C 两组相比，韵母、声调和声母都有些独特性。韵母不是尤侯韵的［iəu］，而分别是江阳韵的［iaŋ］、庚青韵的［iəŋ］以及齐微韵的［i］。声调除了有平声的"良、量^③、丁、并^④、留、飚"外，还有上声的"里"。声母方面，"同"变为"留"（辟留扑同），"突"变为"飚"（吉飚古突），非边音的"同"、"突"有边音化的趋势。不过，这种边音化还仅限于同一发音部位（舌尖中）的声母。B 组里的四字格都有相应的正常格式。如"乞量曲律"有相应的"乞留曲律"，"踢良秃栾"有相应的"踢留秃栾"，"急并各

---

① "出留出律"的"出"韵母是［iu］；"没留没乱"的"没"韵母是［uo］。

② "赤溜束刺""的溜的立""滴溜滴列"的"溜"变阴平，属例外。

③ "量"有平、去两读，此处应读平声。

④ "並"是去声；"并"为平声。

邦"有相应的"急彪各邦","吉丁疙疸"有相应的"吉丢疙疸","辟留扑同"有相应的"劈丢扑鑿","吸里忽剌"有相应的"吸留忽剌"。

尽管 B 式在金元还不是主要格式,但它出现了两个新的变异现象:第二音节的"里"字化;第二音节非边音声母的边音化。

(三) 四字格变形重叠式的音韵结构及其变化

至此,我们发现金元曲文中的变形重叠四字格词语有着和谐的音韵结构:第一音节是一个高细而短促的音;第二音节是一个主要以复合元音 [＊iəu] 为主的过渡音,前接细音,后接洪音,声调平缓而悠长(阳平调);第三、第四音节一般比第一、第二音节开口度大,是语音上最响亮的部分。这种结构也是一种音义融合的结构,第三、第四音节是有词汇意义的双音词,第一、第二音节是该双音词变形重叠出的无意义的音缀。王洪君(1996)发现,现代汉语中的"噼里啪啦"一类四音拟声词在韵律上有一种前暗后亮的特点。我们注意到,金元曲文中的变形重叠四字格词语具有前轻后重的特点。特别是,第一音节是一个短促的入声,韵尾已没有塞音,整个音节有轻而短的特点,早期很可能是轻音节,是四字格的轻音之所在。

C 组与 A、B 两组主要的不同在于:第一、第三音节完全同音,形成了 A 留 AB 结构。C 组的词都是有词汇意义的动词和形容词,又存在两种情况:"的留的立、滴留滴列、乞留乞良、七留七林"构成一类;"出留出律、没留没乱"构成另一类。

第一类,基式第一音节的韵母本就是前高元音 [i],而且声调又是入声。例如,"的立"的"的"、"滴列"的"滴"、"乞良"的"乞"、"七林"的"七"。它们变形重叠后,要体现四字格变形重叠式第一音节的特点(韵母倾向于变为前高元音 [i],声调倾向于变为入声),唯一的选择就是,在重叠的过程中,第一音节拷贝第三音节。这自然就形成了 A 留 AB 格式。这一类是语音的原因造成的 A 留 AB,在变音规则上跟 A 组并无二致。

第二类,基式 AB 本有符合当时韵律格局的 A 组变形重叠式"赤留出律"和"迷留没乱"(A'B'AB)。"出留出律"和"没留没乱"是一种变异形式,也是一种创新的格式。它的出现打破了原有的韵律格局,第一音

节的韵母不再是 [＊i]。语言的使用者为了强化其语义，让第一音节不再变音，完整地重复第三音节，使整个四字格的意义更加明晰。这一类是语义的原因造成的 A 留 AB。至于为什么要完整地重复第三音节而不是第四音节呢？这与基式的结构有关。

四　变形重叠四字格基式的结构

前面分析了重叠式（第一、第二音节）的音变特点，下面分析基式（第三、第四音节）的构成特点。

各种不同格式的重叠对基式都有不同程度的限制。哪些能重叠，哪些不能重叠，有一定的规律性。我们通过分析发现：变形重叠四字格词语在数量上是很有限的，不是所有的词语都能构成这种重叠的，其基式也是一些拟声词和以语音构词的方式构成的词，主要分为两类。

第一类都是元代新出现的复合拟声词，如"扑鼕、撘叉、各邦、忽刺、疏刺、各支、支刺"等。第二类是按语音构词方式构成的动词和形容词，如"蹀躞、滴列、摩娑、笃速、骨碌、出律、七林、曲律、团栾、秃栾、闷乱、乞良、胡突"等。语音构词包括变形重叠、合音、分音等几种方式。就我们所知，"曲律、团栾、蹀躞、摩娑、笃速、出律"是通过变形重叠构成的语音词，两音节韵母都相同；"秃栾、滴别、七林、乞良"是通过分音构成的语音词，第二音节的声母都是边音。现在举数例证明于下：

1. 曲—曲曲/曲律

"曲"是形容词，"弯曲"的意思。唐代，"曲"重叠为"曲曲"，这是不变形重叠。例如，《全唐诗·刘禹锡·梦扬州乐妓和诗》："夜深曲曲湾湾月，万里随君一寸肠。"元代，"曲"变形重叠构成"曲律"。例如，《元曲选外编·黄花峪》一折："曲律竿头悬草稕，绿杨影里拨琵琶。""曲律"基式在前，重叠式在后。重叠式与基式相比，韵母不变，声母由 [k1] 变为 [l]。这是顺向变声重叠。"律"在此处无义，是重叠出的一个音节。现在福建的建瓯话，"曲"还可扩衍为"曲律"，"律"就是无义的音节（潘渭水，1994）。

2. 团—团团/团栾

"团"也是形容词，"圆"的意思。汉代，"团"重叠为"团团"，这是不变形重叠。例如,《先秦汉魏晋南北朝诗·汉·班婕妤·怨歌行》:"裁为合欢扇,团团似明月。"唐代,"团"顺向变声重叠,构成"团栾"。例如,《全唐诗·唐彦谦·秋葵》:"月瓣团栾剪赭罗,长条排蕊缀鸣珂。"重叠式与基式相比,韵母不变,声母由 [t1] 变为 [1]。此词中的"栾"是重叠出的一个音节,没有意义。

3. 蹀—蹀蹀/蹀躞

"蹀"是基式,可单独使用,可构成不变形重叠"蹀蹀",也可构成变形重叠"蹀躞"。汉代,"蹀""蹀蹀"已出现,形容脚步趔趄的样子。例如,《淮南子·俶真》:"虽目数千羊之群,耳分八风之调,足蹀阳阿之舞,而手会《绿水》之趋……"《全上古三代秦汉三国六朝文·全后汉文·马第泊·封禅仪记》:"稍疲,咽唇焦,五六步一休,蹀蹀据居顿,地不避湿暗,前有燥地,目视而两脚不随。"南北朝,"蹀"重叠为"蹀躞",形容小步行走貌。例如,《先秦汉魏晋南北朝诗·宋·鲍照·拟行路难》诗之六:"丈夫生世会几时,安能蹀躞垂羽翼?""蹀躞"也是顺向变声重叠。"躞"是重叠式,不能单独使用,只能出现在"蹀躞"(或"躞蹀")一词中,是一个没有词汇意义的音节。

4. 团—秃栾

"团"构成"团栾"是顺向变声重叠式构词,构成"秃栾"是分音式构词。《全元散曲》郑光祖《梦中作》:"皎皎洁洁照橹篷剔留团栾月明,正潇潇飒飒和银筝失留疏刺秋声。"《元曲选外编·独角牛》第二折:"那独角牛身凛凛,貌堂堂,身长一丈,膀阔三停,横里五尺,竖里一丈,剔留秃圞,恰似个西瓜模样。""剔留团栾"与"剔留秃圞"都形容"圆","秃圞"就是"团栾"的意思,是"团"的分音词。

5. 蹀—滴列

"蹀"构成"蹀躞"是顺向变声重叠式构词,构成"滴列"是分音式构词。《元刊杂剧三十种·张鼎智勘魔合罗》:"急张拘住慢行早尺留出吕去,我子索滴留滴列整身躯。"同样的一句,在《元曲选·魔合罗》第一折中"滴留滴列"写作"滴羞跌屑"。可见,"滴列"就是"蹀躞"的意思,也就是"蹀"的分音词。"滴列"有时也音变为"的立",再重叠为"的留的立"。"滴"保留了"蹀"的声母,韵母变为前高元音 [i];"列"保留了"蹀"的韵母,声母变为边音 [1]。

　　以上顺向变声构成的双音变形重叠词，它的第一音节是实语素，第二音节是表音性成分，无义。这就导致了当这些词变韵重叠为四音节词时，只有第三音节有语义。因此，当 A'B'AB 变为 A 留 AB 时就只能重复第三音节的语义了。分音词的意义因被分之词不出现而变得难以捉摸，释义时各家分歧也大。只有弄清其语音关系，找到被分音之字，才能弄清楚它的意义。

　　变形重叠和分音等语音构词现象在上古汉语里就已存在，并引起了许多学者的注意。向熹（1980）分析了"猗猗"变"猗傩"、"勉勉"变"黾勉"等变声变韵现象。严承钧（1987）分析了"勿勿"与"密勿"的音转字变现象。严廷德（1989）指出了"迟迟—峙踌"和"卒卒—造次"的变换。李国正（1990）考察了从"便便"到"便蕃"的变化。刘又辛（1993）分析了"拘拘—拘挛""团团—团栾""蒙蒙—鸿蒙""孔孔—窟窿"等的声韵变化情况。徐振邦（1998：63）分析了"嚴嚴—巉巖"等的语音变化。孙景涛（1999、2008）运用韵律构词法的理论全面研究了上古汉语联绵词的内部结构，把它们归纳为三种重叠模式，即：顺向重叠（Progressive reduplication）、逆向重叠（Retrogressive reduplication）和裂变式重叠（Fission reduplication）。[①]

　　孙景涛的研究显示：在顺向重叠中，第二音节的声母常变为流音 [$*l-$、$*r-$]、鼻音 [$*m-$、$*n-$、$*ŋ-$]、喉塞音 [$*ʔ-$]、擦音 [$*x-$] 以及复辅音 [$*sr-$、$*tsr-$、$*ts^h-$]，而流音又占绝大多数。在裂变式重叠中，第二音节的声母基本上只有流音 [$*l-$、$*r-$]。

　　我们的研究发现：能做 A'B'AB 基式的主要是顺向重叠构成的语音词和极少数裂变式重叠构成的分音词。逆向重叠构成的词不能做 A'B'AB 的基式。这就形成了 A'B'AB 格式的两个倾向性：第三音节一般是实语素，如不是，则基式可能是分音词；第四音节的声母大多是边音，因此第二音节多是"留"字。"留"的声母是单音节顺向变声的产物；"留"的韵母是双音节逆向变韵的产物。

---

　　① 孙景涛的"裂变式重叠"就是我们说的分音构词。

参考文献

［1］包智明：《从晋语分音词看介音的不对称性》，《中国语言学论丛》第 1 辑，北京语言文化大学出版社 1997 年版。

［2］陈亚川、郑懿德：《福州方言形容词重叠式音变方式及其类型》，《中国语文》1990 年第 5 期。

［3］顾学颉、王学奇：《元曲释词》（4 册），中国社会科学出版社 1983 年版。

［4］江蓝生：《近代汉语探源》，商务印书馆 2000 年版。

［5］江蓝生、曹广顺：《唐五代语言词典》，上海教育出版社 1983 年版。

［6］江蓝生：《单音词的多次变形重叠》，"第五届国际古汉语语法研讨会"暨"第四届海峡两岸语法史研讨会"会议论文，台湾中研院，2004 年。

［7］蒋绍愚：《近代汉语研究概况》，北京大学出版社 1994 年版。

［8］李崇兴、黄树先、邵则遂：《元语言词典》，上海教育出版社 1998 年版。

［9］李国正：《联绵词刍议》，《厦门大学学报》1990 年第 2 期。

［10］李小凡：《苏州方言语法研究》，北京大学出版社 1998 年版。

［11］刘又辛：《古汉语复音词说质疑》，《文字训诂论集》，中华书局 1993 年版。

［12］马庆株：《拟声词研究》，《语言研究论丛》第 4 辑，南开大学出版社 1987 年版。

［13］马思周、潘慎：《试论元杂剧四音词的构成原则》，《语文研究》1982 年第 2 期。

［14］潘渭水：《建瓯话中的衍音现象》，《中国语文》1994 年第 3 期。

［15］孙景涛：《古汉语重叠词的内部构造》，载郭锡良主编《古汉语语法论文集》，语文出版社 1998 年版。

［16］向熹：《〈诗经〉里的复音词》，《语言学论丛》第 6 辑，商务印书馆 1980 年版。

［17］向熹：《简明汉语史》，高等教育出版社 1983 年版。

［18］项梦冰：《连城客家话语法研究》，语文出版社 1997 年版。

［19］徐振邦：《联绵词概论》，大众文艺出版社 1998 年版。

［20］严承均：《重言与同义联绵字"音转字变"示例》，《湖北大学学报》1987 年第 2 期。

［21］严廷德：《同源词管窥》，《四川大学学报》1998 年第 1 期。

［22］杨建国：《元曲中的状态形容词》，《语言学论丛》第 9 辑，商务印书馆 1982 年版。

［23］朱德熙：《潮阳话和北京话重叠式象声词的构造》，《方言》1982 年第 3 期。

［24］周法高：《中国语法札记·近代语中的四音状词》，《史语所集刊》1953 年

24 本。

原载《湖北师范学院学报》（哲学社会科学版）2004 年第 2 期
该文研究获国家社科基金项目"汉语形容词重叠形式的历史发展"
（04BYY020）的资助

《诗经》单音状态词研究[*]

一 引言

杨建国（1979）、赵金铭（1982）、刘丹青（1991）、郭锡良（2000）等诸位先生在分析先秦形容词时都已注意到了现代汉语已经消失了的一个小词类——单音状态词的存在，并有过初步的分析，但至今没有人对这一词类做出专门的研究。郭锡良（2000）指出："单音节状态形容词，在先秦主要出现在《诗经》中……其他典籍中用得很少。"本文受此启发，拟重点研究一下包括单音状态形容词在内的《诗经》单音状态词的种类、语法特征和语义特征。

二 《诗经》单音状态词的种类

《诗经》单音状态词从形式上看是单音节的，已无法再分类；从表达的意义上看，它可以分为模拟声音状态、模拟动作状态、模拟心理活动状态和模拟属性状态等四类。模拟声音状态的又叫拟声词；模拟动作状态和模拟心理活动状态的又叫状态动词；模拟属性状态的又叫状态形容词。《诗经》中共有单音状态词 217 个。其中，模拟声音的状态词有 12 个，模拟动作的状态词有 35 个，模拟心理活动的状态词有 11 个，模拟属性的状态词有 159 个。

　＊ 本文初稿曾在"第八届国际古汉语语法研讨会"（韩国首尔·成均馆大学，2013 年 8 月）上宣读。会议期间蒙孙玉文教授和杨逢彬教授赐教，谨谢！

（一）模拟声音的状态词

现代汉语的单音拟声词较少，多音拟声词较多。《诗经》里有双音拟声词，也有 12 个单音拟声词。例：

（1）坎其击鼓，宛丘之下。（陈风·宛丘）（毛传："坎坎，击鼓声。"）

（2）殷其雷，在南山之阳。（召南·殷其雷）（毛传："殷，雷声也。"）

（3）有女仳离，嘅其叹矣。（王风·中谷有蓷）（朱熹《诗集传》："嘅，叹声。"）

（4）有弥济盈，有鷕雉鸣。（邶风·匏有苦叶）（毛传："鷕，雌雉声也。"）

上述各例中，"坎"模拟的是鼓声；"殷"（yǐn）模拟的是雷声；"嘅"模拟的是叹气声；"鷕"模拟的是野鸡叫声。

（二）模拟动作的状态词

现代汉语有"出溜"等一类多音节的拟态词，但单音节的拟态词似乎已不见了。《诗经》里有 35 个单音节拟态词。例：

（5）有女仳离，啜其泣矣。（王风·中谷有蓷）（毛传："啜，泣貌。"）

（6）睠言顾之，潸焉出涕。（小雅·大东）（毛传："潸，涕下貌。"）

（7）髧彼两髦，实维我仪。（鄘风·柏舟）（朱熹《诗集传》："髧，发垂貌。"）

（8）我来自东，零雨其濛。（豳风·东山）（朱熹《诗集传》："濛，雨貌。"）

上述各例中，"啜"是哭的样子，"潸"是流泪的样子，"髧"是发辫下垂的样子，"濛"是下蒙蒙细雨的样子。

（三）模拟心理活动的状态词

《诗经》中模拟心理活动的状态词描写的都是一些心理活动，历代注家谁也不用"XX 貌"去解释，大都可以重叠。这类词在《诗经》中有

11 个。例：

（9）不我以归，忧心有忡。（邶风·击鼓）（毛传："忧心忡忡然。"）

（10）舒窈纠兮，劳心悄兮。（陈风·月出）（毛传："悄，忧也。"）

（11）悠哉悠哉，辗转反侧。（周南·关雎）（毛传："悠，思也。"）

（12）进厥虎臣，阚如虓虎。（大雅·常武）（朱熹《诗集传》："阚，奋怒之貌。"）

上述各例中，"忡"和"悄"描写的是忧心的样子，"悠"描写的是思念的样子，"阚"描写的是发怒的样子。

（四）模拟属性的状态形容词

《诗经》中模拟事物性质状态的单音状态词就是一般所说的单音状态形容词，其数量最多，有 159 例。例：

（13）松桷有舄，路寝孔硕。（鲁颂·闷宫）（毛传："舄，大貌。"）

（14）宛彼鸣鸠，翰飞戾天。（小雅·小宛）（毛传："宛，小貌。"）

（15）有漼者渊，萑苇淠淠。（小雅·小弁）（毛传："漼，深貌。"）

（16）乃立皋门，皋门有伉。（大雅·绵）（毛传："伉，高貌。"）

上述各例中，"舄""宛""漼""伉"分别描绘了松树椽子大大的状态、斑鸠小小的状态、水潭深深的状态和王城郭门高高的状态。

三 《诗经》单音状态词的语法特征

对《诗经》单音状态词的语法特征的考察，我们主要关注两个方面：一是它们在结构上的独立性，二是它们的语法功能。

（一）《诗经》单音状态词在结构上的独立性

《诗经》中，单音状态词的独立性相当差，它很少能单独充当句子成分，一般需要附加其他成分或者与虚词配合、或者自身重叠后才能充当句子成分。我们拟从四个方面分析：第一，单音状态词与附加成分的组配；第二，单音状态词与虚词的组配；第三，单音状态词的重叠；第四，单音状态词的独用。

1. 音状态词与附加成分的组配

《诗经》中单音状态词与附加成分的配合使用有两种情况：一是与前附加成分配合使用；二是与后附加成分配合使用。

先看前附加成分 + 单音状态词。

前附加成分有"有""其""思""斯""伊"5 个。其中，"有"是所有附加成分中使用最多的，分别与 79 个单音状态词构成了"有 X"构式。例：

（17）笾豆有楚，殽核维旅。（小雅·宾之初筵）（毛传："楚，列貌。"）

（18）新台有泚，河水弥弥。（邶风·新台）（毛传："泚，鲜明貌。"）

（19）庶姜孽孽，庶士有朅。（卫风·硕人）（毛传："朅，武壮貌。"）

（20）伐木于阪，酾酒有衍。（小雅·伐木）（毛传："衍，美貌。"）

单音状态词"楚""泚""朅""衍"分别与"有"构成"有楚""有泚""有朅""有衍"等构式充当句子成分。

其次，"其"作为单音状态词的前附加成分使用也较多，分别与 15 个单音状态词构成了"其 X"构式。例如：

（21）丝衣其紑，载弁俅俅。 （周颂·丝衣）（毛传："紑，洁鲜貌。"）

（22）北风其凉，雨雪其雱。（邶风·北风）（毛传："雱，盛貌。"）

（23）兕觥其觩，旨酒思柔。（小雅·桑扈）（朱熹《诗集传》："觩，角上曲貌。"）

（24）二子乘舟，泛泛其景。（邶风·二子乘舟）（王引之《经义述闻》卷五："景，读如憬。……憬，远貌。"）

单音状态词"紑""雱""觩""景"分别与"其"构成"其紑"

"其霏""其觱""其景"充当句子成分。

前加成分"思""斯""伊"与单音状态词配合使用不多,"思"与4个单音状态词组配,"斯"与3个单音状态词组配,"伊"与2个单音状态词组配。例:

(25)间关车之辖兮,思娈季女逝兮。(小雅·车辖)(毛传:"娈,美貌。")

(26)其笠伊纠,其镈斯赵。(周颂·良耜)(毛传:"赵,刺也。"胡承珙《毛诗后笺》:"盖刺者,锋利之谓。")

(27)王公伊濯,维丰之垣。(大雅·文王有声)(毛传:"濯,大。")

单音状态词"娈""赵(tiǎo)""濯"分别与前加成分构成"思娈""斯赵""伊濯"充当句子成分。

再看单音状态词+后附加成分。

后附加成分有"彼""其""如""然""而""若""焉""言""斯"九个。其中,"彼"的使用最多,与27个单音状态词构成了"X彼"构式。例:

(28)睆彼牵牛,不以服箱。(小雅·大东)(毛传:"睆,明星貌。")

(29)节彼南山,维石岩岩。(小雅·节南山)(毛传:"节,高峻貌。")

(30)淠彼泾舟,烝徒楫之。(大雅·棫朴)(毛传:"淠,舟行貌。")

(31)瑟彼玉瓒,黄流在中。(大雅·旱麓)(郑笺:"瑟,洁鲜貌。")

单音状态词"睆""节""淠""瑟"分别与"彼"构成"睆彼""节彼""淠彼""瑟彼"充当句子成分。

其次,后附成分"其"也与16个单音状态词构成了"X其"构式。例:

(32)中谷有蓷,暵其乾矣。(王风·中谷有蓷)(毛传:"暵,菸貌。"石按:菸,枯萎的样子。)

(33)溱与洧,浏其清矣。(郑风·溱洧)(说文·水部:"浏,流清貌。")

(34)兄弟不知,咥其笑矣。(卫风·氓)(朱熹《诗集传》:"咥,笑貌。")

(35)宛其死矣,他人是愉。(唐风·山有枢)(毛传:"宛,死貌。")

状态词"暵""浏""咥""宛"分别与"其"构成"暵其""浏其""咥其""宛其"充当句子成分。

其他后附加成分的使用不多，它们已搭配的状态词的数目分别是"如"5个、"然"4个、"而"3个、"若"2个，"焉"、"言"、"斯"各1个。例：

（36）有美一人，婉如清扬。（郑风·野有蔓草）（毛传："婉然美也。"）

（37）终风且霾，惠然背来。（邶风·终风）（屈万里《诗经诠释》："惠然，和顺貌。"）

（38）惠而好我，携手同归。（邶风·北风）（毛传："惠，爱。"）

（39）桑之未落，其叶沃若。（卫风·氓）（朱熹《诗集传》："沃若，润泽貌。"）

（40）睠言顾之，潸焉出涕。（小雅·大东）（毛传："睠：反顾也。潸焉：涕下貌。"）

（41）王赫斯怒，爰整其旅。（大雅·皇矣）（陈奂《诗毛氏传疏》："赫，盛怒之貌。斯，语词。"）

状态词"婉""惠""沃""睠""潸""赫"分别与其后附加成分构成"婉如""惠然""惠而""沃若""睠言""潸焉""赫斯"等充当句子成分。

2. 单音状态词与虚词的组配

《诗经》中，单音状态词的独立性差，不仅表现在需要构词性附加成分的配合，而且也表现在需要句法虚词来帮助足句和表状态。这也有两种情况：一是句尾虚词协助表状态；二是句首虚词协助表状态。

先看单音状态词＋句尾虚词。

协助单音状态词表状态的句尾虚词有"兮""矣""哉""止""与"五个。它们都是句末语气词。其中，"兮"的使用最多，分别协助过53个状态词表状态。例如：

（42）裳裳者华，其叶湑兮。（小雅·裳裳者华）（毛传："湑，盛貌。"）

（43）子之昌兮，俟我乎堂兮。（郑风·丰）（毛传："昌，盛壮貌。"）

（44）角枕粲兮，锦衾烂兮。（唐风·葛生）（朱熹《诗集传》："粲、烂，华美鲜明之貌。"）

（45）容兮遂兮，垂带悸兮。（卫风·芄兰）（朱熹《诗集传》："悸，带下垂之貌。"）

状态词"㵒""昌""粲""烂""悸"在表状态时，借助语气词"兮"足句。

其次，语气词"矣"协助 7 个状态词表状态。例如：

（46）鸟乃去矣，后稷呱矣。（大雅·生民）（毛传："后稷呱呱然而泣。"）

（47）何彼襛矣？华如桃李。（召南·何彼襛矣）（朱熹《诗集传》："襛，盛，犹曰戎戎也。"）

状态词"呱"、"襛"借助于语气词"矣"足句。

语气语"哉""止""与"与单音状态词的组配不多，它们已搭配的单音状态词数目分别是："哉"4 个、"止"2 个、"与"2 个。例：

（48）永言孝思，昭哉嗣服。（大雅·下武）（朱熹《诗集传》："明哉其嗣先生之事也。"）

（49）卉木萋止，女心悲止。（小雅·杕杜）（陈奂《诗毛氏传疏》："萋，犹萋萋也。"）

（50）猗与那与！置我鞉鼓。（商颂·那）（马瑞辰《毛诗传笺通释》："按猗、那二字叠韵，皆美盛之貌。"）

状态词"昭""萋""猗""那"在表状态时借助于语气语"哉""止""与"足句。

再看句首虚词 + 单音状态词。

在句首协助单音状态词表状态且足句为四字格的只有句首叹词"於（wū）"，共配合 6 个状态词足句并表状态。例：

（51）於粲洒扫，陈馈八簋。（小雅·伐木）（朱熹《诗集传》："於，叹辞。粲，鲜明貌。"）

（52）於皇武王！无竞维烈。（周颂·武）（朱熹《诗集传》："於，叹辞。皇，大。"）

（53）王在灵沼，於牣鱼跃。（大雅·灵台）（毛传："牣，满也。"）

（54）於铄王师，遵养时晦。（周颂·酌）（毛传："铄，美。"）

状态词"粲""皇""牣""铄"在句首叹词"於"的协助下表状态。

3. 单音状态词的重叠

《诗经》中，单音状态词的独立性差，不仅表现在它充当句子成分时需要附加成分和虚词的协助，而且还表现在许多单音状态词需要重叠使用，以增强其描状性。《诗经》217 个单音状态词中，有 48 个单音状态词有相应的重叠形式。例如：

（55）A. 北风其喈，雨雪其霏。（邶风·北风）（朱熹《诗集传》："霏，雨雪分散之状。"）

B. 今我来思，雨雪霏霏。（小雅·采薇）

（56）A. 依彼平林，有集维鷮。（小雅·车辖）（毛传："依，茂木貌。"）

B. 昔我往矣，杨柳依依。（小雅·采薇）

（57）A. 嘤其鸣矣，求其友声。（小雅·伐木）（向熹《诗经词典》："嘤，鸟叫声。"）

B. 伐木丁丁，鸟鸣嘤嘤。（小雅·伐木）

（58）A. 不我以归，忧心有忡。（邶风·击鼓）

B. 未见君子，忧心忡忡。（召南·草虫）

上述四例中，"其霏"与"霏霏"、"依彼"与"依依"、"嘤其"与"嘤嘤"、"有忡"与"忡忡"，它们表状态的意义完全相同（王显，1956）。

4. 单音状态词的独用

通过分析，我们发现：《诗经》中的单音状态词既没有附加成分的组配，又没有虚词的协助，还不用重叠，自己能单独充当句子成分的只有 9 个，那就是"偲""鬈""俨""佶""薖""傩""摎""彤""扬"。例：

（59）卢重鋂，其人美且偲。（齐风·卢令）（朱熹《诗集传》："偲，多须之貌。"）

（60）卢重环，其人美且鬈。（齐风·卢令）（朱熹《诗集传》："鬈，鬓鬈好貌。"）

（61）有美一人，硕大且俨。（陈风·泽陂）（毛传："俨，矜庄貌。"）

（62）四牡既佶，既佶且闲。（小雅·六月）（朱熹《诗集传》："佶，壮健貌。"）

（63）考槃在阿，硕人之薖。（卫风·考槃）（毛传："薖，宽大貌。"）

（64）巧笑之瑳，佩玉之傩。（卫风·竹竿）（严粲诗缉："傩，腰身袅傩也。"）

（65）南有樛木，葛藟累之。（周南·樛木）（毛传："木下曲曰樛。"）

（66）彤弓弨兮，受言藏之。（小雅·彤弓）（毛传："彤弓，朱弓也。"）

（67）扬之水，不流束薪。（王风·扬之水）（朱熹《诗集传》："扬，悠扬，水缓流之貌。"）

其中，"偲""鬑""俨""佶""薾""傩"在句中作谓语，"樛""彤""扬"在句中做定语。

从以上的论述可以看出，《诗经》中的单音状态词在使用中独立性相当差，比较受限制，一般都需要附加成分和虚词的配合，或重叠后才能自由运用。

有的状态词既可以带附加成分，又可以与虚词配合，还可以重叠。如状态词"皇"。例：

（68）有皇上帝，伊谁云憎？（小雅·正月）

（69）朱芾斯皇，室家君王。（小雅·斯干）

（70）思皇多士，生此王国。（大雅·文王）

（71）皇矣上帝，临下有赫。（大雅·皇矣）

（72）於皇武王！无竞维烈。（周颂·武）

（73）皇皇后帝，皇祖后稷。（鲁颂·閟宫）

以上例句中，"有皇"的"有"、"斯皇"的"斯"、"思皇"的"思"是附加成分；"皇矣"的"矣"、"於皇"的"於"是虚词；"皇皇"是"皇"的重叠形式。

（二）《诗经》单音状态词的语法功能

《诗经》中的音单状态词在附加成分和虚词的协助下，主要做句子的谓语、定语和状语。

1. 单音状态语做谓语

《诗经》中，单音状态词的主要功能是做谓语。例：

（74）笾豆有践，兄弟无远。（小雅·伐木）（郑笺："践，陈列貌。"）

（75）静女其娈，贻我彤管。（邶风·静女）（朱熹《诗集传》："娈，好貌。"）

（76）野有蔓草，零露漙兮。（郑风·野有蔓草）（朱熹《诗集传》：

"溥，露多貌。"）

（77）桃之夭夭，有蕡其实。（周南·桃夭）（毛传："蕡，实貌。"）

上述各例中的"有践""有变""溥兮""有蕡"分别充当句子的谓语。例（77）中"有蕡其实"应是"其实有蕡"的倒装，所以尽管"有蕡"在句子的前部，也是倒装的谓语。《诗经》中这类句式共出现34例。

2. 单音状态词作定语

《诗经》中，单音状态词除做谓语外，第二大功能是做定语。例：

（78）有杕之杜，其叶湑湑。（唐风·杕杜）（毛传："杕，特貌。"）

（79）嘒彼小星，三五在东。（召南·小星）（毛传："嘒，微貌。"）

（80）殷其雷，在南山之阳。（召南·殷其雷）（毛传："殷，雷声也。"）

（81）彼姝者子，何以畀之？（鄘风·干旄）（毛传："姝，顺貌。"）

上述各例中的"有杕""嘒彼""殷其""姝"分别充当句子的定语。

3. 单音状态词做状语

（82）骍骍角弓，翩其反矣。（小雅·角弓）（朱熹《诗集传》："翩，反貌。"）

（83）好人提提，宛然左辟。（魏风·葛屦）（毛传："宛然，避貌。"）

（84）敦彼独宿，亦在车下。（豳风·东山）（郑笺："敦敦然独宿于车下。"）

（85）武王载旆，有虔秉钺。（商颂·长发）（马瑞辰《毛诗传笺通释》："有虔，正形容强武之貌。"）

上述各例中的"翩其""宛然""敦彼""有虔"分别充当句子的状语。在做状语的构式中，以"X其"格式为最多。单音状态词在其他成分的配合下做状语共47例，而"X其"构式做状语就有23例。其次，"单音状态词+然（如、若、而、焉）"构式大多做状语。

《诗经》中的217个单音状态词，共使用440次。其中，单音状态词做谓语的有270例，做定语的有123例，做状语的有47例。

四　《诗经》单音状态词的语义特征

刘丹青（1991）曾把状态词的语义概括为四种语义特点：整合性，

区别于形容词的分析性；形象性，区别于形容词的抽象性；模糊性，区别于形容词的确定性；顿悟性，区别于形容的理喻性。这一概括应是比较全面的。在此基础上，笔者认为，状态词的最主要特点是它的形象性，其他的特点都由此而衍生。针对《诗经》单音状态词，我们发现其形象性有两大特点：一是状态的具体性；二是状态的多样性。

（一）状态的具体性

状态词实际上包括拟声词、状态动词和状态形象词三类。从古至今，拟声词所模拟的声音都是具体而特定的，如"喔"模拟公鸡的叫声；"哞"模拟牛叫；因此拟声词是状态词的典型成员。《诗经》中，如前文的例（1）至例（4），"坎"只模拟鼓声；"殷"（yǐn）只模拟雷声；"嘅"只模拟叹气声；"鷕"只模拟野鸡叫声。这些词所描摹的对象非常具体，都是特定的声音。这体现了状态的具体性。

状态动词与一般动词的区别也在于它描摹对象的具体性。如一般动词"飞"可以表现人、动物、物体等各种事物的飞的行为，但状态词"翩""鴥""振"却只用来描摹鸟类飞翔的状态。例如：

（86）翩彼飞鸮，集于泮林。（鲁颂·泮水）（毛传："翩，飞貌。"）

（87）鴥彼晨风，郁彼北林。（秦风·晨风）（毛传："鴥，疾飞貌。晨风，鹯也。"）

（88）振鹭于飞，于彼西雍。（周颂·振鹭）（朱熹《诗集传》："振，群飞貌。"）

而且，这三类飞的状态还各不相同，一个是"飞貌"，一个是"疾飞貌"，另一个是"群飞貌"。因此，这三个词并不在于表达"飞"这一行为，而在于描摹"飞"的各种不同状态。这种状态非常具体，非常个别。这也体现了状态的具体性。

《诗经》中的单音状态形容词，不但与现代汉语的性质形容词不同，而且也与现代汉语的状态形容词不同，其描摹的对象一般很具体。如现代汉语里，"长"用来形容各种具有长的属性的人和事物，"长长的"用来描写各种长的状态。但在《诗经》中，形容人身材修长用"颀"，形容狐狸尾巴长用"芃"，形容鱼尾之长用"莘"，形容松树橡子之长用"梴"，形容枣木勺子之长用"捄"。例：

（89）猗嗟昌兮，颀而长兮。（齐风·猗嗟）（毛传："颀，长貌。"）

（90）有芃者狐，率彼幽草。（小雅·何草不黄）（朱熹《诗集传》："芃，尾长貌。"）

（91）鱼在在藻，有莘其尾。（小雅·鱼藻）（毛传："莘，长貌。"）

（92）松桷有梴，旅楹有闲。（商颂·殷武）（毛传："梴，长貌。"）

（93）有饛簋飧，有捄棘匕。（小雅·大东）（毛传："捄，长貌。"）

虽然历代注家对"颀""芃""莘""梴""捄"都用"长貌"释之，但它们所描写的对象却各不相同，且非常具体。

又如，现代汉语里，"大"可以形容各种大的状态。但在《诗经》中，形容人的嘴大用"哆"，形容鱼的头大用"颁"，形容马的头大用"颙"，形容松子橡子大用"鸟"，形容衣服大用"蓆"。例：

（94）哆兮侈兮，成是南箕。（小雅·巷伯）（毛传："哆，大貌"）

（95）鱼在在藻，有颁其首。（小雅·鱼藻）（毛传："颁，大首貌"）

（96）四牡修广，其大有颙。（小雅·六月）（毛传："颙，大貌。"）

（97）松桷有鸟，路寝孔硕。（鲁颂·閟宫）（毛传："鸟，大貌。"）

（98）缁衣之蓆兮，敝，予又改作兮。（郑风·缁衣）（毛传："蓆，大也。"）

虽然历代注家对"哆""颁""颙""鸟""蓆"都用"大貌"或"大"来解释，但它们描写的对象都很具体，都各不相同。

上述两例的情况还是体现了状态的具体性。

（二）状态的多样性

与状态的具体性相适应的是《诗经》中单音状态词所表状态的多样性，也就是说，一个单音状态词往往包含有两种状态。这是性质形容词属性的单一性所不可能做到的。如看到"颀"不仅想到修长的状态，也有人身体的鲜活状态在内，看到"颁"不仅想到大的状态，而且还包含了鱼头的样子。不仅如此，笔者还发现，《诗经》中的单音状态词有些还包含了多种状态。如"蓼"作为单音状态词，不仅包含了"蒿"类植物的形象，而且还包含了"长"和"高"两种状态。例：

（99）蓼彼萧斯，零露湑兮。（小雅·蓼萧）（毛传："蓼，长大貌。"）

"蓼彼萧斯"用今天的话说就是"长得长长高高的白蒿啊"。"蓼"

既表"长长"的状态，又表"高高"的状态，因此《毛传》以"长大貌"释之。

又如，"觉"作为状态词，不仅包含了"屋柱"的形象，也包含了"高"和"大"两种状态。例：

（100）殖殖其庭，有觉其楹。（小雅·斯干）（毛传："有觉：言高大也。"）

"有觉其楹"即"其楹有觉"，用今天的话说就是"楹柱又高又大"。"觉"除含有"屋柱"的形象外，既表"高高"的状态，又表"大大"的状态，因此《毛传》以"高大"释之。

有些单音状态词，古人有不同的解释，这恰好说明了他们各自发现了这个状态词不同方面的状态。如，"盼"。例：

（101）巧笑倩兮，美目盼兮！（卫风·硕人）

《毛传》释为："盼，白黑分。"马融释为："盼，目动貌。"这恰好说明"盼"不仅包含了眼睛的形象，也表现了"黑白分明"和"眼珠转动"两种状态。

又如单音状态词"倬"。例：

（102）倬彼云汉，为章于天。（大雅·棫朴）（毛传："倬，大也。"）

（103）倬彼昊天，宁不我矜？（大雅·桑柔）（郑笺："倬，明大貌。"）

同一个"倬"，《毛传》看到了它"大"的状态，《郑笺》却看到了它"广大"而又"明亮"的状态。这也说明："倬"不仅包含了"天空""银河"的形象，也包含了"大大的"和"亮亮的"两种状态。因此，马瑞辰《毛诗传笺通释》解释说："倬兼明、大二义。"

笔者还发现，古人常用一些模糊的术语去解释《诗经》中的单音状态词。如什么"盛貌""好貌""众貌"等用得较多。这也恰好说明，古人具体也说不清，这些词到底包含了哪些状态。举两个例子具体说明。例：

（104）桃之夭夭，有蕡其实。（周南·桃夭）（毛传："蕡，实貌。"）

（105）有杕之杜，有睆其实。（小雅·杕杜）（毛传："睆，实貌。"）

同样是水果，"桃子"的状态用"有蕡"描述，"棠梨果"的状态用"有睆"描述。仔细分析不难发现，它们其实有许多共同的状态：外形都是圆圆的；成熟后颜色都有青有红；味道都是甜甜的。它们具有这么多状态，我们怎么解释呢？古人无法，只好通通用一个"实貌"释之。两者都有些什么状态？都有多少种状态？说不清，你自己去感悟吧。既然有这么多共同的状态，为什么还要用不同的两个词"賁"和"睆"分别去形容呢？因为它们毕竟还存在不同的状态。

五　结语

文章对《诗经》单音状态词进行了具体分析，发现《诗经》单音状态词有模拟声音、模拟动作、模拟心理活动和模拟属性等四类。其中，模拟属性的单音状态词最多。《诗经》单音状态词的语法特征有二：一是结构上独立性太差；二是功能上主要做谓语，其次做定语和状语。《诗经》单音状态词的语义特征也表现在两个方面：一是状态的具体性；二是状态的多样性。

参考文献

［1］郭锐：《现代汉语词类研究》，商务印书馆 2002 年版。

［2］郭锡良：《先秦汉语名词、动词、形容词的发展》，《中国语文》2000 年第 3 期。

［3］蔺璜：《状态形容词及其主要特征》，《语文研究》2002 年第 2 期。

［4］刘丹青：《从状态词看东方式思维》，《东方文化》第 1 集，东南大学出版社 1991 年版。

［5］宋亚云：《上古汉语性质形容词的词类地位及其鉴别标准》，《中国语文》2009 年第 1 期。

［6］王显：《诗经中跟重言作用相当的有字式、其字式、斯字式和思字式》，《语言研究》1956 年第 1 期。

［7］向熹：《诗经词典》，四川人民出版社 1986 年版。

［8］向熹：《诗经语言研究》，四川人民出版社 1987 年版。

［9］向熹：《诗经译注》，高等教育出版社 2009 年版。

［10］杨建国：《先秦汉语的状态形容词》，《中国语文》1979 年第 6 期。

［11］张国宪：《现代汉语形容词功能与认知研究》，商务印书馆 2006 年版。

［12］张国宪：《状态形容词的界定和语法特征描述》，《语言科学》2007 年第

1 期。

　　[13] 赵金铭：《〈诗经〉中的形容词研究》，载程湘清主编《先秦汉语研究》，山东教育出版社 1982 年版。

　　　　　　　　　　　　　　　　　　　　原载《中国语言学》第 9 辑
　　该文研究获国家社科基金项目"汉语形容词的历时演变"
（09BYY051）的资助

元代结构助词"的"研究

现代汉语的结构助词"的"，朱德熙先生已有精辟的论述。[①] 对历史上的结构助词"的"的使用情况，太田辰夫先生已有所注意。[②] 本文试图描写一下元代结构助词"的"的使用情况。

"的"在宋代已见用例。我们从《河南程氏遗书》和《河南程氏外书》中共发现3例。例：

（1）学是至广大的事，岂可以迫切之心为之？（遗书·卷十八）

（2）然而气体日渐长大，长的自长，减的自减，自不相干也。（遗书·卷十八）

（3）崇的便是知，卑的便是礼。（外书·卷八）

看来，宋代"的"的用法与"底"相同。

元代，结构助词"的"大量出现，而且用法也极其复杂。

从语音上说，"的""底""地""得"中古本不同音。"的"是《广韵》锡韵端母（都历切）字，"底"是荠韵端母（都礼切）字，"地"是至韵定母（徒四切）字，"得"是德韵端母（多则切）字。近代入声消失，浊音清化，它们变得音同或音近了。《中原音韵》都归齐微韵母。因此，从语法上说，"的"在元代有条件继承"底、地、得"的用法。

我们对元代的《元曲选》《元曲选外编》《宋元平话》《元朝秘史》

---

① 朱德熙先生写过三篇关于现代汉语结构助词"的"的文章：《说"的"》《关于〈说"的"〉》《北京话、广州话、文水话和福州话里的"的"字》。

② 太田辰夫先生认为"'的'这个字开始使用是在元代"，并把"的"用法归为七类。

《元代白话碑集录》《大元圣政国朝典章》① 等几种白话材料进行了全面的调查，同时参阅了唐代的《敦煌变文集》、五代的《祖堂集》、宋代的《朱子语类》《河南程氏遗书》《河南程氏外书》等几种文献，发现元代结构助词 "的" 继承并发展了唐宋 "底、地" 的用法，拥有 "得" 的用法，而且也产生了自己的一些特殊用法。

现按照结构助词 "的" 用法的来源分述如下。

一　继承 "底" 用法的 "的"

（一）结构上，"的" 像唐宋 "底" 一样②，可与名词及名词性词组、动词及动词性词组、形容词及形容同性词组、数词及数量词组、代词、拟声词等组合，也可与主谓、动宾、动补、兼语、连动、并列、偏正等短语和引语组合。例：

（4）哥哥的家门，不是一跳身。（外编 P81）

（5）住的是小窗茅屋疏篱，吃的是粗羹淡黄虀，穿的是破帽歪靴布衣。（外编 P362）

（6）您是谁家小的？（平话 P720）

（7）你两三遍的言语，只是这般说呵，意思里如何？（秘史·卷一 P21）

（8）也不知甚的秋，甚的春，甚的汉，甚的秦。（选 P778）

（9）猛听得角门儿呀的一声，风过处花香细生。（外编 P267）

（10）俺省得的不说的后道大勾当里有窒碍呵，怕有监察廉访司耳目，一般委付着有。（典章六·台纲二·体察）

（11）今天下之势，归朱温的十之八九。（平话 P73）

---

① 所用文献版本说明：

（明）臧晋叔编：《元曲选》，中华书局 1958 年版，简称 "选"。

隋树森编：《元曲选外编》，中华书局 1980 年版，简称 "外编"。

《宋元千话集》上海古籍出版社 1990 年版，简称 "平话"。

《元朝秘史》，四部丛刊本，简称 "秘史"。

蔡美彪：《元代白话碑集录》，科学出版社 1955 年版，简称 "碑"。

《大元圣政国朝典章》，台湾 "国立故宫博物院" 1986 年影印元本，简称 "典章"。

② 参见祝敏彻《〈朱子语类〉中 "地"、"底" 的语法作用》，《中国语文》1982 年第 3 期。

（12）害不了的愁怀，却才觉些。（外编 P308）

（13）若要你的呵，与你做伴来的济甚事？（秘史·卷二 P34）

（14）自古母后临朝，那曾见有如圣母手书还政的，可做万世法则。（平话 P278）

（15）你这糟短命、跳跳死的，有几文钱喝了酒。（外编 P130）

（16）今后得问的问，不得问的休胡说。（外编 P265）

（17）你道不敢谤讪，且说这"留下绞绡当宿钱"的词是谁做来？（平话 P321）

看来，表修饰、限制的"底"在结构上宋代就已很成熟了，所以，元代"的"只是继承了它的这些特点，并没有再发展。

（二）功能上，"的"字结构也像唐宋"底"字结构一样，主要用做定语，也可以做主语、宾语。例：

（18）赵德钧父子，久有歹心，不是个有信义的人。（平话 P137）

（19）许下我的休忘了。（外编 P83）

（20）将那人的儿子，换去家里做使唤的了。（秘史·卷一 P11）

这种"的"字结构做定语时也可以后置。例：

（21）英雄图大事的，不顾小怨。（平话 P73）

（22）论谋策呵，我不让张子房佐汉的有计画。（选 P815）

这些后置的"的"字结构，"的"前面的成分都是动宾结构，其动词与前置的中心词有主谓关系。

1. 同时，元代"的"字结构还可以做兼语、招呼语，甚至独立成句。例：

（23）我前时见张占说道，有个朱三的雄勇过人，正要与弟兄同来萧县里相探。（平话 P38）

（24）报登科记的，与你三两银子，你去罢。（外编 P93）

（25）（包待制云）这个小的呢？〔正旦云〕是我第三的孩儿。（选 P637）

2. "的"字结构不仅可以像唐宋"底"字结构一样做表语，而且此种"的"正逐步向语气助词发展。例：

（26）咱有桑门剑一口，是天赐黄巢的。（平话 P31）

（27）他说是寻衣食的。（秘史·卷九 P18）

（28）俺那侄儿，是三岁离家的。（选 P433）

（29）都是他自犯出来罪过，须不是王枢密屈陷他的。（选 P612）

例（26）、例（27）两例是 "的" 字结构做表语， "的" 字之后可加进中心词 "剑" 和 "人"。例（28）、例（29）两例中， "是" 与 "的" 字结构在于陈述事实，主要不是表判断。 "的" 前面的成分谓词性加强了， "是" 的判断性也减弱了。 "是" 与 "的" 的关系有松散的趋势。

有的 "是" 与 "的" 离得更远， "是" 在上句， "的" 在下句，有脱离趋势。如：

（30）是瞒着众将，私自回来的。（选 P603）

（31）这也不是我的主意，就是你的岳翁岳母，欠了我四十石粮食，将他女儿转卖与我的。（选 P555）

还有的 "的" 处于句末，已没有 "是" 字可呼应，但文意中可以加上。例：

（32）你道黄金这般好用的？（选 P552）

（33）小贱人，这东西那里将来的！（外编 P289）

有的根本不能加 "是" 了，但句中主要谓语动词必须是 "非动作动词"，如 "似" 和 "没" 等，句末才出现 "的"。例：

（34）呀，这弟子孩儿可去了，我恰似见鬼的。（选 P673）

（35）虽然如此，好歹岂没个赢没个输的？（选 P740）

例（28）至例（35）中的 "的"，在 "是" "没" "似" 等非动作动词和其前面谓词性结构的双重作用下，功能弱化，由跟于表语发展到跟于句子，由结构助词变成了语气助词。

总之，元代继承 "底" 用法的 "的"，结构上继承了 "底" 的用法；功能上除继承 "底" 的用法外，还可做兼语、招呼语，甚至独立成句；附着在表语之后的 "的"，部分已发展成为语气助词。

二　继承 "地" 用法的 "的"

唐宋 "底" 与 "地" 的用法总的来说是有区别的， "底" 的作用 "在于区别属性"，而 "地" 的作用 "在于描写情态"。（转引自吕叔湘，1984：125—126）虽然五代文献中， "底" 也可以描写情态（例： "丹霞山在什摩处？" 师指山曰： "青青黯黯底是。" 《祖堂集》卷四），但宋代描写情态的都用 "地"。因此，我们把元代做状语和描写情态的"的"都归于继承"地"用法的一类。

（一）结构上，此类"的"继承唐宋"地"的用法，能与副词、形容词、动词组合。形容词的重叠形式有"AA""ABB""AABB"三式；动词也是与人的行为有关的"坐""立""站"几个，而且此"的"只跟着于谓语动词后表行为状态，相当于"着"。例：

（36）这厮故意的来捏舌，待诈骗咱的家私哩。（选 P430）

（37）高高的捧着玉厄，伏伏的跪在阶址。（选 P471）

（38）这些时没人来，手头匾短，终日家闲邀邀的闷坐。（选 P517）

（39）时遇冬暮天气，纷纷扬扬的下着这般大雪。（外编 P424）

（40）我请你个玄德公安然坐的。（外编 P727）

同时，元代这种"的"前面的形容词已出现了新的结构形式，并可以是形容词性的词组；除"坐""立""站"以外的一般动词和动词性结构也能带"的"，并出现在状语的位置上。

1. 形容词的重叠形式可以带"儿"尾，再加"的"。例：

（41）《刘末云》这小的是一对好眼。（俊俏眼云）我颇颇儿的。（外编 P844）

（42）分的平平儿的也。（选 P455）

形容词性的词组带"的"。例：

（43）俺偌远的走这一遭，是要嚷要喫。（外编 P445）

（44）你快着的改姓，我就要回阿妈的话去也。（外编 P47）

2. 一般动词带"的"做状语。例：

（45）我和他爱的做，和你那锦片也似秦川做不的主。（外编 P176）

（46）哥不须我叮咛的向你行说一派。（选 P467）

动词的重叠形式（"VV"、"V不V"）带"的"做状语。例：

（47）孩儿也，我这病看看的好将起来了也。（外编 P442）

（48）哦，可知你动不动的就要破头。（选 P835）

动词性结构带"的"做状语。例：

（49）丞相道将咱来不住的赶。（外编 P548）

（50）你两个放心的去。（选 P34）

（51）敬瑭在旷野中将那羊群随他大小的排做两阵。（平话 P121）

例（49）为偏正词组，例（50）、例（51）为动宾词组。

3. 可能受"形容词（重叠形式）＋地"做描写性谓语的影响，一些具有并列关系的四字格也能带"的"做描写性谓语。例：

（52）门外怎生大呼小叫的？（选 P668）

（53）你家父子都这等没仁没义的。（选 P525）

这种结构带"的"也能处于状语位置。例：

（54）你不替我展江山夺社稷，到来比张比李的说我。（外编 P594）

4. 可能受"副词＋地"结构的影响，元代"的"还能与连词组合。例：

（55）倘或的驱兵追赶，兀那一片长江，何处奔逃？（选 P1313）

（56）他呵，既然的便肯，就准认了俺父亲。（选 P524）

（二）功能上，唐宋"地"字结构主要用作状语，也可以做谓语、定语、补语、表语。元代"的"字结构基本上保留了这些用法，但做表语的用法已不存在了。

1. "的"字结构做状语。

副词、形容词及形容词性词组、动词及动词性词组、四字格结构都能带"的"做状语。例：

（57）这便的是我犯由。（选 P743）

（58）我拜辞了舞榭歌台，赤紧的还不彻宿生冤债。（选 P483）

（59）我这几日身子不快，怎么连不连的眼跳？（选 P546）

（60）待着我折腰屈脊的将诗卖，怕不待要寻故友访吾侪。（外编 P19）

2. "的"字结构做谓语。

"的"接在"AA""ABB""AABB"式重叠形容词和四字格结构之后做描写性谓语。例：

（61）你说不曾，可怎么湿湿的？（选 P62）

（62）你这等瘦巴巴的，则怕你近不的他也。（外编 P798）

（63）若是孩儿得了官呵，俺家里妻财子禄都完完全全的也。（外编 P830）

（64）我这般东倒西歪，前合后偃的。（选 P619）

3. "的"字结构做补语。

"的"与"AA""ABB""AABB"式形容词组合，做描写性补语，一般表情状。例：

（65）姐姐情思不快，我将被儿薰得香香的，睡些儿。（外编 P272）

（66）乌纱帽擦得光挣挣的。（外编 P277）

（67）打扮得整整齐齐的，则等做女婿。（外编 P321）

"得"与"的"字结构之间，可出现施动者，例：

（68）哎哟，你那钵盂般大的拳头，飕飕的打得我那碎屁儿支支的，可不打杀了我。（选 P650）

4. "的"字结构做描写性定语。

继承"地"字结构的"的"字结构做定语，与继承"底"字结构的"的"字结构做定语是有区别的。前者做描写性定语，后者做区别性定语。而且，前者只能是"AA 的""ABB 的""AABB 的"结构形式的形容词。例：

（69）到于山中，摘了这满满的一篮桑椹子。（外编 P441）

（70）也是俺杀人多一还一报，折倒的黄甘甘的容颜，白丝丝地鬓脚。（外编 P339）

（71）从今后衫儿袖儿都揾做重重叠叠的泪。（外编 P304）

看来，元代继承"地"字用法的"的"，功能上没有什么发展，而且还有萎缩的趋势；但是，结构上比唐宋要复杂得多。

三 "的"通"得"

"得"在元代因与"的"读音相同，书面上可写作"的"。我们从它的结构和意义两方面说说它在元代的使用情况。

（一）此类"的"字处于动词和宾语、补语之间，有如下几种格式：

V 的 OV 的 CV 的 A

V 的 OCV 的 COV 的 OA

VO 的 CVC 的 O

例：

（72）你开的弓蹬的弩么？（编 P872）

（73）你有一条拐，我拿将来你拄着，你便行的动。（选 P504）

（74）这雪越下的大了也。（外编 P22）

（75）那先生刚打的卦下，便叫道怪哉怪哉。（选 P1389）

（76）学士怎生瞒的过我？（选 P530）

（77）柳翠也，你问的我是。（选P1342）

（78）今日个您嫂嫂是还礼的迟。（选P558）

（79）这里是那里，你就敢阻住的我那？（选P19）

元代还产生了"V的—V"的新格式。例：

（80）那孙家里摆的好席面，只是我刘封没造化，单只看的一看。（选P1318）

（81）那拳头刚擦的一擦，便一个脚稍天哩。（选P647）

1. 这种"的"之后，往往紧接着意义较虚的"这""个""来"，起衬托音节的作用。例：

（82）则你那事到头来，怎出的这无常勾？（选P1344）

（83）谁想到刘天瑞夫妇双亡，死的个不着坟墓。（选P431）

（84）他笑咱唱的来不依腔，舞的来煞颠狂。（外编P448）

"的来"中间可加进补语的施动者。例：

（85）我听说罢着我醒如醉，可便唬的我来心似呆。（选P468）

（86）我如今空盖下他这般画堂锦屋，眼前面折罚的咱来灭门波绝户。（外编P818）

2. 这类"的"的谓语可以是动词、形容词或词组。例：

（87）我这官不为那武艺上得的，为我唱得好，弹得好，舞的好。（选P901）

（88）雪大的紧，着哥哥久等也。（选P860）

（89）他好生的乖觉，但是他姐姐书中之意，未解呵他先解了，那更吟咏写染的都好。（选P1146）

3. 此"的"不仅可带单宾语，还可带双宾语。例：

（90）不满一月，招的义军三千五百。（平话P758）

不仅可带体词性宾语，还可以带谓词性宾语，而且谓词性宾语形式多样化，有主谓，动宾、状中、连动、子句等多种结构形式。例：

（91）我直打的你认的我便罢。（选P673）

（92）将骨殖儿亲担的还乡，故走了些偌远程途。（选P430）

（93）准备着明日，向君王行主意的紧支持，刁蹬的厮央及。（外编P374）

（94）想要擒拿成公，又被相如救的无事还国。（外编P177）

（95）我偌大家私，无人承受，烦恼的我眼也昏了，耳也聋了。（选

P428）

4. 此"的"可带结果、情状、程度补语。例：

（96）合赤兀的子名巴鲁剌台，因他生的身子大，吃茶饭猛的上头，就做了巴鲁剌思姓氏。（秘史·卷一 P28）

（97）厮杀不到两三合，脱的赤条条的。（外编 P491）

（98）八月风，腊月雪，冻的要不的。（选 P1336）

（二）此类"的"从意义上说本有表"可能"和表"结果"两种语法意义。例：

（99）如何招安的刘备？（平话 P768）

（100）先主听的，忽然倒地，气杀数番。（平话 P863）

例（99）中，"的"表可能，即"能不能"招安；例（100）中，"的"表"结果"，即"听"的"结果"是"听到了"。

元代，表结果的"的"，意义呈模糊状态，似乎可以理解为"到""着""了"的意思。例：

（101）我若打听的俺哥哥兄弟信息，我便寻去。（外编 P755）

（102）拜辞了草舍茅菴，受用的兰堂画阁。（外编 P522）

（103）天子出的师师门，相别了，投西而去了。（干话 P313）

例（101）相当于"到"，例（102）相当于"着"，例（103）相当于"了"。

表结果意义的"的"，不仅意义模糊，功能也弱化了，可按在非动作动词之后，例：

（104）料着这一片青旗，能有的几日秋光！（选 P615）

甚至，可接于介词之后。例：

（105）我若还更几番家厮併，他比的十恶罪尚尤轻。（外编 P347）

例（105），一方面显示了"的"的虚化过程，另一方面也显示了介词的虚化过程。

四 "的"的特殊用法

元代，"的"除了继承"底""地"的用法和拥有"得"的用法外，还产生了自己的特殊用法。

第一，表同位关系。

有些语言形式，从结构上说有同位关系，从意义上说有复指关系。但"的"能用在其中。例：

（106）且说梁、唐、晋、汉、周的五代，共得五十六年，大都有十二代人君。（平话 P222）

（107）李骧腐儒，离间咱的父子。（平话 P208）

（108）我这几日，告天地，愿他的子母每早些儿欢会。（选 P547）

（109）争奈荒疏的去处，却也不堪你的儒生居住。（外编 P951）

从上下文看，"父子"即"咱"，"子母"即"他"，"儒生"即"你"。

第二，表并列关系。

有少数"的"用在具有并列关系的名词性结构、动词性结构、形容词性结构之间表并列关系。还有的"的"用在名词或形容词之中，也像衬音字。例：

（110）俺哥哥三朝的五日，可便忍饿耽饥。（选 P700）

（111）我问他今擘两分星，说一段从头的至尾。（选 P658）

这种"的"有时可紧接意义较虚的"这"，构成"的这"形式。例：

（112）齐臻臻银屏也那绣褥，韵悠悠凤管的这鸾箫。（选 P1313）

（113）世不曾闲闲暇暇，常则是结结的这巴巴。（选 P1390）

（114）尽强如俺入龙华会，兀的不辱没杀释迦的这牟尼？（选 P1243）

例（113）、例（114）两例中，"的这"用在重叠式形容词和人名之中，明显起衬音作用。

第三，表主谓关系。

元代，"的"可用在句子的主语和谓语之间，但不属于主语，不是"的"字结构做主语。其前的主语是句子形式，其后的谓语是形容词。功能上有点像上古汉语中，取消句子独立性的结构助词"之"，但位置上并不处于形式主谓之间，而是处于其后。例：

（115）端的教我顾谁的是？（选 P790）

（116）依着我，你两个休去，则不如做庄农的好。（选 P436）

第四，表动宾关系。

元代，"的"可用在句子的谓语和宾语之间，但与通"得"的"V 的 O"式又不一样。因例句少，情况不明，还有待进一步研究。现举例如下：

（117）既是这等起的病，你如今只不要气，慢慢的将养。（元曲·冤家债主·二折）

（118）你阿妈好生的怪着的你。（外编 P50）

（119）凭着我这捉将手，挟人惯，两条臂有似的这栏关。（外编 P477）

第五，"的这（刀口）""的个""有的"的出现。

元曲中表限制、所属关系的"的"，往往用"的这（那）"或"的个"表示。例：

（120）也枉了俺半生元敌，十大的这边功。（选 P828）

（121）老封是刘荣祖的那浑家。（外编 P914）

（122）自家是的俞循礼家中的个院公。（选 P466）

此处的"这""那"，其指代意义很虚，"个"的称量意义也很弱。

元代直译公牍文中，往往用"有的"表示所属关系。例：

（123）这平阳府有的尧庙、后土庙、禹王庙里住持的姜真人、替头里董真人交先生每根底为头儿祈福者。（碑 P25）

（124）汴梁路许州有的天宝宫里住持的明真广德大师、提点王清贵为头先生每根底，执把行的圣旨与了也。（碑 P80）

第六，"的"用在指代词与量词及词尾"每""们"之间。

（125）这的本文字金长老收执，无得为与这文字上，收拾停藏说谎来历不明底人者。（碑 P13）

（126）这的每宫观里房舍里，使臣休安下者。（碑 P35）

（127）阿的们大烧饼，吃了六七个。（外编 P840）

第七，羡余的"的"。

元代，"的"不仅用得频繁而且似乎还用得多余。例：

（128）您是大唐皇帝的，他日做我的外孙，善保富贵，他时异日休得相忘。（平话 P122）

（129）兀那卖酒的，有酒的么？（外编 P857）

（130）辛哈恩（人名）的，为取了乐人做媳妇的上头，他性命落后了也。（典章十八·户部四·乐人婚）

（131）丈夫的失了尊卑，媳妇儿不贤慧。（选 P559）

以上四例中的"的"，据上下文看来，完全可以去掉，丝毫不影响文意。

总起来说，元代结构助词"的"因与"底""地""得"语音趋同，继承了"底""地"的用法，拥有"得"的用法，并从结构上发展了"地"的用法，功能上发展了"底"的用法。同时，还产生了表同位关系、并列关系、主谓关系、动宾关系等特殊用法。

参考文献

[1] 吕叔湘:《汉语语法论文集》，商务印书馆 1984 年版。

[2] 吕叔湘:《近代汉语指代词》，学林出版社 1985 年版。

[3] 太田辰夫:《中国语历史文法》，北京大学出版社 1987 年版。

[4] 祝敏彻:《〈朱子语类〉中"地"、"底"的语法作用》，《中国语文》1982 年第 3 期。

[5] 杨平:《"动词 + 得 + 宾语"结构的产生和发展》，《中国语文》1989 年第 2 期。

[6] 杨平:《带"得"的述补结构的产生和发展》，《古汉语研究》1990 年第 1 期。

原载《兵团教育与研究》1992 年第 2 期

元代几种白话文献中的陈述语气词

　　语气（Mood）在西洋语言中，是通过动词的屈折变化来表示的，而汉语的语气主要通过语气词来表示。（王力，1989：295）

　　语气词在句中或句末表示陈述、疑问、祈使、感叹、招呼、提顿、反诘、测度、假设、限止、论断、时体等不同语气。每个语气词都有它的基本用法，但在不同类型的句子中又能表示不同的语气。（向熹、经本植等，1988：114）本文从"陈述语气"范畴出发探讨元代白话中的主要表达陈述语气的语气词的用法，也注意个别语气词多种用法的研究。

　　本文选用了元代五种白话材料：元曲，包括《元刊杂剧三十种新校》（简称"元刊"）、《元曲选》（简称"选"）、《元曲选外编》（简称"外编"），《宋元平话集》（简称"平话"），《元朝秘史》（简称"秘史"），《元代白话碑集录》（简称"碑"），《大元圣政国朝典章》（简称"典章"）。① 从语言使用的时间来看，《宋元平话集》最早，是宋末至元代的作品，《元代白话碑集录》《元典章》与《元刊杂剧三十种新校》稍晚，是元代作品；《元曲选》《元曲选外编》和《元朝秘史》代表了元代，甚至元末明初的口头语言。所用材料涉及不同风格的各种口语。因材料浩繁，本文不进行定量分析，只进行断代的描写和定性分析。

---

　　① 所用材料版本说明：《元刊杂剧三十种新校》，宁希元校点，兰州大学出版社 1988 年版；《元曲选》，（明）臧晋叔，中华书局 1958 年版；《元曲选外编》，隋树森，中华书局 1980 年版；《宋元平话集》，上海古籍出版社 1990 年版；《元朝秘史》，四部丛刊本；《元代白话碑集录》，蔡美彪编，科学出版社 1955 年版；《大元圣政国朝典章》，台湾"国立故宫博物院" 1986 年影印元本。

通过调查，我们发现元代口语中主要表达陈述语气的语气词有"哩、着哩、有、来、有来、了、也、了也、罢了、便了、的"几个。它们的具体用法现分述如下。

一　哩、着哩

"哩"字大约产生在 13 世纪。"哩"的较早形式可能是"裏"。唐宋时代有个语气词"在裏"，原来当有几分实义（"裏"即"这裏，那裏"之"裏"）。唐人多言在，以在概"裏"；宋人多单言"裏"，以"裏"概在。传世宋元话本，率已作哩。（吕叔湘，1984：61—62）元代，"哩"有"里、裏、俚、理"几种写法，主要表陈述语气，带有夸张的色彩，这继承了唐宋以来的用法。如：

（1）二嫂休哭，哥哥只在裏。（平话 P800）

（2）不见俺母亲，我这里寻里。（外编 P8）

（3）呆汉，只怕你也做梦哩。（选 P1058）

"哩"除表陈述语气外，也兼表感叹语气。如：

（4）好也，你还在这里吃酒哩！（选 P49）

很明显，"哩"表感叹，语气不强。

元代，"哩"的一个重要发展是表疑问语气，有五种情况：

主要用在特指问句里。如：

（5）这早晚谁在门首裏？（选 P603）

（6）兄弟，你做甚么哩？（外编 P293）

用在是非问句里。如：

（7）孙龙曰："吾兄在裏？"（平话 P503）

用在选择问句里。如：

（8）嫂嫂，咱坟园到那未哩？（外编 P707）

不过，此处表选择问主要是"那"在起作用。

用于名词性结构之后，寻问处所及其他情况。如：

（9）老爷，你的拐儿哩？（外编 P613）

表示反诘语气。如：

（10）陈用你不说等甚么哩？（选 P453）

"哩"在表疑问语气时还可与疑问语气词"那""么"连用，甚至还

可与感叹语气词"也呵"连用,于句尾表疑问。如:

(11) 王秀才,你划的还算哩那?(外编 P810)

(12) 你莫不养着那先生哩么?(元刊·上 P133)

此外,个别的"哩"又用于句中,表停顿。如:

(13) 厮杀哩,说个狠,可不道无毒不丈夫。(外编 P490)

"着哩"是元代新出现的一个表陈述语气的语气词,用在形容词和一部分动词后面,从程度上表夸张。这可能是时体助词"着"在表状态和进行的同时虚化了,再与"哩"结合而形成的。

动词后带"着哩"的,如:

(14) 他两个同坐着哩,不知怎么新人不死,是小姑娘死了。(选 P1035)

(15) 孩儿放心,我牢记着哩。(选 P1037)

(16) 我有小曲唱着哩。(外编 P657)

很明显,例(15)、例(16)的"着哩"还兼表状态,例(16)的"着哩"还兼表进行。

形容词后带"着哩"的,如:

(17) 大姐,我钱多着哩。(外编 P786)

形容词之后的"着哩"表状态的意味就很不明显了。"着哩"已由跟在词或短语之后发展到跟于全句之后,主要表陈述语气。

二 有、来、有来

"有"、"来"、"有来"三个语气词用在句末表陈述语气,但同时表时体。因此,有的学者又把它们看成时体助词(余志鸿,1988);有的学者又把"来"看成事态助词。(刘坚等,1992:123)其中,"来"产生于初唐前后,"有"和"有来"出现于元代。

"有"是元代直译公牍文中,受蒙古语影响而出现的特殊语气词。它用在句末,从汉语的使用规律上看是表陈述语气,同时陈述一种"非过去"时体。(余志鸿,1988)如:

(18) 如今他撰集来的文字,都是禅宗里紧要的言语有。(碑 P108)

(19) 如今盐多是官豪势要之家买有。(典章二十二·户部八·洞冶)

　　"有来"也是元代直译公牍文中受蒙古语影响而出现的特殊语气词。它是"有"与"来"功能的结合，同时用法与"有""来"有别。它用在句末，表陈述语气，陈述一种"过去未完成"时体。（余志鸿，1988）如：

　　（20）"和尚、也里可温、先生，不拣甚么差发休教当，告天祝寿者。"么道，说有来。（碑 P89）

　　（21）你当初在迭里温索答合地面生时，我与了你一个貂鼠里儿袄有来。（秘史·卷二 P42）

　　"来"，王力先生认为"来"表短过去貌。（王力，1982：156）刘坚先生等认为"来"的语法意义，在于指明一个事件，一个过程是曾经发生过的，是过去完成了的。（刘坚等，1992：123）可是，我们从元代实际运用中看到："来"表陈述语气，可以陈述过去、现在和将来的事件，不一定受过去时的限制。如：

　　（22）去年四月间，赵良嗣曾许来。（平话 P339）

　　（23）臣等三人每，曾与国家出气力来。（外编 P411）

　　以上例句中，"来"陈述的是曾经发生某事，相当于现代汉语"来着"。（吕叔湘，1984：311）与"来着"不同的是句中动词可带"了"，全句也可以是否定句。如：

　　（24）我自那里想着你父古温豁阿，对你言语曾说了来。（秘史·卷八 P40）

　　（25）莫说咱不曾道来。（平话 P236）

　　"来"陈述正在进行某事的，如：

　　（26）众达达百姓，合不皇帝管着来。（秘史·卷一 P32）

　　（27）因此上来到这荒郊野外，丢我这孩儿来。（外编 P112）

　　"来"陈述即将进行某事时，兼表祈使语气，不仅用"来"，而且多用"去来"。如：

　　（28）咱过去见阿妈去来。（外编 P44）

　　（29）请我王同去上城看水去来。（平话 P237）

　　由此可见，"来"表陈述语气的功能是主要的，至于是否只表示过去时体倒不一定。表陈述语气的"来"也写作"俫"。如：

　　（30）呀，这一会儿不听的言语俫。（选 P870）

　　"来"除表陈述语气外，还兼表祈使、疑问语气。如：

（31）刘天祥开门来，开门来。（选 P430）

（32）你那里见刘安住来？（选 P429）

例（31）表祈使语气，例（32）表疑问语气。

"来"除用在句末外，还可用于句中表招呼语气，也写作"俫"。如：

（33）刘家女俫，嗏家里虽无那细米呵，你觑去者波。（选 P866）

三　了、也、了也、便了、罢了

（一）了、便了、罢了

宋代，"了"的词汇意义已完全虚化，出现了"V＋了＋O＋了""是＋O＋了"等格式（木霁弘，1986），表明时体助词"了"和语气词"了"都已产生。元代，句末语气词"了"完全成熟起来，常和表祈使语气的"者""着"，表陈述语气的"有""来""有来"等连用。如：

（34）若离了时，便将他性命断了者。（秘史·卷四 P23）

（35）将这等人，并他子孙典刑了着。（秘史·卷八 P16）

（36）定拟了有。（碑 P82）

（37）我不知为甚么，见这好伴当艰难着来，便与他做伴去了来。（秘史·卷二 P36）

（38）大崇国寺空明圆澄大师选公，释教都统名分里委付了有来。（碑 P98）

自然，陈述语气词"了"单用的情况也大量存在。如：

（39）今马殷已在大王军营中了。（平话 P196）

（40）哦，是那费无忌了。（选 P659）

"便了""罢了"，这两个语气词产生于元代，表陈述语气，兼表"限止语气"，有"仅此而已"的意思。如：

（41）夫人说的是也，俺收拾小姐的房奁断送便了。（外编 P994）

（42）若有差迟，连着个官坐罪便了。（选 P45）

（43）奶奶，我则是磕头罢了。（外编 P905）

（44）你不认他罢了，却拿着甚些器仗打破他头。（选 P434）

元代，"便了"的用例相当多。"罢了"只有极少量用例，到明清用例才多起来。（向熹，1993：462）

（二）也、了也

上古"也"表示判断和肯定语气。唐宋又用来表示事实已经发生或将要发生，与语气词"了"用法相当。元代，"也"继续保留了表陈述语气的用法。如：

（45）不曾有人叫，老汉回店中去也。（选 P1578）

（46）母亲，大厮得了官也。（外编 P93）

同时，元代的语气词"也"用法已极其复杂，可用在疑问句、感叹句、祈使句末尾，也可用于句中表停顿。

"也"用在疑问句末尾的，如：

（47）师父，此一阵风主何凶吉也？（外编 P731）

（48）兄弟，俺如今往那厢去也？（外编 P756）

（49）田忌大喜：莫不是鬼谷先生来救孙子也？（平话 P544）

（50）我儿多敢肚中馁也？（平话 P721）

例（47）、例（48），"也"用于特指问句末尾；例（49）、例（50），"也"用在句尾表推测语气。"也"也可位于句中表选择问，如：

（51）我放了你去呵，你可是肯来也不肯来？（选 P992）

（52）你几年上出家来，俗姓甚，有亲也无亲？（外编 P641）

"也"用在感叹和祈使句末尾的。如：

（53）这妇人好歹也！（选 P63）

（54）哎，天也天也！（外编 P112）

（55）兄弟，你听我说一遍也。（外编 P521）

（56）你休吃酒也。（外编 P9）

例（53）、例（54）表感叹，例（55）、例（56）表祈使。语气词"也"还可位于句中表停顿和招呼语气。如：

（57）枉了也这扫愁帚钓诗钩。（选 P26）

（58）柳翠也，你休凡心动。（选 P1347）

晚唐五代时期出现了语气词"了也"。（曹广顺，1987）元代，"了也"主要表陈述语气，但随着"也"用法的多样性的出现，"了也"也用在感叹和疑问句中。如：

（59）可早来到丞相府了也。（选 P998）

（60）当日都是三叔叔张飞的不是了也。（外编 P758）

（61）天那，我可死了也！（选 P1159）

（62）哎哟，船坏了也！（选 P1054）

（63）到的这里，迷踪失路，前后又没个人儿可问，怎生是了也？（选 P1047）

（64）孙子在那里去了也？（平话 P502）

例（59）、例（60）中的"了也"用于陈述句末尾；例（61）、例（62）中的"了也"用于感叹句末尾，但感叹语气不强，例（63）、例（64）中的"了也"用在疑问句末尾。

四　的

结构助词"的"出现于宋代，元代大量使用。（石锓，1992）陈述语气词"的"元代才出现。在元代，我们可以清楚地看到结构助词"的"在"非动作动词"的作用下向语气助词演变的过程。如：

（65）咱有桑门剑一口，是天赐黄巢的。（平话 P31）

（66）他说是寻衣食的。（秘史·卷九 P18）

（67）俺那侄儿，是三岁离家的。（选 P433）

（68）都是他自犯出来罪过，须不是王枢密屈陷他的。（选 P612）

例（65）、例（66）两例是"的"字结构做表语，"的"字之后可加进中心词"剑"和"人"。例（67）、例（68）两例中，"是"与"的"字结构在于陈述事实，主要不是表判断。"的"前面的成分谓词性加强了，"是"的判断性也减弱了。"是"与"的"的关系有松散的趋势。

有的"是"与"的"离得太远，"是"在上句，"的"在下句，有脱离趋势。如：

（69）是瞒着众将，私自回来的。（选 P603）

（70）这也不是我的主意，就是你的岳翁岳母，欠了我四十石粮食，将他女儿转卖与我的。（选 P556）

还有的"的"处于句末，已没有"是"字可呼应，但文意中可以加上。例：

（71）你道黄金这般好用的？（选 P552）

（72）小贱人，这东西那里将来的！（外编 P289）

有的根本不能加"是"了，但句中主要谓语动词必须是"非动作动词"（如"似""没"等），句末才出现"的"。如：

（73）呀，这弟子孩儿可去了，我恰似见鬼的。（选 P673）

（74）虽然如此，好歹岂没个赢没个输的？（选 P740）

例（73）、例（74）中的"的"，在"是""没""似"等非动作动词和其前面谓词性结构的双重作用下，功能弱化，由跟于表语发展到跟于句子，由结构助词变成了语气助词。

通过对元代陈述语气词的分析，我们得出如下结论：

第一，"哩、来、了、也、了也"几个陈述语气词唐宋时已出现，但"哩、来、也、了也"的变化比较大。"哩"由宋代的只表陈述语气发展为表陈述和疑问两种语气；"来"由唐宋的只陈述过去完成的事件发展为表陈述、祈使、疑问等语气，"也"由唐宋的只陈述事实的已发生或将发生发展为表陈述、疑问、祈使、感叹等各种语气，同时还表句中停顿，"了也"因受"也"的影响，由五代宋的只表陈述发展到表陈述、感叹和疑问。使用频率高，用法全面复杂，这是元代陈述语气词的一大特点。

第二，"有""有来"是只出现于元代直译公牍文中的特殊语气词。它们是受元代蒙古语的影响而产生的一类表语气兼表时体的语气词。由于不合汉语语法内部规律，它们在明清以后不存在了。

第三，"着哩、便了、罢了、的"是元代新出现的一些陈述语气词。"着哩"是时体助词"着"与语气词"哩"结合的产物，"便了、罢了"是语气词"了"用法的扩展，"的"是由结构助词变为语气词的。

参考文献

［1］王力：《汉语语法史》，商务印书馆 1989 年版。

［2］向熹、经本植等编：《古汉语知识辞典》，四川人民出版社 1988 年版。

［3］吕叔湘：《汉语语法论文集》，商务印书馆 1984 年版。

［4］余志鸿：《〈蒙古秘史〉的特殊语法》，《语言研究》1988 年第 1 期。

［5］刘坚等：《近代汉语虚词研究》，语文出版社 1992 年版。

［6］王力：《中国现代语法》，商务印书馆 1982 年版。

［7］吕叔湘：《现代汉语八百词》，商务印书馆 1984 年版。

［8］木霁弘：《〈朱子语类〉中的时体助词"了"》，《中国语文》1986 年第 4 期。

［9］向熹：《简明汉语史》下册，高等教育出版社 1993 年版。

［10］ 曹广顺：《语气词"了"源流浅说》，《语文研究》1987 年第 2 期。

［11］ 石锓：《元代结构助词"的"》，《兵团教育与研究》1992 年第 2 期。

原载《重庆师范学院学报》1996 年第 3 期

元代几种白话文献中的疑问语气词

　　语气（Mood）在西洋语言中，是通过动词的屈折变化来表示的，而汉语的语气主要通过语气词来表示。（王力，1989：295）

　　语气词在句中或句末表示陈述、疑问、祈使、感叹、招呼、提顿、反诘、测度、假设、限止、论断、时体等不同语气。语气词不能充当任何句子成分，也不能表示句子成分之间的任何关系。每个语气词都有它的基本用法，但在不同类型的句子中又能表示不同的语气。（向熹等，1988：114）本文从"疑问语气"范畴出发探讨元代白话中的主要表达疑问语气的语气词的用法，也注意个别语气词一词多用法的考察。

　　本文选用了元代五种白话材料：元曲，包括《元刊杂剧三十种新校》（简称"元刊"）、《元曲选》（简称"选"）、《元曲选外编》（简称"外编"）；《宋元平话集》（简称"平话"）；《元朝秘史》（简称"秘史"）；《元代白话碑集录》（简称"碑"）；《大元圣政国朝典章》（简称"典章"）。① 从语言使用的时间来看，《宋元平话集》最早，是宋末至元代的作品；《元代白话碑集录》、《元典章》与《元刊杂剧三十种新校》稍晚，

---

　　① 　所用材料版本说明：

　　宁希元：《元刊杂剧三十种新校》，兰州大学出版社 1988 年版。

　　（明）臧晋叔编：《元曲选》，中华书局 1958 年版。

　　隋树森编：《元曲选外编》，中华书局 1980 年版。

　　（明）毛晋编：《六十种曲》，文学古籍刊行社 1955 年版。

　　《宋元平话集》，上海古籍出版社 1990 年版。

　　《元朝秘史》，四部丛刊本。

　　蔡美彪：《元白话碑集录》，科学出版社 1955 年版。

　　《大元圣政国朝典章》，台湾"国立故宫博物院" 1986 年影印元本。

是元代作品；《元曲选》《元曲选外编》和《元朝秘史》是用明初的口语写成的。所用材料涉及不同风格的各种口语。因材料浩繁，本文不进行定量分析，只进行断代的描写和定性分析。

通过调查，我们发现元代口语中主要表达疑问语气的语气词有"么、那、呢"三个，与这三个疑问词相伴产生的还有"也么、也那、呵呢"三个语气词。它们的具体用法现分述如下。

一 么、也么

"么"的前身是"无"。唐代用"无"，同时又写作"摩""磨""魔"。晚唐以后用"么"。（王力，1989：314）

唐宋时期，"么"主要用在句中没有疑问词的是非问句中。有时句中带有语气副词"莫"，则全句表示揣测语气（向熹，1993：323）。如：

（1）南斋宿雨后，仍许重来么？（贾岛《王侍御南原庄》）

（2）锦衣公子见，垂鞭立马，肠断知么？（全唐五代词·敦煌词·风归云）

（3）莫不契和尚意么？（景德传灯录 P318）（大正大藏经·卷五十一）

（4）莫要黯眼么？（法演禅师语录 P666）（大正大藏经·卷四十七）

元代，"么"继承了唐宋用法，用在是非问句中，与副词"莫""敢""则怕"等呼应表揣测语气，也写作"末"。如：

（5）那八个大汉，你认得姓名么？（平话 P302）

（6）他姑娘肯叫我三声义男儿末？（外编 P935）

（7）莫不是妖精怪物么？（外编 P639）

（8）师父，你从那裏来？住，你敢徒天上来么？（外编 P887）

（9）你看兀那韩家门前一簇人嚷，则怕有些闹炒么？（外编 P995）

例（5）、例（6）两例的"么"用在没有疑问词的是非问句中；例（7）、例（8）、例（9）三例中的"么"表揣测语气，疑问语气渐减弱。

表揣测语气的"么"在很多情况下与"哩"连用，构成"哩么"与"莫""敢"等副词配合使用。例：

（10）你莫不养着那先生哩么？（元刊·上 P133）

（11）你喫酒敢还早哩么？（外编 P569）

随着疑问语气范畴的日趋成熟，元代的"么"的用法也发生了很大变化，它可接在特指问句、选择问句、反问句之后表疑问。例：

（12）敕尔文武臣僚，谁能为朕雪此耻么？（平话 P624）

（13）俺妻子知他是怎生么？（选 P503）

（14）奶奶在家不在家么？（选 P1327）

（15）你喫饭未术？（元刊·上 P58）

（16）着李存孝镇守邢州去，可不好么？（外编 P42）

例（12）、例（13）的"么"出现在有疑问词"谁""怎生"等的特指问句中；例（14）、例（15）的"么"出现在有正反两问的选择问句中；例（16）的"么"用在反问句中。

由于"么"有表揣测语气的用法，随着疑问语气的减弱，元代的"么"也表陈述语气。例：

（17）你说番将是你孩儿，祗怕说不过么。（选 P523）

（18）我是东厅枢密使，你也不该毁骂大臣么。（选 P609）

（19）您有这般勇力，咱教您学习武艺，休辜负了这气力么。（平话 P121）

表陈述语气的"么"可与表祈使语气的"波"连用。例：

（20）男兒，我教你放心么波。（外编 P11）

晚唐五代，"摩"做语气词可用在"V（A）摩 V（A）"格式中。例：

（21）忍教成病忆佳期，知摩知，知摩知？（全唐五代词·后蜀顾夐·荷叶杯）

能出现在"V（A）摩 V（A）"格式中的还有"愁摩愁""狂摩狂""羞摩羞""归摩归""吟摩吟""来摩来"等。"摩"这种用法的进一步发展，再加上元代大多数语气词都可用于句中，元代的"么"也可用于句中表停顿。例：

（22）陛下修壹么望月壹。（外编 P396）

（23）你看么，我见他是出家人，则这般與他个茶喫，他又这般饶舌。（选 P620）

（24）是了么，你家当初有甚么来？（外编 P814）

元代疑问语气词"么"也可以和陈述语气词"也"结合（参见石锓、董伟，1996），构成"也么"表示疑问语气，这是"也"与"么"从形式到功能的结合。例：

（25）刘行首，你省也么？（选 P1329）

（26）岳寿，你省了也么？（选 P502）

"么""也"不仅都可用在疑问句句尾，也都可用在句中表停顿，因此"也么"也可用在句中表停顿。例：

（27）得也么，泼说！（选 P417）

"也么"在吸收"也"与"么"用法的同时，也产生了自己的特殊用法，用在词与词之间、成分与成分之同做衬音助词。例：

（28）祗争一个迟也么疾。（选 P821）

（29）一波才动万波随，半载河东半载河西，谁也么知？（选 P1348）

（30）我这里自推自攧，到三十馀遍，畅好是苦痛也么天。（选 P643）

二　那、也那

语气词"那"在魏晋南北朝文献中偶有出现。唐宋间有少量用例，用在没有疑问词的问句里，疑问语气不强，大多是要求对方证实，或是对对方的观点表示否定。个别可用于省略了疑问词的特指问句，问处所。（罗骥，1988）

与唐宋相比，元代的"那"出现频率很高，用法也相当复杂，并且有了多种不同的连用形式。"那"的主要用法还是表疑问语气，多用在特指问句中，同时还可用在陈述句、感叹句、祈使句句尾表陈述、感叹、祈使语气，也可用在句中表呼叫、停顿。

1. "那"用在特指问句中。例：

（31）把我多留几日，怕做甚么那？（选 P503）

（32）可是谁说来那？（选 P471）

（33）为什么那？（选 P459）

（34）你这些时在那里那？（选 P443）

以上各例有"甚么""谁""为什么""那里"等疑问词，"那"用在句尾表疑问的语气很强。

2. "那"用在反问句中。例：

（35）那时节若得一官半职，回来改换家门，可不好那？（选 P436）

（36）那里去？这里比你那中牟县那？（选 P636）

例（35）、例（36）两例形式上是疑问，实际上是陈述。例（35）字面上是否定的，实际的意思是肯定的。例（36）相反，字面上是肯定，实际意思是否定。

3．"那"用在选择问句中。例：

(37）且看姐夫是你绝户，还是我绝户那？（选 P463）

选择句有两个或两个以上供选择的部分，中间用"还是"连接，构成"（是）A 还是 B 那"的选择形式。元代的"那"表选择更多的是用在句中。例：

(38）言语每，是实那虚？（碑 P29）

(39）君王小可提起那骊姬怕那不怕？（外编 P400）

(40）哎哟，唬杀我也。是人那是鬼？（选 P791）

(41）宫里有那无太子？有那无太后？有那无多少怯薛歹？（典章二十一·刑部三）

个别的"那"在选择问句中的两个选择项中都出现。例：

(42）可是由我那不那？（外编 P15）

4．"那"与语气副词配合表推测语气。例：

(43）至今还不回来，莫不是去做贼那？（选 P362）

(44）你看那山儿，俺在头里走，他可在后面；俺在后面走，他可在前面，敢怕我两个逃走了那？（选 P1525）

上两例中，语气副词"莫""敢"配合"那"表推测，使疑问语气减弱。在此基础上，"那"渐渐可用在陈述句末尾。

5．"那"用在陈述句中。例：

(45）原来是张仪孩儿那。（选 P451）

(46）婆婆，我无事不来，你许下这狗儿，我特来取那。（选 P109）

6．"那"用在感叹句和祈使句中。例：

(47）母子每苦痛哎天那！（选 P988）

(48）休胡说那。（选 P1093）

7．"那"用在句中，表呼叫。例：

(49）天那，谁人与我做主咱。（选 P430）

(50）夫人那，靡不有初，鲜克有终。（外编 P283）

8．"那"用在句中，表停顿，有时与衬音助词"也波"连用。例：

（51）一来赏玩景致，二来就趁这先生那，走一遭去。（外编 P887）

（52）哎，你个儿也波那，休学这令史咱。（选 P757）

"也那"表疑问，已见于南宋。如《挥麈馀话》："张太尉不作声，良久问道：'你早睡也那？你睡得着？'"不过，这里主要是"那"表疑问，而且位于句尾，只表是非问。元代，随着"也"与"那"都表疑问这一用法的出现，"也那"更广泛应用，主要是位于选择问句正反两问之间表选择问。例：

（53）是人也那是鬼？（选 P688）

（54）我则索倚定门儿手托腮，好著我难猜，来也那不来？（外编 P299）

（55）小姐，你插着这草标儿，你是真个卖也那，你是逗人耍？（外编 P819）

因"那"有表陈述语气的用法，个别"也那"也可用在句尾，表陈述语气。例：

（56）你看么，我问他要米，他则把柴来对我，可着我噢那柴、穿那柴、咽那柴？止不过要烧的一把儿柴也那。（选 P866）

"那"偶尔有衬音助词的用法。如《元曲选·盆儿鬼》："这的是谁也波那？谁那摆设下？"而"也那"做衬音助词却很常见。它主要用在词之间、短语之间、句子成分之间起衬音作用。例：

（57）我可也直恁般不识一个好弱也那高低。（选 P547）

（58）我不要你战斗相持，我则要你扬尘也那播土。（外编 P733）

（59）岂不闻道路上行人也那口似碑，我如今便年也波纪年纪可便近六十。（选 P457）

（60）可嶙我伶仃，也那伶仃，阁不住两泪盈盈。（选 P718）

"波那"的用法与"也那"同，也只做衬音助词。例：

（61）你好不会做那人也，则到如今也索更争甚么我波那共你。（外编 P824）

（62）既然他每寄子波那讬妻，今日个便伊同咱两个便为了这交契。（外编 P823）

这大概是因元曲唱腔的需要而产生的。

三　呢、呵呢

从形体上看，"呢"是元代出现的一个新的语气助词；从来源上看，"呢"来源于上古的"尔"；从功能上看，表示疑问语气的"呢"由"聻、你、尼"等演化而来（吕叔湘，1984），不表疑问语气的"呢"由"在裏、哩"演化而来。（江蓝生，1986）

元代，语气词"呢"主要是用于疑问句末尾表疑问语气，少数的"呢"可用于陈述句末尾表陈述语气，个别的"呢"也用在句中表停顿。

表疑问语气的"呢"在现代汉语里有五种用法：（A）用在特指问句末尾，句中有疑问词语；（B）用在名词或名词性成分后边，表示"在哪儿"或"怎么样"；（C）用在选择问句末尾；（D）用在反问句末尾；（E）用在假设问句末尾。（刘坚等，1992：167）元代的疑问语气词"呢"具有（A）、（B）、（E）三种用法，还未见用于选择问句或反问句末尾的。

1. 用在特指问句末尾的"呢"。如：

（63）大姐，你怎么闻呢？（外编 P892）

（64）敢问师父那一椿呢？（外编 P809）

（65）［周公云］我哭你哩。［彭大云］谁呢？（选 P1020）

（66）我有甚么呢？（外编 P815）

2. 用在名词、名词性短语、代词或副词之后，询问处所或状况的"呢"。例：

（67）张千，你来了。你拿的人呢？（选 P679）

（68）你卖的那金钗呢？（选 P934）

（69）［正末云］他噢了先得了道也。［郭云］我呢？［正末云］你还在道傍边哩。（选 P622）

（70）这个呢？（外编 P892）

（71）［贡官云］那个呢？［三末云］我来应武举。（外编 P1006）

（72）那白起是秦将，起于卒伍之中。再呢？（选 P862）

3. 用在假设问句末尾的"呢"。例：

（73）假似罐儿呢？（外编 P799）

（74）［彭大云］敲两敲呢？［正旦云］着周公家死两口。（选 P1037）

元代，"呢"还表示陈述语气，用在句末，陈述客观事实和要求。例：

（75）那厮见你手段高强，被他藏了躲了呢。（选 P832）

（76）小娘祇揖，有胭脂粉，我买几两呢。（选 P1265）

个别的"呢"也用在句中表停顿。例：

（77）若是那女子来呢，你同他那里人氏，姓甚名谁，有甚信物，要些来我便饶你。（选 P943）

此"呢"用在假设句中，相当于"呵"。

与"呢"相伴产生的还有一个疑问语气词"呵呢"。不过，它的使用受到很大限制，只用在假设句末尾。例：

（78）哥也，假使一日不得将令呵呢？（外编 P480）

（79）我若赢了你呵呢？（外编 P736）

（80）夫人、小孩子，假若有这玉带呵呢？（外编 P31）

这可以说是"呢"用于假设问句末尾的一种特殊变化形式。

通过对元代疑问语气词用法的分析，我们得出如下结论：

第一，"么""那"两个疑问语气词分别出现于晚唐和南北朝时期。最初都只能跟在是非问句末尾，用例较少，疑问语气不强。元代，"么""那"随着使用频率的增高，表疑问的语气加强，不仅可表是非问，也可用在特指问句、选择问句和反问句末尾，而且都产生了兼表陈述语气和感叹语气的用法，都可以位于句中表停顿，都进一步虚化为衬音助词。

第二，"呢"从形式上看是元代新出现的疑问语气词。使用频率不高，因此用法也比较简单。只能用在特指问句和假设问句末尾，还不能表选择问和反问。用在陈述句末尾也是个别现象。

第三，"也么、也那、呵呢"是"么、那、呢"的一种伴生语法现象。元代，由于"也"用法的复杂和"呵"使用的广泛，再加上"么、那、呢"本身的发展，使得"也么、也那、呵呢"得以产生。但它们使用频率不高，用法也极受限制，因此后来没有什么发展。

参考文献

［1］王力：《汉语语法史》，商务印书馆 1989 年版。

［2］向熹、经本植等编：《古汉语知识辞典》，四川人民出版社 1988 年版。

［3］ 向熹：《简明汉语史》，高等教育出版社 1993 年版。

［4］ 石锓、董伟：《元代几种白话文献中的陈述语气词》，《重庆师范学院学报》
1996 年第 3 期。

［5］ 罗骥：《北宋文献中的句尾语气词》，硕士学位论文，四川大学，1988 年。

［6］ 吕叔湘：《汉语语法论文集》，商务印书馆 1984 年版。

［7］ 汀蓝生：《疑问语气词"呢"的来源》，《语文研究》1986 年第 2 期。

［8］ 刘坚等：《近代汉语虚词研究》，语文出版社 1992 年版。

原载《汉语史研究集刊》 第 1 辑

元代几种白话文献中的祈使语气词

语气（Mood）在西洋语言中，是通过动词的屈折变化来表示的，而汉语的语气主要通过语气词来表示。（王力，1989：295）

语气词在句中或句末表示陈述、疑问、祈使、感叹、招呼、提顿、反诘、测度、假设、限止、论断、时体等不同语气。语气词不能充当任何句子成分，也不能表示句子成分之间的任何关系。每个语气词都有它的基本用法，但在不同类型的句子中又能表示不同的语气。（向熹、经本植等，1988：114）

本文在分析了元代白话文献中的陈述语气词（石锓、董伟，1996）和疑问语气词（石锓，1998）基础之上，从"祈使语气"范畴出发探讨元代白话中主要表达祈使语气的语气词用法，也注意个别语气词多种用法的研究。

本文选用了元代五种白话材料：《元刊杂剧三十种》（简称"元刊"）、《元曲选》（简称"选"）、《元曲选外编》（简称"外编"）；《宋元平话集》（简称"平话"）；《元朝秘史》（简称"秘史"）；《元代白话碑集录》（简称"碑"）；《大元圣政国朝典章》（简称"典章"）。① 从语言使用的时间来看，《宋元平话集》最早，是宋末元初的作品；《元刊杂剧三十种》《元代白话碑集录》《元典章》等三部作品稍晚，正产生于元代；

---

① 所用材料版本说明：

《元刊杂剧三十种新校》，宁希元校点，兰州大学出版社1988年版。

（明）臧晋叔编：《元曲选》，中华书局1958年版。

隋树森编：《元曲选外编》，中华书局1980年版。

《宋元平话集》，上海古籍出版社1990年版。

《元朝秘史》四部丛刊本。

蔡美彪：《元代白话碑集录》，科学出版社1955年版。

《大元圣政国朝典章》，台湾"国立故宫博物院"1986年影印元本。

元曲宾白和《元朝秘史》代表了元代甚至元末明初的口头语言，所用材料涉及不同风格的各种口语。因材料浩繁，本文不进行定量分析，只进行断代的描写和定性分析。

通过调查与分析，我们发现元代口语中主要表达祈使语气的语气词"者（也者）、着（著）、咱、则个、波（者波、也波）、罢"等几个。它们的具体用法现分述如下：

一　者、着（著）

"者""着（著）"两个语气词唐代都已出现（吕叔湘，1984：68），本文不同音，"者"是阴声字，"着（著）"是入声字。元代入声消失，"着"也变成了阴声字。用于祈使句尾，两者用法已没有区别。《元代白话碑集录》《元朝秘史》中记载的圣旨，也都用"着"表命令语气。如：

（1）更每年得来的钱物，不拣甚么，交先生每收拾着。（碑 P93）

（2）成吉思说："自的正主，敢拿的人，如何留得？将这等人，并他子孙尽典刑了着"。（秘史卷八 P16）

元代其他白话著作中，"者"和"着"并用表祈使语气。具体说有表命令、嘱咐、请求、建议等几种语气。

1. 表命令的。如：

（3）这的每宫观房舍里，使臣休安下者。（碑 P25）

（4）留下买路钱者。（平话 P802）

（5）左右，与我唤将白起来者。（外编 P162）

2. 表嘱咐的。如：

（6）我已自离了他，安答你谨慎者。（秘史·卷七 P44）

（7）玄德云："兄弟去，小心者。"（平话 P759）

（8）孩儿，你着志者。（外编 P213）

3. 表请求的。如：

（9）母亲，尽您孩儿孝道之心，你用几个者。（外编 P441）

（10）臣死冤枉，与臣做主着。（平话 P749）

4. 表建议的。如：

（11）我推开卧房门，先生你看者。（选 P1095）

（12）怀才怀才，你且得顿饱饭吃者。（外编 P19）

由此看来，元代的"者""着"表祈使语气的用法已较为复杂。

可能是语音趋同和因功能语法化而语音弱化的缘故，表祈使语气的"者"和"着"又写作"只"。如：

（13）直等到午时三刻，听的那一声叫下手只。（选 P607）

（14）婆婆，拖住只。（元刊·上 P213）

因广泛使用，"者"除表祈使语气外，也用在陈述句末尾，表陈述语气。如：

（15）再叫曰："今项王以杀讫！"怕不信，乃以项王头转城上看者。（平话 P673）

（16）既是这等，谢了阿妈者。（外编 P43）

表陈述语气的"者"与"也"连用，构成"也者"也表陈述语气。如：

（17）这恩于你子孙前必回报，天地知也者。（秘史·卷六 P32）

同时，"者"也可用于疑问句末尾表特指问和选择问。如：

（18）兀那刘安住，你可怎生不着实打者？（选 P433）

（19）他把切骨的冤仇死也似结，怎教俺便忘了者？（选 P753）

（20）则你那顶凤翅盔戴来也那不曾戴来者？（外编 P490）

二　咱

"咱"表祈使出现于金元之际。金代《古本董解元西厢记》里，"咱"有表祈使语气的用法。如：

（21）飞虎道："驱来询问咱。"（卷二）

（22）相国夫人教邀足下，是必休教推避咱。（卷三）

元代，"咱"表祈使没有"者""着"的语气强。一般用于自身称，自我表白或自忖；用于对称的，一表请求，二表建议。

1. 有表白语气的"咱"。如：

（23）今日我去云台观散心咱。（选 P856）

（24）却思量上来，我睡些儿咱。（外编 P286）

（25）我的兄弟捏古思散在各部落内，我欲收集咱。（秘史·卷九 P22）

2. 有请求语气的"咱"。如：

（26）哥哥可怜见，救小人一命咱。（选 P843）

（27）阿者，与存孝说一声咱。（外编 P44）

3. 有建议语气的"咱"。如：

（28）父亲年纪高大，鞍马上小心咱。（外编 P7）

（29）［闾丘亮（对伍子胥）云］一壶浊酒，一瓯鱼羹，一盂大米饭，权且充饥咱。（选 P654）

因表祈使语气的功能不强，易受其他语气词用法的影响，所以"咱"也能用在特指问句和感叹句末尾。如：

（30）俺三个都冻倒了，谁救孩儿咱？（选 P788）

（31）早是没外人，阿的是甚末言语那？这个妹子咱！（元刊·上 P23）

三　则个、则

"则个"宋代已出现（吕叔湘，1984：68），也写作"则箇、子箇、之箇、只箇"。（张相，1979：373）元代又出现了"则"。

吕叔湘先生认为，"则个"与"著""者"同，而且是从"著"衍生出来的，当北方入声消失，南方仍有入声，所以舍"者""咱"而用入声的"则个"。（吕叔湘，1984：65—70）向熹先生认为，"则个"表示祈使或陈述语气，相当于"着""者"。（向熹，1993：325）罗骥调查了北宋的一些白话文献，仅在全宋词中发现了五例"则个"，认为"则个"与"著"有较大差别，其中三例是表陈述语气的。（罗骥，1988）

我们详细调查了元代几种白话文献。《元刊杂剧三十种》《元朝秘史》《元代白话碑集录》《元典章》等几部著作中，我们没有发现这个语气词。《宋元平话集》有 10 例，《元典选》《元典选外编》也只有 3 例。我们又把范围扩大到金代，在《古本董解元西厢记》中发现了 6 例。这 19 例中，14 例表祈使语气，5 例表陈述语气，其中 1 例陈述的是命令。表祈使语气的 14 例中，5 例表自我表白或自忖，4 例表商量和建议，3 例表命令，再例表请求。看来，金元时期的"则个"与"咱"的用法大体相同，少数用法同"者"。

1. 有表白语气的"则个"。如：

(32) 我今日看了田禾回来，无甚事，且闲坐些儿则个。（选 P582）

(33) 李府尹不知几时回来，怎生是好？只索宁奈则个。（外编 P391）

2. 有建议语气的"则个"。如：

(34) 不如你疾忙出去，叫师父早来救我则个。（平话 P547）

(35) 譬如闲走，与你看去则个。（古本董解元西厢记·卷一）

3. 有命令语气的"则个"。如：

(36) 徽宗闻奏，大悦，命中官排办御宴："待朕与诸臣消愁解闷则个。"（平话 P309）

(37) 相国夫人高声喝，贱人每怎敢瞒我，唤取红娘来问则个。（古本董解元西厢记·卷六）

4. 有请求语气的"则个"。如：

(38) 可怜自家母子孤孀，投托解元子个（在《古本董解元西厢记》中，"则个"又写作"子个"）。（西厢记·卷二）

5. 表陈述语气的"则个"。如：

(39) 这个是师师的一个哥哥，在西京洛阳住，多年不相见，来几日也不曾为洗尘；今日办了二杯淡酒，与洗泥则个。（平话 P316）

(40) 粉笺暗被尘污，俏没人照觑子个。（西厢记·卷六）

在《元典选外编》中，我们还发现了表祈使语气的"则"，可能是"则个"的省略形式。如：

(41) 左右，唤御史台官来，朕问取则。（外编 P355）

(42) 你试说一遍则。（外编 P365）

(43) 早来到也，咱见相公去则。（外编 P792）

(44) 来到朝外，只索进见驾则。（外编 P365）

例（41）、例（42）表命令，例（43）、例（44）表自忖。

四　波、者波、也波

"波"是元代新出现的一个祈使语气助词。它只出现在元典中，不但元代公牍文中没有，而且《宋元平话集》中也未见使用。稍早些的金代《古本董解元西厢记》也不见"波"做语气词的用法。

从位置上说，"波"用在句尾，也用在句中。用在句尾的"波"主要用于第二人称，表商量语气；其次可用于第一人称，表自忖或表白语气。但句尾祈使语气词"波"的语气不强。用在句中的"波"表停顿，也兼表商量语气。有的"波"用于句中已虚化为衬音助词。

1. "波"用于句尾表商量语气。如：

（45）伯娘甚么话，你说波。（选 P456）

（46）陛下！这反背的都有，陛下问波。（元刊·下 P158）

（47）你听我说波。（外编 P13）

（48）刘家女那，先贤的女人你也学取一个波。（选 P866）

2. "波"用于句尾表自忖语气。如：

（49）到这蚤晚，怎么还不见回来？只索等待他波。（选 P1389）

（50）老汉李社长是也，打从刘天祥门首经过，看见一个小后生，在那里啼哭，不知为何。我问他波。（选 P430）

个别用于句尾"波"也表疑问。这可能是受了其他语气词的影响。如：

（51）我猜着波？（选 P832）

3. "波"用于句中表停顿或商量语气。如：

（52）快说波亲兄弟帅首。（选 P744）

（53）来来吃一回吕太后筵席，稳便波鸾交凤友，休忧波莺儿燕子，休忙波蝶使蜂媒。（外编 P364）

（54）忽的波低垂了粉颈，氲的呵改变了朱颜。（外编 P289）

（55）我做了的那好勾当，着你这几句话波，兀的不坏尽了也。（外编 P824）

例（52）、例（53）中的"波"表句中停顿兼表商量语气，例（54）、例（55）中的"波"只表句中停顿。

4. "波"用在句中做衬音助词。如：

（56）可怎生全不依三从波四德。（选 P458）

（57）且休问什么张三波李四。（选 P471）

（58）他兄弟每多死少波生。（选 P839）

"三从四德""张三李四""多死少生"都是一些固定的熟语。"波"用在它们中间只起衬音作用。这可能是元曲演唱所需要的。

"波"作为祈使语气词有时也与同样可表祈使语气的"者（只）、

罢"联合使用，构成"者波、只波、罢波、波侎"一起表祈使语气。"者波"用例多一点，"只波""罢波""波侎"均只有极少的用例。如：

（59）你兄弟老爷老娘家姓王，改做王重义者波。（选 P688）

（60）果若刘弘无那儿女的分福，索一头的生将下来，就在那褥草上便着天厌了者波。（外编 P813）

（61）依着妹子只波。（元刊·上 P22）

（62）老的，你娶一个罢波。（外编 P813）

（63）去波侎，更怕你舍不了我铜斗儿的好家缘。（选 P878）

"者波"与"波"一样。也可用于句中表停顿。如：

（64）这般者波怕不问时权做弟兄，问着后道做夫妻。（外编 P8）

（65）他贫贱煞者波，他是那官宦人家小姐；咱富贵煞者波，则是个庶民百姓。（外编 P821）

衬音助词"波"常与"也"构成"也波"起衬音作用，因用例较多，故附在祈使语气中讨论。如：

（66）哎，你一个将也波军，枉用功。（选 P513）

（67）当也波初，则道是峨冠士大夫，原来是个不晓事的乔男女。（选 P551）

（68）你着我改嫁他也波人，则不如先受窨。（选 P543）

（69）我可便难也波禁，难禁那等朽木材。（外编 P19）

"将军""当初"是词，"他人""难禁"是结合比较紧密的短语。"也波"用于其中只起衬音作用。

五　罢

句末祈使语气词"罢"出现于元代。稍前的金代《古本董解元西厢记》和《宋元平话集》都不见"罢"做语气词的用法。它就是现代汉语祈使语气词"吧"的早期形式。

元代的语气词"罢"，一般用在表对称的句子中，表命令、祈求、建议等语气。如：

（70）不要大惊小怪，关上门歇息罢。（外编 P75）

（71）我说哥你少嘴舌罢。（外编 P418）

（72）哥哥，借钱与老汉罢。（外编 P189）

（73）三兄弟，你让我去罢。（外编 P94）

（74）哥哥，俺家兵大败了，我保着你走了罢。（选 P283）

（75）你不如休和他争，忍气吞声罢。（选 P844）

（76）你把你那女儿，改嫁了我罢。（选 P546）

例（70）、例（71）"罢"表命令；例（72）、例（73）"罢"表祈求；例（74）、例（75）、例（76）三例"罢"表建议和商量。

"罢"也用在第一人称的句子中，表示自忖的语气。如：

（77）既如此，我就赴任去罢。（外编 P387）

（78）这厮甚骁勇，敌不住他，俺逃命走了罢。（外编 P473）

元代以后，"罢"对"者、着、咱、则个、波"进行历史替换，渐渐成为最主要的祈使语气词。"者、着、咱、则个、波"等祈使语气词也就逐渐从口语中消失了。

通过对元代祈使语气词用法的描写和分析，我们得到如下结论。

第一，"者""着"两个祈使语气词唐代已出现。元代，二者因语音趋同，用法也无别，甚至在语音形式上可弱化为"只"。随着使用频率的增加，它们不仅能全面表述各类祈使语气，而且也能表陈述语气和疑问语气，还产生了其他派生形式，如"也者"。"则个"出现于宋代，元代用例依然不多，主要表祈使语气，也表陈述语气，形式上可简化为"则"。

第二，"咱"出现于金元之际。元代的"咱"其主要用法与"则个"相同，表祈使的语气没有"者""着"强，还可用于疑问句和感叹句句尾。

第三，"罢""波"是元代新出现的祈使语气词，而且都只在元曲中出现。就表祈使语气而言，"罢"比"波"的用法要复杂一些，而且语气也要强一些。

参考文献

[1] 王力：《汉语语法史》，商务印书馆 1989 年版。

[2] 向熹、经本植等编：《古汉语知识辞典》，四川人民出版社 1988 年版。

[3] 石锓、董伟：《元代几种白话文献中的陈述语气词》，《重庆师院学报》1996 年第 3 期。

[4] 石锓：《元代几种白话文献中的疑问语气词》，《汉语史研究集刊》第 1 辑，

巴蜀书社 1998 年版。

　　[5] 吕叔湘:《汉语语法论文集》,商务印书馆 1984 年版。

　　[6] 张相:《诗词曲语辞汇释》,中华书局 1979 年版。

　　[7] 向熹:《简明汉语史》下,高等教育出版社 1993 年版。

　　[8] 罗骥:《北宋文献中的句尾语气词》,硕士学位论文,四川大学,1988 年。

原载《兵团教育学院学报》1999 年第 2 期

近代汉语词尾"生"的功能

近代汉语词尾"生",从现见文献上看,出现于唐代。例:

(1) 虽复改兴宁,亦复无聊生!(晋书·五行志)

(2) 看时未必相看死,难时那许太难生。(唐人小说·游仙窟)

(3) 拟凿孤坟破,重教大雅生。(历代笑话集·谐噱录)

(一) 从功能上说,唐五代的"生"主要用作形容词词尾。例:

(4) 借问形容何瘦生?只为从来学诗苦。①(丛书集成·唐摭言·卷十二)

(5) 幸自可怜生,要须得个护身符子作什摩?(祖堂集·卷三)

"生"做形容词词尾时,常出现在"太+形容词+生"格式中,而且形容词既可是单音节的,也可是双音节的,"太"亦写作"大"。例:

(6) 张郎太贪生,一箭射两垛。(唐人小说·游仙窟)

(7) 含恨含娇独自语,今夜月,太迟生。(全唐五代词·后晋和凝·江城子)

(8) 初见侍者便问:"和尚还在也无?"对曰:"在,只是不看客。"师曰:"太深远生!"(祖堂·集卷四)

(9) 僧曰:"大悭惜生。"(祖堂·集卷二)

1. 唐五代的"生"还可接于名词之后。如果出现在"太+名词+生"结构中,整个结构具有形容词的功能,表某种状态。例:

(10) 海鲸露背横沧溟,海波分作两处生。(唐·元稹《元氏长庆集·卷二十三·侠客行》)

(11) 有僧在师身边叉手立,师云:"太俗生!"僧又合掌,师云:

---

① 《全唐诗》P1892李白《戏赠杜甫》写作"借问形容太瘦生";朱骏声《说文通训定声·鼎部十七》认为"瘦生"应是"瘦婚"。

"太僧生！"（祖堂集·卷十六）

　　"太俗生"即过分像凡夫俗子模样；"太僧生"即过分像僧人模样。

　　2. 词尾"生"也可接于动词和动词性结构之后，表状态，即"……的样子"。例：

　　（12）僧见雀儿啄生，问师："为什么与摩忙？"（祖堂集·卷四）

　　（13）洞山问他屋里有多少典籍，师曰："一字也无。"进曰："争得与摩多知生？"（祖堂集·卷二）

　　（14）师云："还见老僧也无？"对云："见。"师云："见何似生①"？对云："似一头驴。"（祖堂集·卷十八）

　　（15）这个行者，何不教伊？大无礼生！（祖堂集·卷四）

　　3. 此外，词尾"生"还放在疑问代词之后，构成"怎生""若生""甚生""何似生"等词充当状语、定语、主语、谓语。例：

　　（16）新结同心香未落，怎生负得当初约。（全唐五代词·南唐冯延巳·鹊踏枝）

　　（17）今日捉降，若生是？（敦煌变文集·李陵变文）

　　（18）甚生队仗：白月西沉，红日初生。（敦煌变文集·太子成道经）

　　（19）佛告会中无尽意，这个修行何似生？②（敦煌变文集·妙法莲花经讲经文）

　　"若生""甚生""怎生""何似生"意义上与"谁""什么""怎样"相当。

　　4. 唐五代，后缀"生"大量出现于"作么生"一词中。例：

　　（20）作摩生是和尚本分事？（祖堂集·卷三）

　　（21）适来意作摩生？（祖堂集·卷三）

　　（22）如今合作摩生行李？（祖堂集·卷十六）

　　（23）某甲一日作摩生修行？（祖堂集·卷十四）

　　以上四例中，"作摩生"分别充当句子的主语、谓语、定语、状语。"生"与"作么"密不可分，已彻底虚化为一个音节，无任何意义。追其源，最初也是接在疑问代词后的词尾。"作么生"的早期形式为"何物

---

　　① "何似"为动宾结构即"似何"。

　　② "何似"为疑问代词，"似"为语助，无意义。参见蒋礼鸿《敦煌变文字义通释》，第524页。

生""作物生""作勿生""作没生"。例：

（24）何物生即吃尽如许枣？（历代笑话集·启颜录）

（25）作物生即吃尽我尔许馇？（历代笑话集·启颜录）

（26）作没生得见"无物"，见"无物唤作是物"？①（神会和尚遗集 P116）

（27）作勿生是定［惠］等？（神会和尚遗集 P138）

其中，"何"为疑问代词显而易见，"物""勿""没""摩""么"都属中古明母字，可互相替用，也是表疑问的。至于"何物"表疑问，则是魏晋南北朝时期所习见的现象。例：

（28）牛屋下是何物人？（世说新语·雅量）

（29）陆逊、陆抗是君何物？（世说新语·方正）

（30）语卿道何物？（世说新语·贤媛）

"何物"，即"什么"。

5. 总之，唐五代的词尾"生"，主要是接在形容词与疑问代词之后，起构词作用。接在形容词（包括名词、动词或动词性结构）后的"生"有表状态的意义；接在疑问代词后的"生"，已虚化为音节。

（二）宋代，"形容词＋生"仍是最常见的，功能上依然是做谓语。例：

（31）雨入秋空细复轻，松梢积得太多生。（杨万里《诚斋集·卷三十二·发孔镇晨炊漆桥道中纪行之八》）

（32）览尺山川更城郭，雨花台上大奇生。（诚斋集·卷三十一·三月三日上忠襄坟因之行散得十绝句之三）

（33）山蛰惊尘已发声，移花移竹正忙生。（方岳《秋崖集·卷八·雨中有感》）

（34）世于吾道亦聊尔，我与梅花各瘦生。（《秋崖集·卷七·除夜宿桐庐》）

（35）夕凉恰恰好溪行，暮色崔人底急生？（诚斋集·卷三十九·夏至雨霁与陈履常暮行溪上之二）

1. 同时，有些单音形容词已与"生"结合处于状语位置。例：

（36）这都是不曾好生去读书。（朱子语类·卷十四）

---

① 例（26）、例（27）两例，参见吕叔湘《近代汉语指代词》，第 319 页。

（37）道是兰溪水较宽，兰溪欲到怪生难。（诚斋集·卷二十六·下横山滩头望金华山之三）

（38）柳下碧粼粼，认辙尘，乍生色嫩如染。（宋四家词选·王沂孙《南浦》）

（39）天气骤生轻暖，衬沈香帷箔。（词综·卷四·宋祁·好事近）

这些"形容词+生"都已成为副词，"生"为副词词尾。因此，作为词，它们还可带助词"地"。例：

（40）待恁时，等着回来贺喜，好生地剩与我儿利市。（柳永《长春乐词》）

副词词尾"生"在功能上和结构上与副词词尾"地"相同。（祝敏彻，1982；石锓，1992）个别形容词的特殊重叠形式也可带"生"，构成"AABB生"，这与结构助词"地"的"AABB地"式在功能与结构上相同（吕叔湘，1984：125—126），例：

（41）忆昨游桂林，岩洞甲天下。奇奇怪怪生，妙不可模写。（戴复古《石屏诗集·卷一·玉华洞》）

2. 宋代没有发现名词带"生"的例句。动词或动词性结构带"生"的情形依然存在。例：

（42）师曰："会得即无生。"曰："未会在。"（五灯会元·卷三）

（43）夜里暗双陆，赛彩若为生？（五灯会元·卷五）

（44）制空禅师谓师曰："日出太早生。"（五灯会元·卷三）

以上三例用在存现动词、动宾结构和全句之后，已由词缀变为助词，功能上相当于"了"。（王力，1989）

3. "疑问代词+生"的用法还存在。例：

（45）病民岂天意，致此定谁生？（诚斋集·卷一·视旱遇雨）

（46）不知讨论底事着，为复怨嗟谁子生？（诚斋集·卷十四·不寐之三）

（47）青春已在残红里，更著渠侬何似生？（诚斋集·卷三·和子上弟春霭）

"谁生""谁子生""何似生"意义上大体相当于"什么""怎么样"。

4. 宋代，"作么生"也使用，例：

（48）斫尽老槐与枯柳，更看渠侬作么生。（诚斋集·卷十·夜闻风声）

但逐渐被"怎生"代替（向熹，1993：256—258），一般只处在状语位置上，且可以带结构助词"地"。例：

（49）不知怎生地伐国？（程氏遗书·卷十八）

总之，宋代的"生"都有向状语位置上移动的趋势。"形容词＋生"结合为副词，"生"变为音节；"疑问代词＋生"渐变为"怎生"，"生"也只是一个音节。

（三）元代是各种语法成分最丰富且趋于成熟而未成熟时期。（石锓，1991）"生"也有个别奇特用例。例：

（50）如今带著弓箭射，儿子野鸡行有，说谎做贼，因此生么道说有。（元典章三十五·兵部二·军器）

（51）休道这生年纪后生，恰早害相思病。（西厢记）

词尾"生"紧跟于连词和指示代词之后，这可能是其他语法成分功能渗透的结果。"因此生"在其他语法环境中都写作"因此上"。（石锓，1991）同时，这也说明了"生"的词尾功能已彻底虚化，只起衬音作用。

（四）明清时期，"生"作为词尾只出现在"怎生""偏生""好生"等几个固定的词之中，起衬音作用，已丧失构词能力。例：

（52）你两个却是怎生好？（水浒传·四十九回）

（53）武大郎好生有福。（水浒传·二十四回）

（54）偏生这拐子又租我的房舍居住。（红楼梦·四回）

（55）李纨道："好生着，别慌慌张张鬼赶来似的，仔细崩了牙子。"（红楼梦·四十四回）

同样，现代方言中也保留着指示代词、疑问代词和形容词带"生"的用法。如广东潮州方言有"只生"（这样）"许生"（那样）"怎生"的用法，西南官话区有"好生""好好生生"之说；例：

（56）只生个物件孬食？（这样的东西不能吃？）zī sē kai muē? Kiā mo zia?

（57）伊许生，你会同意也？（他那样说，你同意吗？）

（58）潮州菜你食着怎生？（潮州菜你吃起来觉得怎样？）①

（59）你好好生生吃饭，别玩喽！

综上所述，近代汉语词尾"生"做词尾的功能到元明时期已经消失。

---

① 例（56）、例（57）、例（58）的材料由林伦伦先生提供，谨谢！

究其原因,很可能是助词"地"与"了"的用法已经成熟,取代了词尾"生"的功能。"地"出现于魏晋南北朝,成熟于唐宋,其功能上在元代被"的"部分取代。"了"出现于唐五代,成熟于宋代,在元代其用法已全面而复杂。(王力,1989)二者相合,已完全囊括了"生"的功能。因此,词尾"生"的消失成为一种必然趋势。

参考文献

[1] 蒋礼鸿:《敦煌变文字义通释》,上海古籍出版社 1988 年版。

[2] 吕叔湘:《近代汉语指代词》,学林出版社 1985 年版。

[3] 祝敏彻:《〈朱子语类〉中"地"、"底"的语法作用》,《中国语文》1982年第 3 期。

[4] 石锓:《元代结构助词"的"研究》,《兵团教育与研究》1992 年第 2 期。

[5] 吕叔湘:《汉语语法论文集》,商务印书馆 1984 年版。

[6] 王力:《汉语语法史》,商务印书馆 1989 年版。

[7] 向熹:《简明汉语史》(下),高等教育出版社 1993 年版。

[8] 石锓:《元代几种白话文献中的助词》,硕士学位论文,四川大学,1991 年。

原载《古汉语研究》1996 年第 2 期

近代汉语中几个特殊的时体助词

汉语"时体"（Tense and Aspeet）范畴在近代汉语和现代汉语中主要通过完成体助词"了"、持续体助词"着"、经历体助词"过"来表现。除此，近代汉语中还有几个特殊的时体助词。

我们通过对东汉、魏晋、唐、宋、元等几个时期的白话文献的考察，发现了"却""取""只""将"几个时体助词在近代的演变与用法。

一 却

（一）与"了"一样，"却"本来是个动词，后用于另一动词之后，逐渐虚化为助词，带有"去""掉""了"等意义。（张永言，1985：179）这种虚化过程在魏晋时期已开始。例：

（1）国有大难，何由攘却？（佛经文学故事选 P115）

（二）"V 却"在唐代已有大量用例。（张相，1979：41）在《敦煌变文集》中，"V 却"共出现 137 例，其中"V 却 O"占 115 例。"A 却"仅出现一例。"V"全为单音动词。

例：

（2）若不今生猛断却，冤家相报几时休。（P181）

（3）我今世上过却千万留贱之人，实是不曾见有。（P176）

（4）遗却汗衫子一领，搜获更无踪由。（P224）

（5）叵耐这贼，临阵交锋，识认亲情，坏却阿奴社稷。（P202）

由此看来，"却"在功能上与"了"无别（木霁弘，1986），可以看成一个完成体助词，只是对动词的选择比"了"受限制，其前只容许单音动词存在。

五代时期，"却"的用法与唐代无别。例：

（6）汝与我斫却，这个树碍我路。（祖堂集·卷五）

（7）僧众才集，和尚关却门便归室。（祖堂集·卷四）

（三）宋代，时体助词"却"的功能加强，不仅有"V却""V却O""A却"等用法，还产生了"A却O""偏正结构十却"的用法，动词也可以是双音节的。例：

（8）盖先有心于简，则多却一简矣。（程氏遗书·卷二十二）

（9）此一行甚分明，人自错解却。（程氏遗书·卷十九）

（10）若只指认温故知新便可为人师，则窄狭却气象也。（程氏遗书·卷二十二）

（11）观良（张良）心，只是为天下，且与成就却事。（程氏遗书·卷十九）

（四）元代《宋元平话》和元曲等接近书面的白话文献里，"却"的功能减弱，只保留了"V却"和"V却O"的用法。例：

（12）徽宗闻言大喜，即时易了衣服，将龙衣御却，把一领皂褙穿著。（宋元平话 P309）

（13）人生何处不相逢，早忘却更长漏永。（元曲选 P1358）

但在《元典章》《元代白话碑集录》《元朝秘史》等直译的元代公牍文中已不见"却"的时体助词用法，可见，"却"作为时体助词在元代口语中已被淘汰了，但这并不排除它作为一种化石语素在后代语言中继续留存。

概言之，近代完成时体助词"却"出现于魏晋，在唐代得到发展，成熟于宋，元代渐趋消亡。如果说，东汉末期的"已""讫""竟"和唐代的"罢""煞"一起和"了"构成了近代完成时体的雏形的话，那么"却"在唐宋两代口语中与"了"构成了比较完善的近代完成时体范畴。

二　取

（一）与"却"一样，"取"原本也是一个动词。汉代中土文献和佛经文献中，"取"就已紧跟另一动词后，但仍保留"取得"这一词汇意义。例：

（1）赖得贤主人，览取为我组。（汉·乐府古辞《艳歌行》）

（2）剥取其皮以献我王者可得重赏。（大正大藏经·菩萨本缘经 P69下）。

（二）唐代，"取"的词汇意义已完全虚化，只能作为一个语法形式存在。例：

（3）白庄上林中有三四窠，生儿欲大，总不经括，既有如此伎俩，到庄即须养取此鸟。（启颜录）

唐五代的"取"，结构形式只有"V取""V取O"两式。动词全为单音动词。例：

（4）或曰三句外省去，或曰六句外会取。（祖堂集·卷四）

（5）拣得一百个话，不如道取一个话；道得一百个话，不如行取一个话。（祖堂集·卷十一）

（6）重待烧红烛，留取笙歌莫放回。（全唐五代词·冯延巳）

（7）胡言汉语真难会，听取胡歌甚可怜。（全唐五代词·敦煌词）

例（4）的"取"相当于"来"，例（5）的"取"相当于"得"，例（6）的"取"相当于"着"，例（7）的"取"相当于"了"。由此看来，唐五代的"取"，其词汇意义与语法意义都比较模糊，是"取"在历史演变中的一种中间状态。如果我们把它定为助词是不会有问题的。

我们分析了《朱子语类》和《二程集》中"取"的用法，发现的结果与唐五代没有不一致的地方。

（三）元代，"取"的功能已开始向时体助词转化。例：

（8）彦超以为信，佩取了箭，跃马奋击。（宋元平话 P213）

（9）则怕我片时间多忘，你心中记取。（元曲选 P655）

（10）郭威被刺污了脸儿，思量白净面皮今被刺得青了，只得索性做个粗汉，学取使枪使棒，弯弓走马。（宋元平话 P191）

（11）咱两个说取一个牙疼誓。（元曲选 P700）

上述"取"，有的可以说成"着"，有的可以译成"了"，例（11）似乎还和将来时体有关。我们可以肯定，元代的"取"已是一个"准时体助词"，但表示的是完成？持续？还是经历？还很难判定。明清以后逐渐不用了。

三　只

（一）"只"只出现在元代，而且只有元曲中有用例。例：

（1）囫囵课，你拿只，江茶引，我抬起。（元曲选 P894）

（2）他前面引只，我背后把他跟随。（元曲选 P699）

（3）我待来且慢只，我问他个擘两分星。（元曲选 P658）

（4）拣一塔干净田地，将这厮跪只、按只，与我杖只。　（元曲选 P1217）

（5）我这官职呵，大古里箱儿里盛只。（元曲选 P442）

（6）直等到午时三刻，听的那一声叫下手只。（元曲选 P607）

（二）由上例可以看出，"只"的用法与"着"部分相同。元代，时体助词"着"即表示持续也表示动作进行（王力先生认为：时体助词"着"在唐代已出现，主要表示状态的持续。参见王力，1989：95—96）。同时，表祈使语气的助词"着"，元代仍继续在使用［吕叔湘先生分析了"者"（著、着）在宋代的使用情况。参见吕叔湘，1984：65—70］。例（1）至例（5），"只"的用法就是表持续的时体助词"着"的用法；例（6）的"只"就是表祈使语气的"着"。只是表动作进行的"着"还不能写成"只"。"只"很可能只是"着"的一个不同的书写形式。虽然，元代"只"、"着"读音还有区别——"着"支母萧豪韵入声作平声阳；"只"支母支思韵上声——但在某些方言的口语中读音很可能一样了。

四　将

（一）助词"将"是由上古表"携带""挟持"义的动词"将"发展而来的。（杨天戈，1986）汉代，"将"已紧跟另一动词后，其词汇意义往往受前一动词的影响。例：

（1）其母命终，才能举足，东西游伴，不能自活，即时扶将，谐所止顿。（大正大藏经·生经 P93 上）

（2）菩萨出观，其大爱道抱将来出。八万婇女来迎菩萨。（大正大藏经·普曜经 P497 下）

"将"字虚化为助词是唐代完成的。（曹广顺，1990）它的基本作用有二：一是配合趋向动词表动作趋向；二是配合趋向动词表示动作开始。

从结构上说，唐五代的"将"有下列四种结构格式：

A 式：动＋将（＋宾）＋趋向补语。例：

（3）处分鬼神齐用命，捉将来，畅我身。（敦煌变文 P347）

（4）送将欢笑去，收得寂寥回。（全唐诗 P5772）

B 式：动＋将＋宾。例：

（5）鸟偷飞处衔将火，人争摘时踏破珠。（全唐诗 P5029）

C 式：动$_1$＋将＋动$_2$。例：

（6）阿娘不忍见儿血，擎将泻着粪堆傍。（敦煌变文 P235）

D 式：动＋将。例：

（7）小女一身邂逅中间，天衣乃被池生收将，不得露形出池。（敦煌变文 P883）

（二）除 A 式配合趋向动词表动作趋向外，"将"的 B、C、D 三式都配合趋向动词表示动作开始。因此，我们有理由认为"将"大体上是一个时体助词。只不过是一个特殊的时体助词罢了，它不能像"了""着""过"那样明确地表示动作完成、持续和经历。

（三）元代，"将"的 C、D 两式已经消失，A、B 两式有所发展。

A 式中，宾语变得复杂，由偏正短语充当。例：

（8）昨日是七月七节日，我特地打将上等高粱酒来，待和你赏七月七则个。（宋元平话 P314）

（9）今后诸投下保达鲁花赤呵，有姓汉儿人见任达鲁花赤勾当里行二年之后，保将有体例的色目人来者。（元典章九·吏部三·官制三·投下）

（10）婆婆，你去镟将热酒来，着孩儿吃。（元曲选 P464）

"将"也可跟于双音动词之后。例：

（11）上钦奉圣旨倚付将来。（元代白话碑集录 P102）

（12）这浑家要跟随将我去。（元曲选 P687）

"将"的补语还可为复合趋向动词。例：

（13）成吉思汗上马，将已走的百姓亦挡将回来。（元朝秘史·卷四）

（14）贴木真哭将出去。（元朝秘史·卷二）

（15）自从韩二休将我出来，我腹怀有孕，白日里在这四村上下叫化，我到晚来在巡铺里歇息。（元曲选 P460）

A 式的否定式可以是：动 + 不 + 将 + 宾 + 趋向补语。例：

（16）如今筛子里喂驴漏豆了，赶也赶不将他出去。（元曲选 P478）

A 式的宾语可位于趋向补语之后。例：

（17）我把信物接将来手里，看有甚亲题标记。（元曲选 P521）

B 式发展为：

动$_1$ + 将 + 宾 + 动$_2$（连动式）

动$_1$ + 将 + 兼 + 动$_2$（兼语式）。例：

（18）限三天捉将蒸王献我。（宋元平话 P636）

（19）王翦班师，虏将赵王归秦，见秦始皇。（宋元平话 P605）

（20）则被这红灼灼洞中花、碧澄澄溪上水，赚将刘阮入桃源。（元曲选 P1361）

A、B 两式还可以套在一起用。例：

（21）唬得楚王跌倒龙椅，文武近臣扶将楚王起来坐定，进上安魂定魄汤，饮了方醒。（宋元平话 P630）

（22）地分捉将郭威解赴节度使司去。（宋元平话 P194）

套用中的趋向补语，与"V 将"的关系已经松散。

（四）与唐代相比，元代的"将"配合趋向动词表动作趋向的语法意义逐渐加强，而表动作开始的语法意义逐渐减弱。这大概是因为"了""着""过"经过宋元两代的发展，表时体的功能逐渐加强，因而从时体语法场中逐渐把其他语法形式挤出去了。

参考文献

[1] 张永言：《训诂学简论》，华中工学院出版社 1985 年版。

[2] 张相：《诗词曲语辞汇释》，中华书局 1979 年版。

[3] 木霁弘：《〈朱子语类〉中的时体助词"了"》，《中国语文》1986 年第 4 期。

[4] 王力：《汉语语法史》，商务印书馆 1989 年版。

[5] 吕叔湘：《汉语语法论文集》，商务印书馆 1984 年版。

［6］杨天戈：《早期白话助词"将"的用法及历史演变》，《语文论集》（二），外语教学与研究出版社 1986 年版。

［7］曹广顺：《魏晋南北朝到宋代的"动＋将"结构》，《中国语文》1990 年第 2 期。

原载《丝路学刊》1995 年第 3 期

近代汉语结构助词"个"与"价"

近代汉语中，表示结构关系的助词主要有"底""地""得""的""来""得（的）来"等几个。这些，时贤们多有论述。我们拟在本文讨论另外两个表示结构关系的助词"个"与"价"。

一　结构助词"个"

（一）"个"做结构助词也写作"個"、"箇"，始见于隋唐，主要是接于副词之后做状语，功能上相当于结构助词"地"。例：

（1）坐来生百媚，实个好相知。（隋炀帝《赠张丽华》诗）

（2）侬家真个去，公定随侬否？（王维《酬黎居士淅川作》诗）

（3）筐筹晓携去，蓦个山桑坞。（皮日休《茶籯》诗）

（4）为言万古无千改，谁知早个化为尘。（《敦煌变文集》P722）

（5）独自个，立多时。露华浓湿衣。（全唐五代词·欧阳炯·更漏子）

"实个""真个""蓦个""早个""独自个"等"个字结构"中，"个"前的副词是情态副词和时间副词。魏晋南北朝出现的结构助词"地"，从结构上看可以跟在动词、形容词或副词之后，从功能上看可以做谓语或状语。（刘坚等，1992：138）"个"与"地"属同一语法范畴，但无论从出现时间、结构和功能哪一方面看，"地"在语法场中都占有优势。

（二）宋代，"个"结构上除仍跟于副词之后外，出现了跟于形容词和名词之后的新用法；功能上除做状语外，还可做谓浯。

"个"跟在形容词之后的，例：

（6）师曰："汝识某甲否？"曰："分明个。"（五灯公元·卷三）

（7）分明真实个，不用别追攀。（五灯公元·卷十）

上两例的"个"都接于形容词之后，与形容词构成"个字结构"一起做谓语。这种现象的出现是因为结构助词"地"功能渗透的结果。不同的是宋代做谓语的"地"字结构，"地"前的形容词不是"ABB地"结构就是"AA地"结构。（祝敏彻，1982）"个字结构"不受此限制。

"个"跟在时间名词之后的，例：

（8）苦被多情相折挫，病绪厌厌，深似年时个。① （苏轼《蝶恋花》词）

（9）记得当初个，与玉人幽欢小宴。（晁补之《蓦山溪》词）

宋代，跟在时间名词之后的"个"做宾语。从结构和功能两方面看，这是结构助词的"个"不同于结构助词"地"的用法。这种用法的出现受到了两方面因素的影响：一是结构上受"时间副语＋个"的影响；二是功能上受"个字结构"可处于非状语位置的影响。

（三）元代，结构助词"个"大量出现，功能上趋于一致，一般只做状语；结构上也基本固定，"个"只接于副词和时间名词之后。

1. 跟在副词之后的"个"。例：

（10）正值着天阴船漏，执短棹有谁救？险些个踏翻一叶舟，性命似水上浮沤。（元刊杂剧三十种新校·竹叶舟）

（11）万一个被他识破有参差，可不把美人图干着使？（元曲选·隔江斗智）

（12）元来个大唐朝也名将乏。（元曲选·薛仁贵）

（13）将本求财，在家出外，诸般儿快，拥并也似钱来。到底个还不彻冤家债。（元曲选·老生儿）

（14）这七条弦兴亡祸福都相应，端的个圣贤可对。（元曲选·玉镜台）

（15）今日见奉使重宣，他才个克己复礼。（元曲选外编·醉写赤壁赋）

（16）适才个筵前杯酒叙殷勤，又则待仗剑学从军。（元曲选·秋胡

---

① "年时个"即"从前"。参见张相《诗词曲语辞汇释》，第372页。

戏妻）

（17）从来个人命事关连天大，怎容他杀生灵似虎如豺。（元曲选·陈州粜米）

2. 跟在时间名词之后的"个"。

"时间名词＋个"中的名词所指时间不强调时间的自始至终，是时点时间名词，不是时段时间名词，如"今年""昨日""当夜"等。例：

（18）今年个不敢来迟，有一个未拿着性儿女婿。（元刊杂剧三十种新校·调风月）

（19）昨日个风又起，今日个雪乍晴。（元曲选·冻苏秦）

（20）当日个为多情一曲《满庭芳》，曾贬得苏东坡也趁波逐浪。（元刊杂剧三十种新校·紫云亭）

（21）来日个宰相五更寒，正三鼓未更残。（元刊杂剧三十种新校·霍光鬼谏）

（22）休得行唐，火速疾忙，见咱个旧日个恩官使长，与咱多多的准备重赏。（元刊杂剧三十种新校·紫云亭）

（23）弟兄今日难相守，甚日个得完就？（元曲选外编·千里独行）

（24）月满空，恰二更，当夜个吹散了他那英雄百万兵！（元刊杂剧三十种新校·追韩信）

（25）昨宵个月明如水浸楼台。（元曲选·争报恩）

3. 综观元代结构助词"个"的使用情况，我们发现"个"部分地拥有结构助词"地"的用法，同时也出现了一些独特的用法，有自己的特色。但也有个别的"个"其用法与结构助词"底（的）"与"得"同，能出现于定语和中心语、动语和补语之间。例：

（26）这的是自有傍人说短长，铜斗个家私你独自掌。（元曲选·杀狗劝夫）

（27）抵多少绿暗红稀出凤城，拼得个倒尽沙头双玉瓶。（元曲选·误入桃源）

例（26）的"个"相当于"底（的）"，还兼表比况意义；例（27）的"得个"相当于"得来"。（刘坚等，1992：146）这可能是受了结构助词"底（的）"和"得（的）来"的影响。

4. 元代以后，"个"的结构助词用法逐渐消失，这与结构助词"地"用法的发展有密切关系。元代，有些副词做状语是可以带结构助词"地

（的）"与"个"的。例：

（28）诉出咱这实情，怕没有公与卿必然的要准行。（元曲选·陈州
粜米）

（29）必然个宽打着大周折。（元曲选·黑旋风）

例（28）、例（29）中，"必然"做状语既可以带"的"也可以带
"个"。后来的语言发展，"地"的这部分用法没有了，"个"的用法也跟
着消亡。元代时间名词因经常处于状语位置，受语法类化作用影响，也可
以带"个"。但随着"副词＋个"结构的消失，"时间名词＋个"结构也
就不存在了。但这并不排除它在某些方言中继续留存。

二　结构助词"价"

近代汉语结构助词"价"又写作"家""介""假""嘏""加"，出
现于宋代。

（一）宋代的"价"，与"个"一样也跟在副词之后，例：

（30）日高花气扑人来，独自价伤春无绪。（《花草粹编》三·严次山
《玉连环》词）

与例（5）比较可知，"独自价"即"独自个"。同样，宋代的"价"
也可接于时间名词之后。例：

（31）追悔当初孤深愿，经年价，两成幽怨。（柳永《乐章集·凤衔
杯》）

（32）细看流风回舞，终日价浅酌轻讴。（赵长卿《惜香乐府·卷
六·满庭芳》）

（33）雪后雨儿雨后雪，镇日价长不歇。（杨无咎《逃禅词·天下
乐》）

（34）要见时时便是，一向价，只作寻常。（全宋词·沈蔚·满庭芳）

从结构上看，"价"同"个"一样可跟在时间名词之后，不过"个"
前的时间名词表示的是时点，而"价"前的时间名词强调的是时段。从
功能上看，"价"不管接于副词之后或是接于时间名词之后，"价"字结
构一般只做状语。但总体上看，宋代的结构助词"价"与结构助词"个"
相比较，结构上相同，功能上基本一致。

（二）元代，结构助词"价"一方面保留了宋代的用法，另一方面也

有很大的发展。与"个"分道扬镳，形成了自己的用法。

1. 保留宋代用法的"价"结构上依然可跟在副词和时间名词之后，功能上还是做状语。例：

（35）恰才家荤路儿熟滑，怎下的真个长门再不踏。（元曲选·汉宫秋）

（36）他道俺哥哥十分家沉醉，且吃些儿热汤热水。（元曲选·杀狗劝夫）

（37）每日价园内修持。（元刊杂剧三十种新校·任风子）

（38）平日家好穿的衣服，都与他装裹在身上。（元刊杂剧三十种新校·铁拐李）

2. "价"在元代用法的发展体现在，结构上可接于名量结构、动量结构、指代结构、动宾结构和连动结构之后，功能上不仅可做状语，也可做定语。

跟在名量结构之后的"价"。例：

（39）我则要乘兴两三杯，做一个家好筵席。（元曲选·争报恩）

（40）不付能较，每日三二里家捱着行，前后又早数月，分将到荆州。（元曲选·王粲登楼）

跟在动量结构之后的"价"。例：

（41）则听的韵悠悠的耳畔吹寒角，一回价不蓦蓦的催军鼓擂，响当当的助战锣敲。（元刊杂剧三十种新校·三夺槊）

（42）我若还更九番家厮并。他比的十恶罪尚犹轻。（元刊杂剧三十种新校·紫云亭）

跟在指代结构之后的"价"。例：

（43）我割舍的发会村，怒哞哞使会狠，便做道佛世尊，这回家也怎地忍。（元曲选·燕青博鱼）

（44）现如今告状的全不似古贤师，这般家闲雕刺。（元曲选·杀狗劝夫）

跟在动宾结构之后的"价"。例：

（45）你心思把褐衲袄脊梁上披，强似着紫朝衣。论盆家饮酒压着诗词会。（元刊杂剧三十种·拜月亭）

跟在连动结构之后的"价"。例：

（46）无奈那雀儿成群结队价来偷吃谷栗。才赶得东边的去，又向西

边来吃。（宋元平语·五代周史平话）

做定语的“价”字结构。例：

（47）哎，量米又量的不平，元来是八升嗄米小斗儿加三秤。（元曲选·陈州粜米）

（48）怎么的口边头拔了七八根家狗毛，脸儿上拿了三四个狗蝇。（元曲选·杀狗劝夫）

（49）郭威吃董璋争了这功，又隶属他部下，思量与他厮争不出，呕了一肚价怒气，没奈何。（宋元平话·五代周史平话）。

很明显，做定语的都是“名量＋价”结构，如“八升嗄”“七八根家”“一肚价”等。

3. 元代的结构助词“价”还可以与结构助词“地”构成“×地价”，一起表示结构关系。例：

（50）那李克用正在醉中，鼻齁齁齁齁地价睡。（宋元平话·五代唐史平话）

由此看，“价”的用法在元代的发展是进一步与“地”的用法靠近。

4. 也有个别“价”出现在动词和补语之间，构成“得（的）价”表示结构关系，相当于“得来”与“得个”。例：

（51）你可便休道拾得一个孩儿落得价摔。（元曲选·儿女团圆）

（52）可不先犯了个风流罪，落的价葫芦提罢俸钱。（元曲选·陈州粜米）

这同样是受了结构助词“得来”的影响。

（三）明代，随着结构助词“个”的消失，结构助词“价”的部分用法也消失了。副词、时间名词带“价”的格式已不具有能产性。功能上，“价”字结构只能做状语；结构上，保留了数量结构、动宾结构、连动结构带“价”的用法。例：

（53）原来都是一丛小船，两只价帮住，上面满满堆着芦苇柴草，刮刮杂杂烧着。（水浒传·卷十九）

（54）正在西山气忿忿的，又听得东山边锣声震地价响。（水浒传·卷三十四）

（55）却说江州城里，望见无为军火起，蒸天价红，满城中讲动。（水浒传·卷四十一）

（56）李逵正在江里探头探脑价挣扎浮水。（水浒传·卷三十八）

1. 明代的结构助词"价"发展不大，只是在结构上有些小的变化。在数量结构带"价"的基础上出现了"形容词＋量词"带"价"的格式；在动宾、连动结构带"价"的基础上出现了"比况结构"带"价"的格式。例：

（57）酒把大碗来筛，不奈烦小盏价吃。（水浒传·卷三十八）

（58）店主人便去打两角酒，大碗价筛来，教武行者吃。（水浒传·卷三十二）

（59）李逵见了，也不谦让，大把价捯来，只顾吃。（水浒传·卷三十八）

（60）盗得一匹好马，雪练也似价白。（水浒传·卷六十）

2. 总之，明代的结构助词"价"的用法已与结构助词"地"的用法重合，没有了自己的特点。明代以后，"价"作为结构助词的用法已渐趋消亡，究其原因是结构助词"地"已拥有了它的全部用法，"价"已没有存在的必要。

（三）从以上对"个"与"价"的分析中，我们发现：在近代汉语"状谓结构"范畴中，"地""个""价"等几个结构助词曾经一同担负起了表达状谓结构关系的任务。而且用法上互相渗透，只不过"地"的用法更加复杂，表达更为全面，在语法场中占有优势，而"个"与"价"只是有条件地协助"地"起了一些作用，同时也产生了各自的一些特殊用法。在长期发展过程中，"地"的用法进一步发展，最终取代了"个"与"价"的作用，"个"与"价"做结构助词的用法也就逐渐消亡。

参考文献

[1] 刘坚等：《近代汉语虚词研究》，语文出版社 1992 年版。

[2] 祝敏彻：《〈朱子语类〉中"地"、"底"的语法作用》，《中国语文》1982 年第 3 期。

[3] 张相：《诗词曲语辞汇释》，中华书局 1979 年版。

[4] 向熹：《简明汉语史》，高等教育出版社 1993 年版。

原载《丝路学刊》1996 年第 1 期

浅谈助词"了"语法化过程中的几个问题[*]

　　助词"了"的形成和发展是汉语语法史上划时代的重大变化。因此，前修时贤对它的研究较多，取得了许多有价值的成果，并形成了一些有影响的理论。^① 我们也调查了部分白话文献中"了"的用法，试图在本文中探讨助词"了"在语法过程中的三个问题。第一，助词"了"语法化的标记是什么？我们根据什么标准来判断"了"在演变过程中已由完成动词变成了助词？第二，助词"了₁"的性质如何？把它归入动态助词一类是否准确？第三，助词"了₂"的句法位置如何？是不是所有的"了₂"

　　* 本文在写作过程中,得到了赵振铎老师、曹广顺、雷汉卿、黄群建、万世雄等诸位先生的指教,谨谢。文章中的错误乃笔者造成。

　　① 王力:《汉语史稿》中册。

　　赵金铭:《敦煌变文中所见的"了"和"着"》,《中国语文》1979 年第 1 期。

　　潘维桂等:《敦煌变文和〈景德传灯录〉中"了"字的用法》,《语言论集》第 1 辑,中国人民大学出版社 1980 年版。

　　吕叔湘:《现代汉语八百词》。

　　梅祖麟:《现代汉语完成貌句式和词尾的来源》,《语言研究》1981 年第 1 期。

　　刘勋宁:《现代汉语句尾"了"的来源》,《方言》1985 年第 2 期。

　　曹广顺:《〈祖堂集〉中的"底（地)"、"却（了)"、"着"》,《中国语文》1986 年第 3 期。

　　曹广顺:《语气词"了"源流浅说》,《语文研究》1987 年第 2 期。

　　陈刚:《试论"动—了—趋"式和"动—将—趋"式》,《中国语文》1987 年第 4 期。

　　刘勋宁:《现代汉语词尾"了"的语法意义》,《中国语文》1988 年第 5 期。

　　王远:《再谈现代汉语语尾"了"的语法意义》,《中国语文》1990 年第 3 期。

　　刘坚等:《近代汉语虚词研究》。

　　向熹:《简明汉语史》下册。

　　曹广顺:《近代汉语助词》。

　　吴福祥:《敦煌变文语法研究》。

　　李讷、石毓智:《论汉语体标记诞生的机制》,《中国语文》1997 年第 2 期。

　　曹广顺:《试论汉语动态助词的形成过程》（稿),1997 年。

都位于句末，都有成句的作用？

一　助词"了"语法化的标记

在分析"了₁"由动词语法化为助词的过程时，有些学者发现中晚唐时期"了"在具体的例句里有没有语法化为助词，单纯从意义上很难判定，因此主张以"动词＋了＋宾语"这个格式为形式标记来判定、检验"了"的语法化。即在"动词＋了＋宾语"格式中的"了"是助词，而在"动词＋了"、"动词＋宾语＋了"两式里的"了"还没有完全语法化，仍然是完成动词。（吴福祥，1996：288）

我们不反对以某种格式作为检验"了"语法化的标记。但是，我们认为"动词＋了＋宾语"格式不能作为检验"了"语法化的标记。我们有理由推测：动词和宾语之间的"了"在晚唐五代，在它刚刚移位的时间，不可能是一种补语，而一定是语法化了的助词呢？

其一，动态助词"却、取、将"在语法化为助词前也曾出现在动词和宾语之间。根据曹广顺的研究（曹广顺，1995：10、62），我们知道，汉末魏晋时期，"却、取、将"已经出现在动词和宾语之间了。但是，这时的"却、取、将"还是做补语的动词。它们作为助词在唐代才出现。如果按照"动词＋却（取、将）＋宾语"的标准来判断"却、取、将"的语法化，那么就会误认为动态助词在汉末魏晋就出现了。我们既然不能用"动词＋却（取、将）＋宾语"格式判断、检验"却、取、将"的语法化，又怎么能用"动词＋了＋宾语"格式判断、检验"了"的语法化呢？

其二，能够出现在动词和宾语之间的语法形式除了"了、却、取、将"等助词之外还有许多做补语的不及物动词、趋向动词和形容词等。我们肯定不能仅根据"动词＋X＋宾语"这一格式把所有的X都看成助词，只能认为它们是补语。那么，"动词＋了＋宾语"格式中的"了"在晚唐五代会不会也是一种补语呢？

其三，唐宋之际，做补语的完成动词"讫、竟、毕"都可以从宾语之后移位到动词和宾语之间。例：

（1）便以此夜诵竟之，自此日诵五遍为常。（冥报记·卷中）

（2）歌竟其一阕。（宣室志·补遗）

（3）循虎迹，十馀里溪边，奴已食讫一半，其衣服及巾鞋，皆叠摺置于草上。（太平广记·原化记）①

（5）圣王、景王二太子拜毕三王。（前汉书平话续集·卷下）

与"讫、竟、毕"意义和用法都相同的"了"在唐五代也可能作为补语移位到动词和宾语之间。

因此，我们认为以"动词＋了＋宾语"格式作为判定"了"语法化的标准是不合适的。但有一点必须说明：这并不是说，整个汉语史上所有的"动词＋了＋宾语"格式中的"了"都不是助词。我们只是考虑到晚唐五代"动词＋了＋宾语"中的"了"可能仍然是补语，还不是助词。因此，"动词＋了＋宾语"格式不能作为"了"语法化的标记。

那么，应该用什么样的标记来判定和检验助词"了"的产生呢？

首先说明，我们并不是想找一个对每一句中的"了"都起作用的语法标记，这在目前是不可能的。我们只是想从历时的角度找出能说明助词"了"确已产生的语法标记，并由这个标记来判定助词"了"产生的时代。这个标记不仅对判断"了₁"的语法化要起作用，而且对判断"了₂"的语法化也要起作用。因为"了₁"和"了₂"本来同出一源，是一个语法形式在不同语境中出现的两个变体，它们的语法化应由同一标准来检验。

鉴于历史语法缺乏活的言语环境，不易从语义上把握"了"的语义变化，我们将从结构形式入手，寻找"了"语法化的轨迹和标记。

从结构上说，晚唐五代的"了"在"动词＋了""动词＋宾语＋了""动词＋了＋宾语"等几种格式中大多都是变为动词的补语了。如果某些不能带补语的词或结构之后出现了"了"，那么这样的"了"不可能还是做补语的动词，而应该是语法化了的助词。同时，这些不能带补语的词或结构带上"了"也就成了助词"了"语法化的标记。

通过调查与分析，我们发现：非动作动词和动补结构不能带补语，它们所带的"了"应该是助词。"非动作动词＋了"或"动补结构＋了"应该是"了"语法化的标记。

晚唐五代，"动词＋补语＋了""动词＋宾语＋补语＋了""动词＋补

---

① 此例转引自曹广顺《〈元典章·刑部〉中的"讫"和"到"》，载《汉语史研究集刊》第 1 辑，巴蜀书社 1998 年版。

语＋宾语＋了""非动作动词＋宾语＋了"等结构都已出现。例：

（6）长大了择时聘与人，六亲九族皆欢美。（敦煌变文集·卷五）①

（7）者一队汉，向这里觅什么？趁出了。（祖堂集·卷十五）

（8）仰山危手接得了，便礼谢，噢。（祖堂集·卷十六）

（9）与摩则大唐国内山总被阇梨占却了也。（祖堂集·卷六）

（10）供主行香，不论僧俗男女，行香尽遍了。（入唐求法巡礼记·卷二）

（11）有一日，心造坐不得，却院外绕茶园三匝了，树下坐，忽底睡著。（祖堂集·卷十）

（12）若是文殊、普贤，昨夜三更各打二十棒，趁出院了也。（祖堂集·卷十六）

（13）雪峯便放却碗水了，云："水月在什么处？"（祖堂集·卷八）

（14）我亦见汝行脚人，入门便识得汝了也。（祖堂集·卷十六）

（15）大士梁时童子，当日一问、二问、三问，尽有人了也。（祖堂集·卷十）

例（6）、例（7）中，"长大"和"趁出"是由形容词和趋向动词充当补语的动补结构，"了"用在其后不可能是补语，而应是语法化了的助词。例（8）、例（9）中，"了"能跟在"得"、"却"之后，进一步说明了它的语法化。例（10）、例（11）中，"了"用在"动词＋宾语＋补语"结构之后，也不可能还是补语，应是助词。例（12）中的"了"用在"动词＋补语＋宾语"结构之后，是助词；例（13）、例（14）中的"了"用在"动词＋却（得）＋宾语"结构之后，也是助词。例（15）中的"了"用在"非动作动词＋宾语"结构之后。所谓非动作动词是指"有、无、没、在、是、象、关系、凭、朝"等不含较强动作行为的存现动词、判断词、比况动词、关系动词和朝向动词等。② 它们一般不能带补事，跟在其后的"了"同样也可证明是助词。

从例（6）至例（15），我们可以发现如下事实：语法化了的助词"了"全部位于全句末尾或分句末尾，没有位于句子谓语和宾语之间的。

---

① 此例由吴福祥先生发现并做过分析。

② 关于"非动作动词"，请参见王松茂主编《汉语语法研究参考资料》，中国社会科学出版社 1983 年版。

因此，我们可以肯定：晚唐五代，助词"了$_2$"已经产生，助词"了$_1$"还没有出现。

（16）恰则心头托托地，放下了日多萦系。（全宋词·毛滂·惜分飞）①

（17）徧历了，岳与牧。享过了，官与禄。（全宋词·吴潜·满江红）

（18）故方其动时，则无了那静。（朱子语类·卷二）

例（16）中，"了"用在动补结构和宾语之间，不可能再是补语，应是助词。例（17）中，"了"用于助词"过"之后，也应是助词。例（18）中，非动作动词"无"不能带补语，"了"位于它和宾语之间，不可能是补语，而只能是助词。

从例（16）、例（17）、例（18）三例中看，语法化了的助词"了"已可以用于谓语和宾语之间了。因此，我们可以肯定：北宋，助词"了$_1$"也已经产生。同时，在类化作用的影响下，助词"了$_1$"既能在"动词＋补语＋了＋宾语"格式中出现，也能在"动词＋了＋宾语"格式中出现。语言具有系统性，"了"的语法化过程也应具有系统性。因此，当"了$_1$"在北宋出现后，此后的"动词＋了＋宾语"结构与晚唐五代的"动词＋了＋宾语"结构，形式上一样，本质上却有很大差别。晚唐五代的"动词＋了＋宾语"结构中的"了"是补语，北宋以后的"动词＋了＋宾语"结构中的"了"大部分应是助词。

总起来说，判定"了"由动词语法化为助词的标记应该是：非动作动词和补结构在"了"前出现。这一标记对判定"了$_1$"和"了$_2$"的语法化都适用。从这个角度看，我们却发现"了$_2$"在晚唐五代已出现，"了$_1$"在北宋才出现。

二 助词"了$_1$"的性质

现在，大家比较公认的看法是："'了$_1$'用在动词后，主要表示动态的完成。"（吕叔湘，1980：314）因此，学者们都称其为"动态助词"。

我们以前对"了$_1$"的研究受印欧语理论的束缚太多。动态对印欧语比较合适，它们的动词就是谓语，动态就是谓语动词的态。汉语做谓语的

---

① 此例曹广顺先生已发现并做过分析。

不限于动词，再用动态的概念来指代"了₁"似乎不太准确。从助词
"了"语法化的过程来看，虽然大部分的"了₁"的确是用在动词之后，
但也有相当一部分的"了₁"却用在其他的词类或各种结构之后。大致可
分为如下几种情况：

1. "了₁"用在形容词之后。例：

（19）问东君，因甚将春，老了闲人。（全宋词·王观·高阳台）

（20）杏花雨过臙脂绰，紧了秋千索。（全宋词·韩玉·且坐令）

（21）今若以元者善之长，享者嘉之会，利者义之和，贞者事之干，
与来卜筮者言，岂不大糊涂了他？（朱子语类·卷十三）

2. "了₁"用在动补结构之后。例：

（22）分散去、轻如云与梦，腾下了、许多风与月，侵枕簟，冷簾
栊。（全宋词·毛滂·最高楼）

（23）如此说则是日比天行迟了一度，月比天行迟了十三度有奇。
（朱子语类·卷三）

（24）盖且养他气质，淘漉去了那许多不好底意思。（朱子语类·卷
九十五）

3. "了₁"用在动宾结构之后。例：

（25）即位了二十六年，改了六番年号。（宋元平话·宣和遗事前集）

（26）那座摘星楼兴工了数载，不曾动分毫府库资财。（元刊杂剧三
十种·介子推）

（27）俺之师父是个了达的祖师，在此山内修行了数十余年了。（元
曲选外编·猿听经）

（28）你孩儿带着金钏银镯，敢远乡了神珠玉颗！（元刊杂剧三十
种·焚儿救母）

（29）薛仁贵儿！子被你没主意了爷爷奶奶！（元刊杂剧三十种·衣
锦还乡）

（30）小生在这本庄上，结义了两个朋友。（元曲选·渔樵记）

4. "了₁"用在谓词性并列结构之后。例：

（31）道则自然生万物。今夫春生夏长了一番，皆是道之生长。（程
氏遗书·卷十五）

（32）枉了扫烟尘、立功勋，不能够高卧麒麟，古墓荒坟。断颈分尸
了父亲，划地狠毒心所算儿孙。（元刊杂剧三十种·赵氏孤儿）

（33）那里便灭门绝户了俺一家儿？（元曲选·蝴蝶梦）

（34）兀那老子，你怎生图财致命了李德昌？（元曲选·摩合罗）

同时，我们还发现了"了₁"可用在拟声词之后。例：

（35）宝玉方低头一瞧，便嗳呀了一声。（脂砚斋重评石头记·六十二回）

表面上，"了₁"的用法纷繁复杂。实际上，"了₁"不管是用在动词、形容词、拟声词之后，还是用在动补结构、动宾结构、谓词性并列结构之后，都是在表达谓语（不管它由何处成分充当）的状态、情貌。这样是不是称呼它为谓态助词更适合一些？

为了更深入地了解"了₁"的性质，为了更全面地把握"了₁"的语法特点，我们将"了₁"与动态助词"却、取、将"进行了对比研究。不管是从用法上讲，还是从来源上说，"了₁"与"却、取、将"有着根本性的不同。

用法上，"却、取、将"主要是跟于动词之后，少数也可跟于形容词之后，但不能跟在充当谓语的各种结构之后。它们可以称为动态助词。而"了₁"不能说是跟于某类词之后的，准确地说它是跟在谓语之后。各类词或结构只要充当谓语，都有可能带"了₁"。

从形成过程上谈"了₁"与"却、取、将"的区别则要复杂一些。曹广顺的研究告诉我们（曹广顺，1997），"却、取、将"等助词自始至终与其前的动词关系密切。它们由连动关系中的第二个动词渐变为前一动词的结构补语，进而变为前一动词的状态补语，最后成为动态助词。而"了"语法化的情形与此完全不同。

魏晋时期，"了"主要做谓语。例：

（36）左来右去，二主各了。若还悔者，罚毯一张供献。（吐鲁番出土文书·前凉升平十一年王念卖驼券）

（37）是时摩耶国大夫人，为于童子，备办种种世所应吉庆之礼，皆悉讫了。（大正大藏经·佛本行集经·卷八）

（38）美言问讯事情讫了，却住一面。（大正大藏经·佛本行集经·卷十八）

（39）莫过悲啼生懊恼，汝作马功已讫了。（大正大藏经·佛本行集经·卷十八）

（40）如是处处安置讫了。（大正大藏经·佛本行集经·卷四十五）

例（36）、例（37）中，"了"做谓语有副词"各""皆悉"修饰，而且还有名词主语，比较好理解。例（38）、例（39）中，"讫了"前有动宾结构，容易把"了"误认为动词的补语。实际上，"讫了"是在做谓语，对动宾结构所表述的事情进行陈述。因此，当例（39）中的"讫了"做谓语时，还可以受副词"已"的修饰。同样，例（40）中的"讫了"不是做动词"安置"的补语，而是做"如是处处安置"的谓语。

由此看来，魏晋的"了"与其前的动词没有多少直接关系，它只是对其前的谓词性成分进行陈述。只有当"了"之前的谓词性成分是一个光杆动词时，它才与动词有直接的语法关系。不过，这种语法关系不是动补，而是主谓。例：

（41）大德沙门，食时已至，办具讫了。（大正大藏经·佛本行集经·卷四十一）

初唐，完成动词"了"的使用情况有了些变化。我们调查了《冥报记》《广异记》和《王梵志诗》中"了"的使用情况，发现"了"前的成分主要是动词，而动宾结构和其他结构已极为少见。《王梵志诗》中的五例"了"全部出现在动词之后。① 在语言使用者的心中，很可能把"动词＋了"结构由"主谓关系"重新分析为"动补关系"。例：

（42）若还都塞了，好处却穿破。（王梵志诗·卷六）

（43）经忏悔者，此案亦勾了，至如张目骂爸，虽蒙忏悔，事未勾了。（冥报记·卷下）

（44）云："张瑶名已掩了，合死。"（广异记·张瑶）

此三例中，"了"都做了动词的补语，副词"都""亦""未""已"不再修饰"了"，而是修饰其前的谓语动词。

晚唐五代是"了"由动词向助词转化的关键时期。我们调查了《敦煌变文集》《入唐求法巡礼行记》《祖堂集》等作品中"了"的使用情况，发现"了"的用法与初唐相比有三大变化："动词＋宾语＋了"格式大量出现；有极少数的"了"做补语发生移位现象，出现了"动词＋了＋宾语"格式；"动词＋补语＋了"或"动词＋补语＋宾语＋了"格式出现，动词"了"首先在名尾语法化为助词。

_____

① 《云溪友议》，引王梵志诗有一句为："齐头送到暮门回，分了钱财各自散。"《王梵志诗校辑》此句为："分你钱财各头散。"我们想可能是《云溪友议》传抄有误。

　　为了排除韵文对 "了" 使用的限制，我们只统计了《敦煌变文集》中散文部分 "了" 的使用频率。除掉 "已了" "既了" "才了" "末了" 等做谓语的 "了" 而外，"动词＋了" 式使用达 49 例，而 "动词＋宾语＋了" 式使用只有 16 例，不及 "动词＋了" 格式的三分之一。《祖堂集》中，"动词＋了" 式使用达 47 例，而 "动词＋宾语＋了" 式使用已达 40 例。"动词＋了" 与 "动词＋宾语＋了" 的使用频率已近相等。由此看来，"动词＋宾语＋了" 格式从唐末到五代有增多的趋势。这为 "了₁" 的出现创造了一个很理想的句法环境。动宾结构在 "了" 前大量出现给一些学者一个错觉：完成动词 "了" 在唐五代时期还只能出现于 "动词＋了" 和 "动词＋宾语＋了" 两种格式之中。（李讷、石毓智，1997）以至于长期以来，学者们只注重从这两个格式中探讨 "了" 语法化的途径和原因。

　　在 "动词＋宾语＋了" 格式广泛使用的情况下，晚唐五代的 "了" 已开始发生补语移位现象，产生了 "动词＋了＋宾语" 格式。不过，唐五代 "动词＋了＋宾语" 格式中的 "了" 还是补语，且只出现为数不多的几例。例：

　　（45）唱喏走入，拜了起居，再拜走出。（敦煌变文集·卷二）

　　（46）各请万寿蹔起去，见了师兄便入来。（敦煌变文集·卷四）

　　（47）且依了义教，犹有相亲分。（祖堂集·卷四）

　　（48）打破疑团，谢了空花，饮啄随缘。（全唐五代词·卷八）

　　晚唐五代时期，"了" 最重要的变化应该是出现在 "动词＋补语＋了" 和 "动词＋补语＋宾语＋了" 等格式之中。这些格式中的动词已分别带上了补语，"了" 不可能还是补语，而是变成了全句性的附带成分，成了句子的助词。

　　宋代，"了" 在格式上的显著变化是："动词＋了＋宾语" 格式大量出现，"动词＋宾语＋了" 格式逐渐减少；"动词＋补语＋了＋宾语" 格式出现，谓态助词 "了₁" 产生。

　　我们调查了《全宋词》第一册北宋 167 位词作者的作品，发现 "动词＋了" 出现 83 例，"动词＋了＋宾语" 出现 50 例，而 "动词＋宾语＋了" 出现仅 8 例。与唐五代的《敦煌变文集》和《祖堂集》的情况比较一下就会发现：这里很明显地有一种句式替换现象。"动词＋了＋宾语" 格式在逐渐替代 "动词＋宾语＋了" 格式。我们考虑到《全宋词》是韵文作品，句式可能会受格律限制，影响结论的可靠性。我们又对宋代散文《二程遗书》和《象山语录》中"了"的出现频率进行了统计，结果发现："动词＋了＋宾语"格式替代"动词＋宾语＋了"格式是不可否认的事实。

"动词＋补语＋了＋宾语"格式出现之前，"动词＋补语＋了"和"动词＋了＋宾语"句式都已出现。因此，我们推测"动词＋补语＋了＋宾语"格式是在句态助词于句尾语法化和"了"作为补语移位等双重作用的影响下而产生的。它的产生标志着谓态助词"了₁"的出现。谓态助词"了₁"既然是在句态助词"了₂"的影响下而语法化的，我们也就可以认为谓态助词是句态助语在谓语和宾语之间的一种变体。

正因为"了"在做完成动词时可以做谓语，陈述各种谓词性结构所表达的实事，所以当"了₁"语法化为助词之后还在一定时期内紧跟在动补短语、动宾短语和谓词性并列短语之后。至此，我们可以看出"了₁"与"却、取、将"等的语法化过程是完全不同的。因此，它们的性质也不尽相同，"了₁"是谓态助词，而"却、取、将"为动态助词。宋元明时期，随着谓语的复杂化和"了₁"用法的日趋成熟，单纯表示动词动作状态的动态助词已无存在的必要，被功能更加完善的谓态助词所取代。

三　助词"了₂"的句法位置

关于"了₂"，学者们大多认为它"用在句末，主要肯定事态出现了变化或即将出现变化，有成句的作用"。（吕叔湘，1980：314）

我们考虑到要从语义上分析清楚动词"了₂"的语法意义并非易事，故暂且从形式入手确定其名称，称"了₂"为句态助词。它的用法比谓态助词要复杂很多，我们暂时还无法弄清楚。在此，我们大致谈谈它的句法位置。

我们发现"了₂"在近代汉语中有三处句法位置：全句末尾；复句中前一分句之后；紧缩句前半部分之后。

1. 全句末尾的"了₂"。例：

（49）若是文殊、普贤，昨夜三更各打二十棒，趁出院了也。（祖堂集·卷十六）

（50）笑倚兰舟，转尽新声了。（全宋词·晏几道·点绛唇）

（51）据见定、乐平生，便是神仙了。（全宋词·曹组·相思会）

（52）若能不用意，却是都无事了。（程氏遗书·卷十八）

（53）只今生人便自一半是神一半是鬼了。（朱子语类·卷三）

（54）自有物无始以来，自己是换了几个父母了。（朱子语类·卷一百二十）

例（49）、例（50）的"了₂"用在"动补宾"结构的句子之后；例（51）、例（52）的"了₂"用在非动作动词"是""无"做谓语的句子之后；例（53）的"了₂"用在复杂谓语句之后；例（54）的"了₂"用在"动词＋了＋宾语"的句子之后。它们都用在全句末，主要肯定事态出现了变化或即将出现变化，的确有成句的作用。

2. 复句中前一分句之后的"了₂"。例：

（55）结得同心成了，任教春去多时。（全宋词·吴文英·清平乐）

（56）早晚三边无事了，香被重眠比目鱼。（全唐五代词·云谣集杂曲子）

（57）东观西观了，便发去。（祖堂集·卷十六）

（58）刚者不坚牢，柔者难摧挫。不信张开口了看，舌在牙先堕。（全宋词·辛弃疾·卜算子）

（59）且等我看了一个了，却看那个。（朱子语类·卷八十）

就"了₂"之前的句子结构形式而言，复句中前一分句之后的"了₂"与全句末尾的"了₂"没有什么不同，都可接在动宾句、动补句、非动作动词谓语句、复杂谓语句以及"动词＋了＋宾语"句等之后。但是，它们的语法意义却有些不同。全句末尾的"了₂"主要肯定事态出现了变化或即将出现变化，有成句的作用。复句中前一分句之后的"了₂"虽然也肯定了前一分句所表达的事态出现了变化或即将出现变化，但主要是表示全句在事态发展逻辑上的先后关系，不具有成句的作用。

3. 紧缩句中前半部分之后的"了₂"。例：

（60）盖阴阳只管混了辟，辟了混。（朱子语类·卷九十八）

（61）若以阴阳言，则他自是阴了又阳，阳了又阴。（朱子语类·卷二）

（62）如此，气运从来一盛了又一衰，一衰了又一盛。（朱子语类·卷一）

（63）兄弟说的是，先从你起，你了是我，我了是你。（元曲选外

编·降桑椹）

就结构形式而言，这类"了$_2$"之前的结构比前两类"了$_2$"之前的结构都要简单，一般是单个的词（既可以是谓词，也可以是体词），或者是比较简单的结构。而且，这种句法位置上的"了$_2$"都要在前后两个紧缩句中成对出现。就语法意义而言，这类"了$_2$"的确也肯定了其前的形式所表达的事态出现变化或即将出现变化，而且每一个紧缩句中的"了$_2$"也表达了其所在的紧缩句在事态发展逻辑上的先后关系。同时，前后两个紧缩句中的两个"了$_2$"又前后呼应，一起表达了几个紧缩句在事态发展逻辑上的循环关系或选择关系。与复句中前一分句的"了$_2$"一样，这类"了$_2$"也不具有成句的作用。

参考文献

［1］王力：《汉语史稿》中册，中华书局 1980 年版。

［2］赵金铭：《敦煌变文中所见的"了"和"着"》，《中国语文》1979 年第 1 期。

［3］潘维桂等：《敦煌变文和〈景德传灯录〉中"了"字的用法》，《语言论集》第 1 辑，中国人民大学出版社 1980 年版。

［4］吕叔湘：《现代汉语八百词》，商务印书馆 1980 年版。

［5］梅祖麟：《现代汉语完成貌句式和词尾的来源》，《语言研究》1981 年第 1 期。

［6］刘勋宁：《现代汉语句尾"了"的来源》，《方言》1985 年第 2 期。

［7］曹广顺：《〈祖堂集〉中的"底（地）""却（了）"、"著"》，《中国语文》1986 年第 3 期。

［8］曹广顺：《语气词"了"源流浅说》，《语文研究》1987 年第 2 期。

［9］陈刚：《试论"动—了—趋"式和"动—将—趋"式》，《中国语文》1987 年第 4 期。

［10］刘勋宁：《现代汉语词尾"了"的语法意义》，《中国语文》1988 年第 5 期。

［11］王远：《再谈现代汉语语尾"了"的语法意义》，《中国语文》1990 年第 3 期。

［12］刘坚等：《近代汉语虚词研究》，语文出版社 1992 年版。

［13］向熹：《简明汉语史》下册，高等教育出版社 1993 年版。

［14］曹广顺：《近代汉语助词》，语文出版社 1995 年版。

［15］吴福祥：《敦煌变文语法研究》，岳麓书社 1996 年版。

［16］李讷、石毓智：《论汉语体标记诞生的机制》，《中国语文》1997 年第 2 期。

［17］曹广顺：《试论汉语动态助词的形成过程》（稿），1997 年。

［18］于松茂主编：《汉语语法研究参考资料》，中国社会科学出版社 1983 年版。

原载《汉语史研究集刊》第 2 辑

论疑问词"何"的功能渗透

一

学者们在对魏晋时期语言材料进行调查时发现:"所、缘、等、如、若、那、为"(太田辰夫,1987)几个词在这一时期有表疑问的功能。它们表疑问的用法在上古汉语里未出现,在近代汉语中逐渐消失。

通过调查与分析,我们进一步发现它们都与疑问词"何"有着某种必然的联系。因此,我们假定:"所、缘、等、如、若、那、为"的表疑问用法都来源于疑问词"何"。也就是说,疑问词"何"通过某种途径把表疑问的用法转移到了那几个本不表疑问的词语之上。这种现象,我们就称之为疑问词"何"的功能渗透。

(一)疑问词"何"的功能向"所"渗透

"所",《说文》:"伐木声也。""所"在上古有"处所"义,但没有表疑问的用法。《左传》中,疑问词"何"与"所"结合,构成"何所"表疑问,主要是问"处所"。例:

(1)成子出舍于库,闻公犹怒,将出,曰:"何所无君?"(左传·哀公十四年)

随着词语复音化趋势的加强,魏晋时期的"何所"作为一个复音词在文献中频繁使用,仅《世说新语》一书就出现了19次。而且,其意义也发生了变化,一般不问处所,主要问事物,相当于"什么"。例:

(2)白雪纷纷何所似?(世说新语·言语)

(3)卿此中何所有?(世说新语·排调)

与此同时,"何"通过"何所"把表疑问的功能转移给了从不表疑问

的"所"。因此,"所"也有了表疑问的用法。例:

(4)莫邪子名赤比,后壮,乃问其母曰:"吾父所在?"(搜神记·卷十一)

(5)为从何来?为欲所至?(增壹阿含经)(大正大藏·卷二)

以上诸例中,"所"做动词和介词的宾语,已成为疑问代词,问处所,相当于"哪儿"。但也有个别的"所"已不再问处所,而是问事物和问原因。例:

(6)臣现问曰:"悉所能乎?"曰:"百工之巧,吾为其首。"(六度集经)(大正大藏·卷三)

"悉所能"即"悉何能",是"都会些什么"的意思。

(二)疑问词"何"的功能向"缘"渗透

"缘",《说文》:"衣纯也。""缘"在上古有"缘由"义,但没有表疑问的用法。疑问词"何"与"缘"在《荀子》中构成"何缘"表疑问,意思是"什么缘故"。例:

(7)然则何缘而以同异?(荀子·正名)

魏晋时期,"何缘"已成为一个复音词在文献中广泛使用,仅三国吴人康僧会翻译的《六度集经》就使用了11次。其作用是表疑问,主要问原因。例:

(8)衣不经新,何缘得故?(晋书·桓冲传)

同时,疑问词"何"与"缘"还可以组合成"缘何"来表疑问,问方式。例:

(9)不知缘何得达?(搜神记·卷四)

随着"何缘""缘何"的频繁使用,"何"表疑问的用法转移给了从不单独表疑问的"缘"。因此,魏晋时期,"缘"也可以表疑问。例:

(10)梵志曰:"吾老气微,儿舍遁迈,之其母所,吾缘获之乎?太子弘惠,缚以相付。"(六度集经)(大正大藏·卷三)

(11)尔为无恶,缘获帝位乎?(六度集经)(大正大藏·卷三)

以上诸例中的"缘"都是"何"的意思,主要问原因和方式。

（三）疑问词"何"的功能向"等"渗透

"等"，《说文》："齐简也。""等"在上古有"辈""类"等义，但没有表疑问的用法。疑问词"何"与"等"结合为"何等"，汉代才出现。（向熹，1993：71）例：

（12）丞知是何等儿也？（汉书·赵后传）

（13）或问温室中树皆何等木？光默然不应。（汉·荀悦《汉纪·成帝纪三》）

魏晋时期，"何等"使用较多，主要是问事物，相当于"什么"。例：

（14）长者问言："此何等病？"（六度集经）（大正大藏·卷三）

（15）汝何等人？（搜神记·卷六）

因频繁使用，"何"表疑问就"由'何等'而演变为'等'，又由'等'而演变为'底'也"。（张相，1985：94）"等"就有了表疑问的用法。但用例并不多，而且唐宋一直在用。例：

（16）（黄）祖惭，乃诃之。衡更熟视曰："死公云等道？"（后汉书·祢衡传）

（17）文章不经国，筐箧无尺书。用等称才学？往往见叹誉。（应璩《百一诗》）

（18）念君等为死？万事伤人情。慈母未及葬，一女才十龄。（王维《叹殷遥》）

"等"做疑问词主要问事物和原因。

（四）疑问句"何"的功能向"如"渗透

疑问词"何"自产生时①起就与"如"紧密结合在一起：在《诗经》中，"何"与"如"构成了"如何""如之何""如……何"三种结构。例：

（19）取妻如何？匪媒不得。（诗经·伐柯）

（20）其新孔嘉，其旧如之何？（诗经·东山）

（21）子兮子兮，如此良人何？（诗经·绸缪）

---

① 向熹：《简明汉语史》下册第71页："何，不见于商代卜辞和西周金文。《诗》、《书》及其他先秦典籍中广泛使用。"

《诗经》中,"何"与"如"结合不仅结构形式多样,而且出现频率较高。《诗经》中的"何"总计出现 130 次,大部分是单用的,而"如"与"何"的组合就多达 28 次("如何" 18 次,"如之何" 7 次,"如……何" 3 次)。《左传》中,"何"与"如"结合除继续使用"如何""如之何""如……何"结构外,还产生了"何如"的结构方式。例:

(22)赵孟曰:"秦君何如?"对曰:"无道。"(左传·昭公元年)

因为"何"与"如"长期通过多种结构形式而联合使用,逐渐形成固定结构。在固定结构中,"何"表疑问的用法就转移给了"如"。因此,"如"在魏晋时期有表疑问用法。例:

(22)今当如行?何所施作?(普曜经)(大正大藏·卷三)

(23)吾子如之?当如行求乎?(六度集经)(大正大藏·卷三)

"如"表疑问,主要做宾语和状语,问处所。

(五)疑问词"何"的功能向"若"渗透

在《诗经》中,我们未发现"何"与"若"结合表疑问的用例。可能受"如"影响,"若"在《左传》中与"何"能构成"若何""若之何""若……何"等结构(何乐士,1989:241)表疑问。例:

(24)役人曰:"从其有皮,丹漆若何?"(左传·宣公二年)

(25)若之何其以病败君之大事也?(左传·成公二年)

(26)子大叔曰:"若四国何?"子产曰:"非相违也,而相从也,四国何尤焉?"(左传·襄公三十年)

《左传》以后的文献,又产生了"何若"这一结构形式表疑问。例:

(27)题之上殿何若?(世说新语·方正)

与"如"一样,因"若何""若之何""若……何""何若"长期作为固定结构表疑问,"何"表疑问的功能也就渗透到"若","若"也就接受了"何"表疑问的用法。例:

(28)又荩江津路值一人,忽以杖打之,语云:"可驶归去,看汝家若为?"(梁·释慧皎《高僧传·卷十》)

(六)疑问词"何"的功能向"奈"渗透

与"如""若"一样,"奈"与疑问词"何"也可构成"奈何""奈之何""奈……何"等结构表疑问。按理,"何"表疑问的功能也应该渗透到"奈"。也就是说"奈"应该有表疑问的用法。可是，我们在所调查过的文献中并没有发现"奈"表疑问的用例。同时，我们却发现"奈"可写作"那"，"奈……何"有时写作"那……何"。例：

（29）释人启佛，当那贼何？（六度集经）（大正大藏·卷三）

（30）所向全胜，要那后无继何？（三国志·魏志·毋丘俭传）

看来，"奈""那"在表疑问方面是一个语法形式的不同写法。因此，《广雅》云："奈，那也。"由此可知，"何"表疑问的功能转移给"奈"时写作"那"。所以，《玉篇·邑部》云："那，何也。"《经传释词》又云："那者，奈之转也。"

正因为"那"表疑问的用法来源于"何"，"那"与"何"往往有相同的用法；例：

（31）次复前行，见有一雉，住在树上，遥问之曰："汝檀腻鞨，今欲那去？"……次见毒蛇，蛇复问之："汝檀腻鞨，今欲何至？"（常任侠《佛经文学故事选》）

（32）常寝其室，睡中有人摇之。陶惊起，见一婢袍待容色甚美。陶问："那忽得至此？"……陶问："何得至此？"（丛书集成·灵鬼志）

"那"做疑问词主要问原因，同时也问处所。

（七）疑问词"何"的功能向"为"渗透

太田辰夫先生早已注意到了"何以（用）……为？""何……为？""以（用）……为？""用为……？""……为？"这一组表疑问的结构形成（太田辰夫，1987）。王海先生还注意到"何以……为""何用……为""何故……为""何乃……为""何为……为""何……为"、"安以……为""安用……为"、"胡以……为"、"奚以……为""奚用……为""奚……为"、"焉以……为""焉用……为"五组表疑问的结构形式。（刘瑞明，1994）在假定的名义下，我们可以把它们说得更明确一些："何"（安、胡、奚、焉）通过"何以（用）……为"［安以（用）……为、胡以……为、奚以（用）……为、焉以（用）……为］这几种结构形式把表疑问的用法转移给"以（用）……为""用为……"这几种结构；然后，"以（用）……为""用为……"这几种表疑问的结构形式又把表疑问的用法转移给"为"。这样，"何"在"安、胡、奚、焉"等几个疑问词的协助下，就以几种结构为桥梁，间接地把表疑问的用法渗透到

"为"上。具体情形如下：

1."何以……为""何用……为""何……为"表疑问

例：

（33）卫孙蒯田于曹隧，饮马于重丘，毁其瓶。重丘人闭门而詢之，曰："亲逐而君，尔父为厉。是之不忧，而何以田为？"（左传·襄公十七年）

（34）文武之道，同伏戏，由之者治，不由者乱，何疑为？（荀子·成相）

（35）若不能护，何用王为？（菩萨本缘经）（大正大藏·卷三）

在"何以……为""何用……为""何……为"等结构中，表疑问的主要是"何"。

2."以……为""用……为""用为……"表疑问

魏晋时期，"何"省略不用，"以……为""用……为""用为……"等结构直接表疑问。例：

（36）开士问曰："尔以水为？"答曰："给王女浴。"（六度集经）（大正大藏·卷三）

（37）是我导师，依怙如天。而弃我去，用复活为？（普曜经）（大正大藏·卷三）

（38）母惟之曰："斯怪甚大，吾用果为？急归视儿，将有他乎？"（六度集经）（大正大藏·卷三）

（39）甥即乘株，到女室，女则执衣。甥告女曰："用为牵衣？可捉我臂。"（生经）（大正大藏·卷三）

"何"表疑问的用法转移到了以上几种结构之中。

3."……为"表疑问

魏晋时期，"以……为""用……为""用为……"表疑问的用法又进一步转移给"为"。因此，"为"用在句末也就有了表疑问的用法。例：

（40）王曰："龙等来为？"（六度集经）（大正大藏·卷三）

（41）我亦无所有，复见我为？（众经撰杂譬喻经）（大正大藏·卷四）

（42）今故告之，反怒为？（汉书·外戚传）

"为"做疑问词全都有原因。

通过以上的分析，我们发现："所、缘、等、如、若、那、为"表疑问主要是问处所、原因和事物。而且，它们的确与疑问词"何"有很直接的关系。"所、缘、等"表疑问，是因为"何所、何缘、何等"经常联合表疑问。它们经常与"何"搭配因粘连关系而渗透，有了表疑问的用法。这是一种粘连式渗透。"如、若、那"表疑问，是因为"如（若、奈）何""如（若、奈）之何""如（若、奈）……何"长期形成固定结构表疑问。在多种复合式结构之中，"何"的功能渗透给了"如、若、奈（那）"。这是一种复合式渗透。"为"表疑问是以"何（安、胡、奚、焉）以（用）……为""何（奚）……为""以（用）……为""用为……"等几种结构为桥梁，在"安、胡、奚、焉"的协助下，间接边接受了"何"表疑问的用法。这是一种间接式渗透。

二

"所、缘、等、如、若、那、为"表疑问的用法，都与疑问词"何"有着直接和间接的联系。它们都曾经长时期的、多形式的与"何"连用。如果要充分证明"所、缘、等、如、若、那、为"表疑问是疑问词"何"功能渗透的结果，那么我们还必须明确两点：（1）上古问物疑问词系统比较复杂，为什么只有"何"有功能渗透现象？也就是说"所、缘、等、如、若、那、为"表疑问是否一定主要是受到疑问词"何"的影响？（2）魏晋时期为什么会出现一系列新的疑问词？疑问词"何"为什么只在魏晋时期出现功能渗透现象？要回答以上问题，我们继续进行如下讨论。

（一）疑问词"何"在问物疑问词系统中的地位

上古问物疑问词主要有"何、焉、胡、奚、安、恶"几个。我们将通过"何"与"焉、胡、奚、安、恶"使用情况的比较来看"何"为什么会出现功能渗透现象。

我们调查了《诗经》《左传》《墨子》《荀子》《论语》《楚辞》《六度集经》《世说新语》《王梵志诗校辑》《李太白诗集》等几部文献中疑问词"何、焉、胡、奚、安、恶"的使用情况，将从使用频率、用法和结合面三方面来比较它们的异同。

从使用频率上说，"何"及其组合的使用次数始终比"焉、胡、奚、安、恶"及其组合的使用次数要多得多。具体情况见下表：

疑问词 使用次数 文献	何	焉	胡	奚	安	恶
《诗经》	130	3	56	0	1	0
《左传》	692	195	12	4	12	3
《墨子》	163	17	12	13	5	16
《荀子》	115	9	7	12	12	10
《论语》	106	26	0	11	1	1
《楚辞》	123	13	4	0	13	0
《六度集经》	104	10	5	2	1	0
《世说新语》	381	6	1	0	6	0
王梵志诗	69	0	0	0	0	0
李白诗	382	7	10	3	64	0

从上表我们可以得知如下事实：

在整个问物疑问词系统中，"何"是使用次数最多的疑问词。它的使用次数是其他疑问词的几十倍甚至几百倍。

先秦的《左传》《墨子》《荀子》等著作中，各疑问词都在使用，但"何"是主要的疑问句。《论语》《楚辞》和魏晋时期的《六度集经》《世说新语》中，"胡、奚、恶"在某些作品里已不见用例，"安"在某些作品中已只有1例。"何"的使用仍很频繁。唐初口语色彩最浓的王梵志诗除"何"在使用外，"焉、胡、奚、安、恶"都已不见使用了。李白的诗歌是文人作品，难免有仿古之嫌，因此"何"与"焉、胡、奚、安"都在使用，而且"安"的使用频率还较高。但"何"的使用仍然最多。

从使用频率上说，毫无疑问，"何"始终是最主要的问物疑问词。

从用法上看，"何"可以做主语、谓语、宾语、定语和状语，可以表反问、询问和程度，具有代词性、形容词性和副词性。作为代词，它可以代事、代物、代处所、代人、代原因、代方法等。"焉"可以做状语、宾语，可以表询问和反问，具有代词性和副词性。作为代词，可以代处所、代事物、代人。"胡"可以做状语，表反问，具有副词性，个别具有代词性，主要代原因。"奚"可以做宾语和状语，表询问，具有代词性和副词性，可以问事、问处所、问原因。"安"可以做状语和宾语，表询问和反问，具有代词性和副词性，可以问处所、问原因。"恶"可以做宾语、状语，极个别可做定语，表询问和反问，具有代词性和副词性，可以问事物、问处所。由此看来，疑问词"何"在问物疑问词系统中用法也是最全面的。

从结合面来看，疑问词"何"可以与其他语言形式构成如下三类固定组合：一是由代词性的"何"与其他语言形式构成的固定组合：若何、何若、若之何、若……何、如何、何如、何似、如之何、如……何、奈何、那何、奈……何、那……何、奈之何、何为、何为……于、于……何为、何以、何以……为、何用……为、何为……为、何……为、何有、而何、几何、何谓等。二是由形容词性的"何"与其他语言形式构成的固定组合：何所、何处、何许、何缘、缘何、何故、何故……为、何事、何由、何等、何物、何时、何当等。三是由副词性的"何"与其他语言形式构成的固定组合：何能、何可、何肯、何得、何可得、何足、何敢、何其、何不、何必、何益、何况、何尝、何乃、何乃……为、何至、何须等。"焉、安、胡、恶、奚"都不具有形容词性，因此就不可能有什么形容词性的"焉、定、胡、恶、奚"与其他语言形式构成的固定组合了。它们处于状语位置时，可以与其他语言形式构成副词性固定组合。如"焉能、焉可、焉可以、焉得、焉足、焉足以、焉敢"；"安能、安可、安肯、安得、安足、安敢"；"胡能、胡可、胡可以、胡不、胡弗、胡其、胡尝、胡然"；"恶能、恶可、恶可以、恶足以、恶得"；"奚能、奚其、奚不、奚独、奚若、奚而"。代词性的"焉、安、胡、恶、奚"只能构成极少的几个固定组合，如"焉以……为、焉用……为""安以、安以……为、安用……为""胡为、胡为乎、胡以……为""奚以、奚……为""奚以……为、奚用……为""恶乎"。它们用例都比较少。

从上面的分析可以看出，疑问词"何"从上古到中古都是整个问物疑问词系统中使用频率最高、用法最全面、结合面最广的疑问词。形容词性的"何"，其功能渗透就产生了"所、缘、等"几个新的疑问词。"焉、安、胡、恶、奚"不具有形容词性，因此，"所、缘、等"不可能受到它们的影响。代词性的"何"，其功能渗透就产生了"如、若、那"几个新的疑问词。代词性的 "焉、安、胡、恶、奚" 一般不与 "如、若、那" 结合，没有渗透的可能性。"为" 的情形要特殊一些。它受到了代词性的 "何"、形容词性的 "何"、副词性的 "何" 三种不同词性的 "何" 的全面影响。甚至，"何" 还与 "安、胡、焉、奚" 一起对 "为" 产生功能渗透，导致了 "为" 表疑问用法的出现。这可能与 "为" 自身用法复杂及处于句末位置有关。

（二）魏晋时期的问物疑问词系统

上面，我们已经证明了疑问词 "何" 是主要对 "所、缘、等、如、若、那、为" 产生渗透作用的语法形式。接下来我们有必要分析一下魏晋时期的问物疑问系统，以便弄清疑问词 "何" 为什么在魏晋产生功能渗透现象。

为了了解魏晋时期间物疑问词的使用情况，我们重点调查了两部文献：一部中土文献《世说新语》；一部佛经文献《六度集经》。调查的对象为三类：第一类是疑问词 "何"；第二类是上古留存下来的旧系统中的疑问词（简称 "旧疑问词"）；第三类是魏晋时期新出现的疑问词（简称 "新疑问词"）。调查的结果如下表：

	旧疑问词				何	新疑问词				
	焉	安	胡	奚		那	缘	所	如	为
《世说新语》	6	6	1	0	381	25	0	0	0	0
《六度集经》	10	1	5	2	104	2	8	4	4	2

从上表可以看出，魏晋时期是疑问词新旧交替时期。这一时期，旧的疑问词使用极少，新的疑问词使用也不多，"何" 成了主要的问物疑问词。佛经文献中出现的新生疑问词多一些，这可能说明佛经文献中的语言更接近口语。我们不排除佛经翻译对语言的影响，但我们更主张这种新生疑问词的出现是语言系统内部表达的需要。孙良明先生通过对 "先秦典籍" 与 "汉人注释" 的对比研究发现（孙良明，1994：188）：先秦复杂的问物疑问词系统发展到东汉时代趋于单一化，即 "问物代词 '何' 字化"。"先秦典籍" 中的 "爰、曷、害、胡、奚、恶、盍、焉、安" 等，"汉人注释" 均变为 "何"。由此可知，东汉口语中的问物疑问词就只有

一个——何。当疑问词系统变得单一化以后，要想完成丰富的表达必然要求有新的疑问词出现。疑问词系统内部的发展只是在"何"继续留存时，要想使疑问词在短时间内（东汉至魏晋）丰富起来，疑问词"何"的功能渗透就成为一种必然趋势。

参考文献

［1］太田辰夫：《中古（魏晋南北朝）汉语的特殊疑问形式》，《中国语文》1987年第6期。

［2］向熹：《简明汉语史》下册，高等教育出版社1993年版。

［3］张相：《诗词曲语辞汇释》，中华书局1985年版。

［4］何乐士：《左传虚词研究》，商务印书馆1989年版。

［5］刘瑞明：《再论关于泛义动词"为"的误解》，《庆阳师专学报》1994年第3期。

［6］孙良明：《古代汉语语法变化研究》，语文出版社1994年版。

原载《古汉语研究》1997年第4期

浅谈汉语语法史研究的目的与方法

每一个学科的每一个问题都存在着为什么要研究和怎么研究的问题，这也就是研究的目的和方法的问题。研究目的决定研究方法，谈研究方法不能不谈研究目的。本文拟在简单回顾古代与现代的汉语语法研究目的和方法的基础上谈谈当代汉语语法史研究的目的与方法。

一　关于汉语语法研究目的与方法的回顾

回顾过去是为了把握现在，总结以前的语法研究是为了了解现在的语法研究。

（一）古代的汉语语法研究目的与方法

《马氏文通》出版以前，我国没有严格意义上的汉语语法研究。汉语所有的知识都归属于"小学"。然后，古代"小学"的内容也是不断变化的。班固的"小学"指文字学。如《汉书·杜邺传》："初，邺（杜邺）从张吉学，吉子竦又幼孤，从邺学问，亦著于世，尤长小学。"颜师古注："小学谓文字之学也。"扬雄的"小学"扩大到训诂学。如扬雄《扬子云集·答茂陵郭威》："《尔雅》，孔门游夏之俦所记，以解释文艺者也……《尔雅》者，小学也。"《尔雅》本词义训释类著作。唐·李林甫的"小学"又扩大到音韵学。如李林甫《唐六典》卷十："祕书郎掌四部之图籍，分库以藏之，以甲乙丙丁为之部目……十曰小学，以纪字体声韵。"古代设立文字、训诂、音韵之学的目的都是教育童蒙识字解经。方法也就是识字、解词、析句。由于汉语名词无性、数、格的外形变化，汉语动词无时、体、态的外形变化，汉语形容词无级的外形变化，我们的祖先觉得汉语的语法就是简单地由"字"组成"句"的过程。南朝梁·刘勰《文心雕龙·章句》:"夫人之立言,因字而生句,积句而为章,积章而成篇。"因而,我国古代无句法学的研究。

我国古代学者对汉语语法关注最多的是虚词。《毛传》已有"辞"(虚词)的概念;《说文》已有"语已词"(句末语气词)的概念;孔颖达疏已有"语助"(虚词)的概念。我国古代最早的语法专著也是虚词著作——元代卢以纬的《语助》。卢以纬编写《语助》的目的也是教学生。《语助》胡长孺序说:"予友卢子允武以文诲人,患来学者抱疢(chèn)犹彼若,爰撦诸语助字释而详说之。"卢以纬研究虚词的方法是"释而详说之"。

(二) 现代的汉语语法研究目的与方法

现代的汉语语法研究,目的多样化,方法也开始多样化。

1. 以教学为目的的语法研究

我国第一部成系统的语法著作《马氏文通》,其写作继承了古代传统,也是为了教学。《马氏文通·后序》:"斯书也,因西文已有之规矩,于经籍中求其所同所不同者,曲证繁引以确知华文义例之所在,而后童蒙入塾能循是而学文焉,其成就之速必无逊于西人。"

《马氏文通》"系仿葛郎玛而作",因而在方法上主要是模仿西方传统语法学的方法,主要的工作就是建立了一个比较完整的词类系统。

2. 以探究汉语语法特点为目的的语法研究

王力、高名凯、徐通锵都致力于汉语语法特点的探索。王力《中国现代语法·新版自序》:"本书的目的在于表彰中国语法的特点。""从语言事实的具体分析出发才是研究语法的正确的道路………假如我这两本书有优点的话,重视汉语特点就是它们的优点。"

高名凯《汉语语法论·前记》:"这本书的精神就是我对汉语语法特点的理解,运用普通语言学的原理而来尝试建立一个科学的汉语语法体系。"

徐通锵(2001)则指出:"在汉语语法研究中不管是采用对比论,还是仿效论,我们的目标应该是一样的,这就是揭示汉语的特点,并从特点的研究中去揭示隐藏于它背后的结构原理,弄清楚它与语言共性的关系。"

三位的目标相同，方法却有异。王力、高名凯都以普通语言学理论做指导来对汉语语法进行研究；都不满足于模仿西洋语法的旧语法体系，主张详尽地占有汉语语法材料，并从中归纳出规律来，都普遍应用了比较的方法。徐通锵走得更远，他（1998：120）强调"以汉语的研究为基础，总结相应的理论和方法，最主要的问题是要先找出汉语的结构本位，弄清楚它的结构基础"。于是，他提出了"字本位"的理论，用以分析汉语语义语法。

3. 以揭示语法形式与语法意义对应关系为目的的语法研究

追求这一目的的学者主要有吕叔湘、朱德熙。吕叔湘先生的《中国文法要略》特别注重汉语语法形式与汉语语法意义的结合。其上卷的"词句论"主要分析了各语法单位及组合的形式，其下卷的"表达论"第一次建立起了"数量""指称""方所""时间""正反"等语法意义的范畴系统。

朱德熙先生（1985：80）明确指出："语法研究的最终目的，就是弄清楚语法形式和语法意义之间的对应关系。"

在研究方法上，吕叔湘先生以传统方法为主，注重语义分析，不断吸取其他流派的观点和方法，兼容并包，形成了适合汉语语法研究的、中国化的研究理论和方法。朱德熙先生擅于吸取国外新的语法理论和方法，通过汉语事实的验证，对这些理论和方法有所修正和发展。

4. 以揭示汉语语法事实的客观规律性为目的的汉语语法研究

追求这一目标的学者主要是邢福义先生。邢先生（2008：94）指出："汉语语法研究，始终向着一个目标。这就是：汉语语法事实的客观规律性。"根据这一目标，邢福义先生提出了自己的"小句中枢"和"句管控"等理论，发明了"多角验证"的研究方法。

5. 以预测和解释为目的的汉语语法研究

沈家煊（2004）说，"语言研究的目标，语法学家的任务，一般认为是要对一种语言中全部已有的合格的句子做出解释，不仅如此，还要对这种语言中可能会有的合格句子做出预测"。为此，沈先生提倡并身体力行地运用认知语言学的方法研究汉语语法。

6. 以探索人类语言共性为目的的汉语语法研究

陆俭明（2005）指出："语法分析和研究的目的主要有三个：1. 对种种语法现象做出尽可能合理的解释。2. 探索人类语言的共性。3. 服务于应用。"陆先生前些年关注的是汉语句法和语义的结合，应用的方法以结构主义的描写方法为主，也注意吸收其他学派的方法分析汉语。

通过分析发现，现在研究汉语语法的目的多种多样，因而采用的方法也五花八门。

二 关于汉语语法史研究目的与方法的思考

（一）汉语语法史研究的目的

汉语语法史的研究是有关汉语语法的历史及其语法演变的研究，它不可能被拔高到去探讨整个人类的语言能力或寻找人类语言的普遍现象的高度。它的目的就是揭示汉语语法演变的规律，并探讨这些规律形成的动因和机制。因此，目前一些在其他领域起重大作用的方法因与我们的研究目的不符，不一定对我们的研究有较大的帮助。具体的方法还有待于我们在今后的研究工作中不断总结。这里我仅就"描写与解释""分析与比较""归纳与演绎""个性与共性"等问题谈几点不成熟的想法。

（二）汉语语法史研究的方法

1. 描写与解释并重

汉语语法史研究的主要对象是历史上的书面语，充分占有材料、充分分析材料、充分描写材料是研究的基本前提。因此，结构主义语法理论中的描写方法应是我们目前主要使用的方法。江蓝生先生谈吕叔湘先生的学风（2008）时说："吕先生说搞研究、写文章一定要占有丰富的语言材料，要凭材料说话，绝不能空口说白话。"这里说的就是要对汉语语法史的语料充分收集、充分观察和充分描写，切勿得出与语言事实不符的结论。这是一个学术态度问题，也是一个研究方法问题。好在我们有重实证的传统，特别重视语料的大量收集和深入的分析。这不是汉语语法史研究应担心的问题。但是，这种充分的描写只是手段，不是目的。我们研究汉语语法史的目的是要揭示汉语语法演变的规律及其形成的动因和机制。这样的追求仅靠充分的描写是不行的，还要有充分的解释。邢福义先生（2008：97）谈到现代汉语语法的研究时说："研究语法，不能缺少三个环节：观察语法事实，描写语法事实，解释语法事实。相应地，总要面临三个要求：观察充分、描写充分、解释充分。"这种描写与解释相结合的方法，同样适用于汉语语法史的研究。刘坚、曹广顺、吴福祥（1995）在分析介词"被"的语法化过程时，在充分描写的基础上，充分解释了"重新分析"的机制是如何使动词"被"变为介词"被"的。这就是充分描写与充分解释相结合的方法在汉语语法史研究方面的成功尝试。

其实，描写与解释都是有层次性的。高一层次的描写也就是低一层次的解释；反之，肤浅的解释可能还比不上深入的描写。我们强调二者的并重，也是想说明对汉语语法史某些现象的研究要有一定的深度，不能停留在对表象的排比归纳上。

2. 分析与比较并重

我们要探讨汉语语法演变的规律及其形成的动因和机制，分析和比较是主要的方法。在分析和比较方面，吕叔湘先生是我们的楷模。首先，吕先生很重视对语法的多角度分析。他在《汉语语法分析问题》（1999：484）中指出：我们分析语法现象时，"一方面要广泛地调查实际用例，一方面也要不断地把问题拿出来理一理，看看这个问题是不是有可能或者是有必要从一个新的角度或者更深入一层去考察，看看一个问题的探讨是不是牵动另一个问题"。这就是告诉我们分析的方法。邢福义先生是分析汉语语法问题的高手，他的分析方法就是"多角验证"。他（2008：101—102）指出："多角验证"的基本内容，是两个'三角'的验证……第一个'三角'是'表—里—值'三角……第二个'三角'是'普—方—古'三角……以两个'三角'为基本内容的多角验证的思路以及相应产生的方法，可以弥补静态片段分析的方法所存在的缺陷。"

其次，吕叔湘先生也特别强调语法研究中比较方法的运用。他在《中国文法要略》上卷初版例言（1942）中指出："要明白一种语文的文法，只有应用比较的方法。拿文言词句和文言词句比较，拿白话词句和白话词句比较，这是一种比较。文言里一句话，白话里怎么说；白话里一句话，文言里怎么说，这又是一种比较。一句中国话，翻成英语怎么说；一句英语，中国话里如何表达，这又是一种比较。"其实，分析与比较是相辅相成的，分析中有比较，比较也离不开分析。上文提到的"多角验证"的方法就是分析与比较高度结合的方法。普通话语法与方言语法、古代汉语语法的比较过程，也就是对现代汉语语法的深入分析的过程。

具体到汉语语法史的研究中，分析与比较成功结合的例子比比皆是，不用我们多说。这里，我只想谈一点我个人的体会。我们在研究汉语形容词重叠形式的历史发展（2010）时，首先想到的是细致地分析汉语形容词各种重叠形式在各个历史时期的结构、意义、功能、运用等情况。到了研究的晚期，我们通过不断的对比才发现上古单音状态形容词的存在。在对比的基础上再分析，我们又发现了单音状态形容词从上古到中古的一系列变化。正是这一系列的变化导致了汉语形容词重叠纷繁复杂局面的出现。明白了这一点，很多的问题从此迎刃而解。说这个例子是想说明，分析与比较的结合说起来容易，真正做到把二者有机结合起来也不是一件容易的事情。

3. 归纳与演绎并重

这是从逻辑方法的角度谈汉语语法史研究的方法。向熹先生（2010）指出："归纳法就是从许多语言事实中概括出一般的原理。这是汉语研究中应用最广又比较可靠的方法。"我们的许多语法规律的发现都是通过归纳法完成的。如"丁声树先生归纳先秦典籍中'弗'字的用法，确认上古'弗'字只用在省去宾语的外动词或者省去宾语的介词之上（偶有例外），似乎是一个含有代词性宾语的否定词，略与'不之'二字相当"。

但是，归纳法也有不足，陆俭明（2005）指出："归纳法的科学性当然毋庸置疑，因为它是靠事实说话。但光靠归纳法也有问题：第一，很容易形成一种貌似权威、不容更改的所谓结论；第二，所依据的材料再多，毕竟也是极为有限的，所以所得结论的可信度不是不可怀疑的。"

归纳和演绎是相辅相成的。演绎的前提通常来自归纳的结果，归纳的目的是演绎。向熹先生（2010：上8）就演绎法在汉语语音史中的应用做了很好的说明。江蓝生先生（2000：299—308）应用演绎法解决了近代汉语词汇中的某些问题。其实，汉语语法史中的某些疑难问题也得依靠演绎法才能解决。如石锓（2010：249—266）在研究"A里AB"格式的形成时就得益于演绎法。《元曲选》中有一系列四字格的词语，如"急彪各邦、吸留忽剌、滴羞蹀躞"等。它们自产生之日起到现在，几百年过去了，学者们一直不知道它们是如何形成的，其构词方式是什么。这类词语的口语性极强，古代书面语里保留极少。如果能通过归纳法解决问题，学者们早就破解了它的秘密。我们发现，朱德熙先生（1982）通过归纳潮阳话和北京话象声词的构造，得出一条规律："我们可以把汉语方言里常见的重叠形式区分为两种类型，一种是不变形重叠，另一种是变形重叠。"我们根据朱先生归纳出的规律假设："急彪各邦"等也是一种变形重叠形式——逆向变韵重叠。我们想"急彪各邦"等是一种状态词，状态词与象声词有相同的语法意义，应该也有相同的语法构造。后来，我们通过对极其有限的例句的语音分析，果然发现它们是一种逆向变韵重叠式。这为研究"A 里 AB"格式的来源起了关键性的作用。对这一格式秘密的破解就得力于归纳法和演绎法的综合运用。

4. 个性与共性并重

这既是一个研究方法的问题，也是一个研究取向的问题。徐通锵先生（1998：11）认为："西方语言理论和汉语实际的结合，以往的研究基本上都是以西方的语言理论为基础，把汉语结合进去，或者说，以'印欧语的眼光'来观察汉语的结构，使之符合西方的语言理论。这是一种方向性的失误。汉语有汉语的特点，要实现西方的语言理论和汉语实际的有效结合，应该把我们的立脚点转过来，即立足于汉语的结构基点去吸取西方语言学中那些于我有参考价值的理论和方法，进而揭示汉语的结构规律和演变规律。"

沈家煊（2009）认为："把汉语置于世界语言变异的范围内来考察，在普遍适用的语言变异模式上找出体现汉语特点的变异参项，这应该是我们的一个研究方向……没有语言类型的眼光，我们对汉语的认识也不可能深入。我们不仅要有汉语自身的眼光，也要有印欧语的眼光、美洲印第安语的眼光、非洲语言的眼光，当然还要有国内少数民族语言的眼光。总之，要有一个广阔的语言类型学的眼光。"

两位学者所谈的问题，乍一看好像矛盾，其实他们谈的是一个问题的两个方面。徐通锵先生强调的是汉语语法的个性，沈家煊先生注重的是在人类语言共性的背景下去认识汉语的个性。具体到我们的汉语语法史的研究中应该把两者有机地结合起来。我们不是从事理论语言学研究的人员，也不是语言类型学家，我们的研究对象是汉语语法史，目的是揭示汉语语法演变的规律及其形成的动因和机制。因此，努力发掘汉语的个性，形成有特色的理论是我们的追求。但是，这并不是说我们可以不关注理论语言学的发展，可以不理会语言类型学的成就。恰恰相反，为了深入地了解汉语语法的演变，我们应时刻保持语言类型学的视角，时刻注意借鉴语言类型学的成果，从人类语言共性中加深对相关汉语语法演变现象的认识。在个性与共性并重方面，汉语语法史的研究已有比较成功的经验。如虚词"和""与""及""将""共"等的演变过程，已有许多学者进行过研究。

在此基础上，吴福祥（2003）进一步讨论了由"伴随动词—伴随介词—并列连词"的途径逐步语法化的过程，同时考察了这些虚词在汉语各主要方言中的演变情况，并指出这种演变也存在于其他 SVO 型语言，是 SVO 型语言伴随介词演变的一种类型。在 SVO 型语言中还存在另一种演变类型"伴随介词—工具介词—方式介词"。这对汉语语法史的研究是一种拓展，加深了我们对相关现象的认识。

结　语

目前，汉语研究领域十分活跃，各种理论、各种方法互相探讨、互相切磋，出现了前所未有的繁荣局面。这是一大幸事，预示着汉语研究将会有一个大的发展。当此，《中国社会科学》杂志社与湖南师范大学联合举办"首届中国语言方法与方法论问题学术讨论会"，此举非常及时，对推动中国语言学研究更加繁荣发展，将会有很大的贡献。笔者循着师辈的足迹，对汉语语法史的研究方法做了一点粗浅的思考。因悟性不高、学习不精、领会不深，多有谬误，敬请大家批评指正。

参考文献

［1］高名凯：《汉语语法论》，商务印书馆 1986 年版。

［2］何九盈：《中国古代语言学史》，北京大学出版社 2006 年版。

［3］江蓝生：《近代汉语探源》，商务印书馆 2000 年版。

［4］江蓝生：《近代汉语研究新论》，商务印书馆 2008 年版。

［5］刘坚、曹广顺、吴福祥：《诱发汉语词汇语法化的若干因素》，《中国语文》1995 年第 3 期。

［6］陆俭明：《汉语语法研究的必由之路》，《语言文字应用》2005 年第 3 期。

［7］吕叔湘：《中国文法要略》，商务印书馆 1982 年版。

［8］吕叔湘：《汉语语法论文集》，商务印书馆 1999 年版。

［9］马建忠：《马氏文通》，商务印书馆 1983 年版。

［10］邵敬敏：《汉语语法学史稿》，商务印书馆 2010 年版。

［11］沈家煊：《语法研究的目标——预测还是解释?》，《中国语文》2004 年第 6 期。

［12］沈家煊：《语言类型学的眼光》，《语言文字应用》2009 年第 3 期。

［13］石毓智：《汉语形容词重叠形式的历史发展》，商务印书馆 2010 年版。

［14］王力：《中国现代语法》，商务印书馆 1985 年版。

［15］吴福祥：《汉语伴随介词语法化的类型学研究》，《中国语文》2003 年第
1 期。

［16］向熹：《简明汉语史》，商务印书馆 2010 年版。

［17］邢福义：《汉语语法学》，东北师范大学出版社 2000 年版。

［18］邢福义：《语法问题追踪集》，中国社会科学出版社 2008 年版。

［19］徐通锵：《对比和汉语语法研究的方法论》，《语言研究》2001 年第 4 期。

［20］朱德熙：《潮阳话和北京话重叠式象声词构造》，《方言》1982 年第 2 期。

［21］朱德熙：《语法答问》，商务印书馆 1985 年版。

该文曾在由中国社会科学院主办的首届中国语言学方法与方法论问题
学术研讨会（湖南师范大学，2011 年 9 月）上宣读

第二辑

汉语词汇史研究

古汉语复音词研究综述

——兼谈《睡虎地秦墓竹简》的复音词

　　复音词是汉语词汇中词的一种重要形式，它指由两个或两个以上音节构成的词。古代汉语以单音词为主，现代汉语以复音词为主。在汉语词汇发展史上，整个词汇系统由以单音节为主发展到以多音节为主应该是一个很有影响的变化。这种变化与语音、词汇、语法的发展都有密切关系，而且这种变化对汉语内部各系统都会有很大的影响。因此，学者们很重视对复音词的研究。

　　古汉语词汇由单音词向复音词发展有一个过程。在这个过程中，我们根据什么判定某一语言形式是复音词还是词组呢？古汉语词汇为什么要朝着复音化方向发展呢？是怎样朝着复音化方向发展的呢？这些都是学者们很关心的问题。概括起来说，目前对复音词的研究焦点主要集中在两个问题上：判别古汉语复音词的标准是什么？古汉语词汇复音化有哪些原因和途径？下面我们将围绕这两个问题，主要介绍前修时贤的研究成果，并根据我们对复音词的理解分析一下《睡虎地秦墓竹简》的复音词。

一　判别古汉语复音词的标准

　　要讨论古汉语的复音词，最难的问题就是对复音词的认定。一个双音节的语言形式是复音词还是由两个单音词构成的词组呢？看来，复音词的标准问题就是词和词组的区别问题。马真提出了判别古汉语复音词的五条标准（马真，1980、1981）：第一，两个成分结合后，构成新义，各成分的原义融化在新的整体意义之中，这样的复音组合是词，不是词组。例如，"先生"。第二，两个同义或近义成分结合，意义互补，凝结成一个更概括的意义，这样的复音组合是词，不是词组。例如，"道路"。第三，两个成分结合后，其中一个意义消失了，只保留一个成分的意义，这样的复音组合是词，不是词组。例如，"市井"。第四，重叠的复音组合，如果重叠后不是原义的简单重复，而是在原义的基础上增加某种附加意义，这样的重叠式是词，不是词组。例如，"冥冥"。第五，两个结合的成分，其中一个是没有具体词汇意义的附加成分，这样的复音组合是词，不是词组。例如，"惠然"。文章后面又总结说："总之，我们认为，划分先秦的复音词，主要应从词汇意义的角度来考虑问题，即考察复音词组合的结合程度是否紧密，它们是否已经成为具有完整意义的不可分割的整体。这是最可行的办法，其他方面的标志都只能作为参考。"

周生亚（1982）认为：就标准而言，以什么为主，这个提法不见得好，还是应把意义和形式的分析结合起来。他具体提出了四条标准：一是看意义变化。词一经形成，总是有它的特定意义，绝不等于词素意义的简单相加。如"百姓"。二是看结合松紧。词形成之后，一般说来构成词的成分之间的结合总是比较紧的。正因为如此，它的使用频率一般说来也是高的。如"领袖"。三是看结构对比。有些组合形式，究竟是不是词，有时从上下文的结构对比中可以断定下来。四是看结合关系。词总是有其语法特点的。句中词与词的结合都不是任意的，总是为一定的语法关系所制约。据此，也可以判定词与词组的区别。

以上两位先生都注意到从历时的角度来判别汉语复音词。吴晓露则采用了平面静态的标准来研究古汉语复音词。文章在分析战国时期的复音词时，"把能否扩展，语音能否停顿，使用频率的高低以及有无专门意义等综合起来，作为划分词和词组的重要标准"。（吴晓露，1984）吕叔湘先生正是用这些标准来判别现代汉语复音词的（吕叔湘，1979：26），而且也是可行的。但用之来判别古汉语复音词则会困难重重。古代汉语里的语言单位因受书面材料的限制，没有现代汉语的言语环境，"扩展"得是否符合实际语言情况、"语言停顿"是否成立，这些都不得而知。

　　我们认为判定古汉语复音词应处理好三种关系：一是处理好古汉语复音词标准与现代汉语复音词标准的关系。判别古汉语的复音词因没有活的言语环境，有一定难度。但随着研究的深入，我们还是应该从材料出发总结出适合于判别古汉语复音词的标准。现代汉语中的一些方法可以借用，但必须管用、好操作。照搬可能不合适。二是处理好意义标准和形式标准的关系。判别古汉语复音词应把意义标准和形式标准结合起来，二者不可偏废。形式标准除了有明显的"词缀"标志外，"使用频率高""结构对比"也可以说是形式上的标准。有很多复音词即使从广义的形式上也是难以找到标志的，那就得从意义上分析，看其意义是否产生变化，是不是词素意义的简单相加。三是处理好语法复音词标准与词汇复音词标准的关系。现在，讨论复音词的文章，往往只注意语法复音词而忽略了词汇复音词。例如，"啬夫"是秦代的官名，我们无论从语法上还是从词汇上都容易把它判定为复音词。那么，"田啬夫""县啬夫""司寇啬夫"也是秦代的官名，它们是词还是词组呢？这时，语法标准和词汇标准分析是不一致的。从语法上看，它们是词组；从词汇上看，它们还应该是复合词。

二　古代汉语词汇复音化的原因和途径

　　古汉语词汇为什么会朝着复音化的方向发展呢？王力先生（1980：317）认为："汉语复音化有两个主要的因素：第一是语音的简化；第二是外语的吸收。"马真（1980、1981）认为，古汉语词汇复音化的原因在于"当时需要大量增加新词这种社会要求和旧的词汇体系局限性的矛盾"。盛九畴（1983）认为"促使汉语构词复音化的内在根据是单音节孤立语这个上古汉语的本质特点"。

　　古汉语的复音词是怎样产生的呢？马真（1980、1981）认为，古汉语词汇复音化的途径有两条："第一条途径是在音变造词方式的基础上开始的。既然可以在一个音节中改变声、韵、调来构造新词，那么当然也可以采取在音节重叠的基础上改变其中一个音节的声母和韵母的方式（部分重叠）来造词。第二条途径，也是更主要的途径，就是结构造词方式。结构造词是汉语复音化的必然结果。""音变造词方式构成的复音词都是单纯词，结构造词方式构成的复音词都是合成词。"赵克勤（1987：38）认为，"古汉语某些复音词的形成，往往跟修辞手法的运用有关"。如比喻、借代、割裂、用典、委婉等修辞手法都是产生复音词的不同途径。

我们认为，古汉语词汇复音化的原因有外因和内因两方面。外因是社会发展，新词大量增加，要求语言表达精确，避免因同音词太多影响交际，这就迫使同义或近义的词相结合出现复音词。内因是语言内部自身语音简化，同音词大量增加，原来由单音节词负载的信息必须由多音节词来负载，最终导致原来由语音形式负载的信息转向由语法形式负载。这也就促成了复音词的产生。外来语在汉语中的同化也是影响复音词产生的原因之一，但不是主要的，可能只是一种催化剂。汉语词汇复音化的途径有三条：一条是语音途径，由之而产生了"叠音词"和"双声叠韵"词等单纯词；一条是语法途径，由之而产生了由各种结构方式构成的复合词；一条是语用途径，由之而产生了"偏义复词"和各种因修辞手法的运用而形成的复音词。

到目前为止，我们对复音词的研究把过多的精力放在对某些文献中复音词结构的描写上。对判别古汉语复音词标准的探讨，也是为了更好的描写。相比之下，对词汇复音化现象的解释却显得明显不足。我们今后的研究是不是应该把对复音词研究的重点放在解释上呢？对其形成原因和途径的解释当然应该加强，同时我们还应该对一些较为重要的理论问题做出解释。如汉语词汇复音化对汉语的发展产生了哪些影响？自汉语词汇出现复音化趋势后，汉语在许多方面出现了较大的变化，产生了许多新得虚词和构词虚语素，形成了一些新的句式结构，甚至出现了新的语法范畴。汉语词汇复音化对它们有没有影响呢？有多大影响？是怎样影响的？等等。这些都有待于今后进一步深入研究。

三 《睡虎地秦墓竹简》的复音词

现有对古汉语复音词研究的文章，主要分析了传世文献中复音词的使用情况。① 我们在此想尝试尝试，利用出土文献分析古汉语复音词。

《睡虎地秦墓竹简》是 20 世纪 70 年代在湖北云梦出土的一批秦代文献，共 1100 多支竹简，内容主要是秦代律法。秦代上承先秦下启两汉，是汉语词汇复音化的关键时期，加之《睡虎地秦墓竹简》的用语在很大程度上接近当时活的语言，比传世文献的语言更具有可靠性。因此分析它的复音词是有意义的。下文将根据我们对复音词的理解分析《睡虎地秦墓竹简》复音词的构造方式和特点。

（一）《睡虎地秦墓竹简》复音词的构造方式

《睡虎地秦墓竹简》的复音词从结构方面看，可分单纯词和合成词。单纯词只有一个语素，当然不存在内部结构问题，但从语音上看，还有多种不同的组合方式，如"叠音""双声""叠韵""双声兼叠韵"、"非双声叠韵"等。《睡虎地秦墓竹简》的内容都是法律条文，不可能出现其他文学作品所具有的词汇的丰富性，而且篇幅不长，所以其单纯复音词很少，语音组合方式也只有叠音和叠韵两种。合成词包含两个或两个以上的语素，语素之间有多种不同的结构关系。《睡虎地秦墓竹简》因处于先秦两汉的交接时期，它的合成词构成方式与先秦其他著作的合成词构成方式基本一致而又稍具特色。大致有复合式和附加式两种。复合式中有联合、偏正、动宾、动补等多种结构关系；附加式中出现了新的词尾"子"。现分别举例如下：

---

① 参见下列文章：

潘祖炎：《略谈〈诗经〉复音词的构词形式》，《绍兴师专学报》（社科）1981 年第 1 期。

钱光：《〈墨子〉复音词初探》，《甘肃社会科学》1992 年第 1 期。

李智泽：《〈孟子〉与〈孟子章句〉复音词构词法比较》，《中国语文》1988 年第 5 期。

廖集玲：《论〈韩非子〉复音词》，《广西大学学报》（哲社）1991 年第 4 期。

辰苏文：《关于〈屈原赋〉复音词的初步探索与分析》，《承德师专学报》1983 年第 3—4 期。

程湘清：《〈论衡〉复音词研究》，《两汉汉语研究》，山东教育出版社 1984 年版。

韩惠言：《〈世说新语〉复音词构词方式初探》，《固原师专学报》1990 年第 1 期。

李新建：《〈搜神记〉复合词研究》，《郑州大学学报》（哲社）1990 年第 3 期。

吴泽顺：《〈百喻经〉复音词研究》，《吉首大学学报》（社科）1987 年第 1 期。

董玉芝：《〈抱朴子〉复音词构词方式初探》，《古汉语研究》1994 年第 4 期。

1. 单纯复音词的语音组合方式

①迭音：同一音节重叠，古人称之为重言。例：

其头所不齐胅胅然。（P258）

②叠韵：两个音节的上古韵部相同。例：

入禾仓，万石一积而比黎之为户。（P35）

未盈座岁得，以将阳有（又）行治（笞）。（P220）

2. 合成复音词的构造方式

复合式：组成成分均为词根。

①联合式：两个成分并列组成复音词。大多是由两个近义或反义词根结合成词。例：

广众心，声闻左右者，赏。（P173）

其有本者，称议种之。（P43）

凡为吏之道，必精洁正直、慎谨坚固。（P281）

②偏正式：两个成分结合，前一成分修饰后一成分。例：

内史课县，太仓课都官及受服者。（P33）

以免一人为庶人。（P91）

葆子狱未断而诬告人，其罪当刑为隶臣。（P198）

③动宾式：前一词根表示动作行为，后一词根表示动作行为支配的对象。例：

将军材以钱若金赏，无恒数。（P174）

求盗盗，当刑为城旦。（P151）

④动补式：前一词根表示动作行为，后一词根表示动作行为的结果。例：

是以圣王作为法度，以矫端民心。（P15）

或为，啮断人鼻若耳若指若唇，论各何也？（P186）

附加式：组成成分一为词根，一为词缀。例：

免隶臣妾、隶臣妾垣及为它事与垣等者，食男子旦半夕参，女子参。（P51）

此处的"男子""女子"对举，分别表示"男""女""子"已虚化为后缀。

（二）《睡虎地秦墓竹简》复音词的特点

《睡虎地秦墓竹简》系出土文物，不可能受到后代的误抄或窜改，保存了当时语言的原貌。这是其长处。由于它的内容单一，都是法律条文，且篇幅不长，所以不可能全面反映秦代语言词汇的全貌。这是其短处。我们对比了先秦一些作品的复音词，发现《睡虎地秦墓竹简》的复音词有如下一些特点。

1. 单纯复音词的语音组合形式减少，单纯复音词减少

《睡虎地秦墓竹简》的单纯复音词仅三例，而且只有叠音和叠韵两种语音组合形式。这种现象与《论语》《孟子》复音词的使用情况较接近，而与《诗经》《楚辞》《荀子》《庄子》复音词的使用情况相去甚远。这与作品的时代有关，也与作品的文体风格有关。

2. 附加式构词法变化较大

先秦诸书的复音词，其附加式有词尾"然""如""焉""尔"等，有词头"有""于""言""薄"等。而这些词缀在《睡虎地秦墓竹简》中，除"然"出现过一次外，其他都不见使用。但出现了一个新的词尾"子"。用例也不多，仅两次。

3. 复合式构词方式已具有能产性

先秦的复合式复音词有"联合""偏正""动宾"三种构词方式。《睡虎地秦墓竹简》中的复合式复音词，其构词方式主要是"联合""偏正""动宾"。"动补"式已出现，但还在发展之中。用例极少，且与词组界限不清。但是，《睡虎地秦墓竹简》中的复合式复音词已大量出现，从数量和在各构词方式中所占比例两方面，大大超过了先秦的复合式复音词。除了三例单纯词和三例附加式复音词外，其他都是由复合式构词方式构成的复音词。

参考文献

［1］马真：《先秦复音词初探》，《北京大学学报》（哲社）1980 年第 5 期、1981 年第 1 期。

［2］周生亚：《〈世说新语〉中的复音问题》，《吉林大学社会科学学报》1982 年第 2 期。

［3］吴晓露：《从〈论语〉〈孟子〉看战国时期的双音词》，《南京大学学报》

（哲社）1984 年第 2 期。

[4] 吕叔湘：《汉语语法分析问题》，商务印书馆 1979 年版。

[5] 王力：《汉语史稿》中册，中华书局 1980 年版。

[6] 盛九畴：《汉语由单音词渐变为复音词的发展规律》，《学术论坛》1983 年第 5 期。

[7] 赵克勤：《古汉语词汇概要》，浙江教育出版社 1987 年版。

[8] 潘祖炎：《略谈〈诗经〉复音词的构词形式》，《绍兴师专学报》（社科）1981 年第 1 期。

[9] 钱光：《〈墨子〉复音词初探》，《甘肃社会科学》1992 年第 1 期。

[10] 李智泽：《〈孟子〉与〈孟子章句〉复音词构词法比较》，《中国语文》1988 年第 5 期。

[11] 廖集玲：《论〈韩非子〉复音词》，《广西大学学报》（哲社）1991 年第 4 期。

[12] 辰苏文：《关于〈屈原赋〉复音词的初步探索与分析》，《承德师专学报》1983 年第 3—4 期。

[13] 程湘清：《〈论衡〉复音词研究》，《两汉汉语研究》，山东教育出版社 1984 年版。

[14] 韩惠言：《〈世说新语〉复音词构词方式初探》，《固原师专学报》1990 年第 1 期。

[15] 李新建：《〈搜神记〉复合词研究》，《郑州大学学报》（哲社）1990 年第 3 期。

[16] 吴泽顺：《〈百喻经〉复音词研究》，《吉首大学学报》（社科）1987 年第 1 期。

[17] 董玉芝：《〈抱朴子〉复音词构词方式初探》，《古汉语研究》1994 年第 4 期。

原载《湖北师范学院学报》（哲学社会科学版）1999 年第 3 期

从唐代几种语言类笔记看唐代词汇研究

唐代，丘光庭的《兼明书》、李匡乂的《资暇集》、李涪的《刊误》、苏鹗的《苏氏演义》、封演的《封氏闻见记》、段成式的《酉阳杂俎》、赵璘的《因话录》、李肇的《唐国史补》、范摅的《云溪友议》等记载了他们对语言的研究。其中，对词汇的研究始终与训诂混在一起。这些材料虽然零散，但往往可从中窥探唐代学者对词汇的看法。我们就以之作为考察对象，条分缕析，谈两个问题：唐人笔记中的词汇研究；唐人笔记中的词义研究。

一 唐人笔记中的词汇研究

（一）词汇研究范围

唐人研究词汇承汉之遗风，主要研究经传中的词语。他们对《周易》《尚书》《毛传》《春秋左氏传》《论语》《礼记》《尔雅》等经传中出现的词语多有探究，主要在于驳正别家之言，而且学术态度也是要"原圣人之旨"，不能"异于经文"（《刊误》对"甥"的解释）。如《兼明书》解《春秋》经"文马"一语："'宣二年，宋人以兵车百乘，文马百驷以赎华元于郑。'杜注曰：画马为文，四百匹也。明曰：杜说非也。文马者，马之毛色自有文彩，重其难得。若画马为文，乃是常马，何足贵乎？"

其次，唐人笔记也研究《文选》《史记》和《汉书》中的词语。其研究的出发点也在于驳正别家之说解。如《兼明书》解《文选》主要是针对五臣的注解来发表自己的看法。如"滥觞"条："《江赋》云：'祁发源乎滥觞。'周翰曰：滥谓泛滥，水流貌。觞，酒杯也，谓江之发源，流如一杯也。明曰：周翰以觞为酒杯，则是也。然以其流水如一杯之多则非也。何者？且滥非水流之貌。滥者，泛也，言其水小，裁可浮泛酒杯耳。"

再次，唐人笔记也有不少是对不见于经传和其他文献的俗语词进行研究的，但重点在于溯源，看看是源自何经何典。如《封氏闻见记》对俗语词"公衙"的解释："近代通谓府廷为公衙。公衙即古之公朝也，字本作'牙'。《诗》曰：'祈父予王之爪牙。'祈父，司马，掌武备，象猛兽以爪牙为卫。故军前大旗谓之'牙旗'，出师则有建牙祃牙之事。军中听号令必至牙旗之下，称与府朝无异。近俗尚武，是以通呼公府为公牙，府门为牙门。字称讹变，转而为'衙'也。"

总之，唐人笔记中的词汇研究范围不广，方法多是考释。

（二）对词汇的认识

所谓词汇就是语言里词和词的等价物（如固定词组）的总和。

从理论上说，唐人对词和词的等价物并未严格区别。他们对大于文字的单位统称"语"或"词语"。李匡乂《资暇集》说："呼曲子名，则'下兵'为'下平'、'阁罗凤'为'阁罗凤'；著辞则'河内王'为'河奈王'，'檐竿上'为'长竿上'。如斯之语，岂可殚论？"这里的"语"实际上就是指"下兵""阁罗凤""河内王""檐竿上"等这些短语。苏鹗《苏氏演义》在解释"艺"字时说："今之艺字又从云。云者，词语之气而有所云也。"这里的"词语"则很难说是词还是词的等价物。

不过，唐人研究词汇也有"古谚""谚""俚语""俗语""坊中语""歇后"等一套术语。李匡乂《资暇集》"借书"条："古谚'借书一嗤，还书二嗤。'"在"不反卲"条又说："谚云：'千里井，不反唾'。"这是唐人对谚语的认识。《资暇集》"车轾"条说："俚语以车顿前为质者，乃由不识轾字故也。"《资暇集》"除授"条说："而亦有随俗语，新拜官者曰：某乙除某官。"李肇《唐国史补》说："今荆襄人呼提为堤，晋绛人呼梭为笙（七戈反），关中人呼稻为讨，呼釜为付，皆讹谬所习，亦曰坊中语也。""俚语""俗语""坊中语"都是对俗语词的不同称呼。对歇后现象，唐人在语言类笔记中也有记载。如《资暇集》："呼奴为帮者，盖旧谓。僮仆之未冠者曰竖人，不能直言其奴，因号奴为竖。高欢东魏用事时，相府法曹卒子炎误犯欢奴，杖之。欢讳树而威权倾于邺下。当是郡寮以竖同音，因目奴为帮，义取'邦君树塞门'。以句内有树字，借竖为树，故歇后为言，今兼删去君字呼之。"此处虽未提歇后语，但已注意到歇后现象。

唐人在词汇理论上虽建树不多，但在实际研究中已觉察到联绵词、方言词等词汇现象，苏鹗在《苏氏演义》中说："滑稽者，诽谐也……娄罗者，干办集事之称。世曰娄敬甘罗，非也。龙钟者，不昌炽，不翘举貌，如鬓鬘、拉塔、解纵之类。拉飒者，与龙钟、缦缕之义略同。""滑稽""娄罗""龙钟""拉飒"都是联绵词。作者把它们集于一处，并且用联绵词解释联绵词，还否定了分开解释联绵词的做法。这证明唐人对联绵词观象已有认识，只是还没有给它们一个合适的称呼。但认识也还不是很清楚的。同样是苏鹗的《苏氏演义》又把"从容"和"狼狈"这两个联绵词讲成了合成词。

自扬雄《方言》之后，历代笔记中都有关于方言的记载。唐人笔记中也常有方言词语的记录。《资暇集》："籚篷篠，因江东呼为筥，今京洛皆呼为竹筥。"又："代呼驴为卫，于文字未见。"这些都只停留在"某词某方言称某"的水平上。

（三）对词类的认识

唐人没有现代这样明确的词类观念。但对名词、动词、形容词、虚词有一些初步的认识，并有一些特殊的术语称呼它们。

对名词的称呼有名、总名，别名等术语。如《兼明书》："斯例实繁，不可胜纪，何独蔓菁、萝菔不可异名乎？"《苏氏演义》："臭者，气之揔名，从自从犬"。《兼明书》"杞梓"条："然则梓非漆之别名，可以为漆器之材耳。"上述各例中的"蔓菁""萝菔""臭""梓"都是现代严格意义上的名词。可见，唐人的"名""揔名""别名"这些术语都是对名词研究的定类。

对动词、形容词唐人用术语"貌"来称呼。《兼明书》："《齐风·猗嗟》篇云：美目扬兮。毛传曰：好目扬眉也……盖扬者，目之开大之貌。"《苏氏演义》："风流者，态度之貌。"又："从容者，踟蹰容与之貌。""扬"是动词，"风流""从容"是形容词，唐人都用"貌"来指称。可见，他们已注意到了动词、形容词的共性，都是谓词性词类，但没有研究它们的区别。

对虚词和虚语缀，唐人笔记中一般用"助语""助词"等称呼。《资暇集》："公郡县主，宫禁呼为宅家子……又为阿宅家子。阿，助词也。"又《资暇集》"问马"条："伤人乎不问马。今亦为韩文公读不为否。言仁者圣之亚，圣人岂仁于人，不仁于马。故贵人所以前问，贱畜所以后问。然而乎字下岂更有助词？"唐·阙名《玉泉子》："或语（李）据曰：'岂合吃杖？不合吃杖也。'李曰：'公何不会，岂是助语，共之乎者也何别哉？'""阿"是前缀，"否"应是语气词，"岂"是语气副词。唐人统以"助词""助语"来称呼它们。可见，唐人对缺乏词汇意义的虚词是有认识的，但还没有弄清语素和词的区别。

总之，唐人已意识到词汇的体词、谓词、虚词三者的不同，但认识还比较粗浅。

二 唐人笔记中的词义研究

（一）对词义的认识

词义是由词的语音形式所联系着的词的内容，是社会集团所限定和理解的词的功能范围。

从理论上说，我国历来重视对词义的研究，因此唐人对词义研究也颇有建树。对词义的称呼有"义""意""理""意义""义理"等一系列术语。《兼明书》："《史记》宋义云：'今秦攻赵，战胜则兵罢，我承其敝。'明曰：承字，奉上之义，于理不安，当作乘陵之乘。"《苏氏演义》："俗呼外舅为泰山，一云古诗言结根太山阿，谓结姻亲故也。一云泰者，高广之貌，可以依倚也。今人咸云安如泰山，亦是取广大之意耳。"又《苏氏演义》："滑稽者，徘谐也。滑者，浑也。谓物之园转若戏弄之不定。稽者，考也，实也。言一有徘谐戏弄之言，二有稽实之理。"《兼明书》："《魏风·硕鼠》刺重敛也。孔颖达曰：硕，大也。其鼠头似兔，尾黄色。又引许慎云：'硕鼠育五伎，皆不长。'陆玑《虫鱼疏》云：今河东有大鼠，亦有五伎，或谓之雀鼠。明曰：经文坦然，义理无隐，何为广引他物，自取混淆。"《资暇集》："除授二字，当路分明。今多不能穷审意义。"上述引例中，"义"指"承"的词义，"意"指"泰"的词义，"理"指"稽"的词义，"义理"指"硕鼠"的词义，"意义"指"除授"的词义。由于唐人对"词"这一级概念认识不清，不但没有"词义"

这个术语，而且"义""意""理""义理""意义"这些术语指词义，也指字义、句义等。

在实际研究中，唐人对词义的许多问题都已涉及，只是没有上升到理论的高度。

第一，唐人对词义与语音的相互依存关系早有认识。《资暇集》在解释"禄里"一词时说"稍留心为字者，则妄穿凿云：音禄之角字与音觉之角字，点画有分别处，又不知角角各有二音，字体皆同而其义有异也……陆氏《释文》：孔公《正疏》不能穷声尽义，亦但云绿当为角"。此处的"各有二音……其义有异"、"穷声尽义"都是说研究一个词要注意它的语音形式所联系着的词的内容。

第二，唐人对词的义项有认识，谈到了词的多义性。《资暇集》在解释"行李"一词时说："李字除果名、地名、人姓之外，更无别训义也。"作者已明确"李"作为一个词（"字"）有三项意义：水果名称、地名、人的姓氏。《兼明书》在解释"借曰"一条时说："隆士衡赠冯文罴诗云：借曰未给，亦既三年。臣铣曰：借日，假日也；给，犹足也。言王事无暇，常假日而游，尚未为足也。明曰：此本出于毛诗。按《大雅》篇云：借曰未知，亦既抱子。郑玄曰：假令人云王尚幼小，未有所知，亦已抱子长大矣，亦不幼小也。据《毛诗》之义，则以'曰'为语辞。今臣铣此注，以'曰'为日月之'日'，则与《毛诗》之义大乖，士衡之意不合矣。"上述引文，作者表面上说的是"借曰"与"借日"的区别，实际已意识到"借"有两个义项：一是休假；二是假使。

第三，唐人已注意到义素的存在。义素是以义项所概括的对象范围和对象特点为根据，而从义项中分析出的语义构成成分或词义的区别特征，义素所体现的是该类对象与相关对象在不同层面上的区别。不过，唐人对义素的分析没有放在词义中考察，只从某一义素上分析某词的特征。《兼明书》在解释《春秋》"葛藟庇本根"一句时说："'葛藟犹能庇其本根。'杜注云：葛之能藟蔓繁茂者，以本根庇荫之多也。且庇荫者自上及下之辞也。"作者在此没有去解释"庇荫"的义项，而是抓住它的一个主要义素"＋（自上及下）"来进行分析。

第四，唐人笔记也注意到文字形体对词义的影响，解释了某些词的通假义。《兼明书》"错陶唐之象"条说："臣铣曰：错，杂也；陶唐，尧也；象，法也。言晋德杂于文法也。明曰：错，音仓故反，置也。陶唐之代，人有犯罪者，画其衣冠，谓之象形。言今晋德之盛，人无犯罪者，其陶唐之象刑，亦错置而不用也。""错"的意义是"杂"，"措"的意义才是"置"。作者在此以"措"之义解"错"之义，是因为他发现了这种通假意义。

（二）对词与词之间语义关系的认识

语言中的众多语词，不是杂乱无章或各不相干的，而是在语义上彼此相关、互相制约的。词和词之间的语义关系，一方面体现为前后相续的词之间词义的搭配关系，即组合关系，另一方面，也可以是同类语句组织的相同位置上出现的词形成的词义类聚关系，即聚合关系。

词在语句中的组合，不仅要受语法规则支配，还要受语义条件制约。对词语意义上的这种搭配关系，唐人已有觉察。《兼明书》"占兆审卦"一条说："《博雅》云：占，瞻也。《尔雅》云：占，视也。则是占之为言系人不系兆也，正与审字义同。"所谓"占之为言系人不系兆"指的是"占"的词义搭配对象应该是"+（人）"这个义素。也就是说"占兆"是动宾关系，施动者是人，而不是"占兆之书"的意思。《兼明书》"辞远游"条说："曹子建《求通亲亲表》云：'若得辞远游、戴武弁。'臣锐曰：辞，辞国；远游，谓出征也。明曰：远游亦冠名也。辞者，脱去之名也。言脱去远游之冠，而戴武弁之弁也。知其然者，以下文云：解朱组、佩青绂。组、绂皆绶也，故知远游、武弁皆冠也。"这里，作者通过"解"与"朱组"、"佩"与"青绂"的语义搭配关系，发现"辞"与"远游"的语义搭配关系与此同类，因而得知"辞"是"脱去"之义，"远游"是一种帽子。

词义类聚是语义场的问题。语义场就是通过不同词之间的对比，根据它们词义的共同特点或关系划分出来的类。唐人在笔记中往往把一组词义有共同特点的词放在语义场中区别它们的不同。李肇《唐国史补》提到了一组有关科举考试的词："进士为时所尚久矣……其都会谓之举场，通称谓之秀才，投刺谓之乡贡，得第谓之前进士，俱捷谓之同年，有司谓之座主……"在"举场""秀才""乡贡""前进士""同年""座主"等词构成的语义场中，它们都有一个共同的义素"+（进士考试制度）"，其不同的义素是"+（都会）""+（通称）""+（投刺）""+（得第）""+（俱捷）""+（有司）"等。

唐人还能从语义场中分析出某些词语的确切意义。《兼明书》："《尔雅·释鸟》云'桑鳸，窃脂'。郭璞云：俗谓之青雀嘴曲，食肉好盗脂膏食之，因以为名也。明曰：非也。按下文云：夏鳸窃玄、秋鳸窃蓝、冬鳸窃黄，棘鳸窃丹。岂诸皆善为盗而偷窃玄、黄、丹、蓝者乎？盖窃之言浅也。窃玄者，浅黑色也；窃蓝者，浅青色也；窃黄者，浅黄色也；窃丹者，浅赤色也；窃脂者，浅白色也。"丘光庭在"脂、玄、蓝、黄、丹"构成的语义场中发现了"脂"的意义是"白色"，从而也弄清了"窃"有"浅"义。

唐人在笔记中还注意到了同义义场和反义义场的存在。赵璘《因话录》在分析"噉"与"啗"时就是把这两个意义相同的词放在同义义场中讨论的，并简明地说清了它们的同义区别："以义言之，以物自食谓之噉，以物餧谓之啗。"丘光庭《兼明书》在解释俗语词"杨沟"时，则是在反义义场中进行分析的。他说："凡沟有露见其明者，有以土填其上者。土填其上者谓之阴沟，露见其明者，谓之阳沟，言阳以对阴，无他说也。""阳以对阴"正说明了反义义场中两个意义相反或相对的特征。

（三）对词义和语境关系的认识

所谓语境就是语言环境，一般有上下文语境和情景语境两类。唐人在笔记中解释词义往往是在语境中求得确诂的。这说明他们对词义与语境的关系有一定的认识。

关于上下文语境，唐人有自己的一套术语，如"文势""上义""下文""上章""下章"等。《兼明书》"鹳鸣于垤"条；"《东山》云：鹳鸣于垤，妇叹于室。毛苌云：垤，蚁冢也。将阴雨则穴处先知之。明曰：据诗之文势。此垤不得为蚁冢，盖是土之隆耸近水者也。"这里的"文势"指的是一种比较抽象的上下文语境。《兼明书》"其带伊丝"条："诗人思时君子，以其在位。故上章言君子之心，下章言君子之治，此章言君子之服，皆谓今在位无此君子也，非谓刺不称其服。"又《兼明书》"金鼓以声气也"一条："《左传》云：'三军以利用也，金鼓以声气也。'杜元凯曰：金鼓以佐大众之声气也。明曰：非也。按：上文云三军以利用，下文云声盛致志，则是金鼓所以佐大众之气。"上面的"上章""下章""此章""上文""下文"指的都是具体的上下文语境。

情景语境，也就是社会现实语境。它主要是针对口语而言的，指说话时的人物、背景，包括说话双方牵涉的人或物、时间处所、社会环境以及说听双方的辅助性交际手段。历时语言中的口语现象难以把握。不过，在唐代书面语中，那些能揭示词义的史实、常识、典章制度、经典内容等应该算是一种情景语境。准确地说是文化语境，它的作用也是为词义理解提供一种背景。《兼明书》"曷又从止"条："《齐风·南山》刺襄公鸟兽之行也。经云：既曰庸止，曷又从止。孔颖达曰：以意从送与之淫耳，非谓从至鲁也。明曰：按，《左传》桓三年，公子翚如齐，送姜氏于讙鲁地，然则诗言曷又从止，是谓从送至讙，入于鲁地。"这里引了《左传·桓公三年》中的史实作为一种情景语境来揭示"从"的词义。

《兼明书》"生于道左"条："《唐风》：有杕之杜，生于道左。笺云：道东也。日之热常在日中之后，道东之杜，人所宜休息也。令人不休息者，以其特生阴寡故也。明曰：日中之后，树阴过东，杜生道左，阴更过东，人不可得休息也。诗意言武公既已寡特而惠泽不及人，故君子不肯适我也，亦如树既寡特而阴更过东，无休息之所，故人不来也。"这里把日照这样一种自然常识作为情景语境来揭示"左"的"东"义，从而理解全句的隐含意义。

《兼明书》"珪璋特达"条："郭璞《游仙诗》曰珪璋虽特达，明月难暗投。臣延济曰：特达，美貌。明曰：按，朝聘之礼有珪璋璧琮，璧琮则加束帛，然后能达。而珪璋德重，可以独行，故曰特达。聘礼云：珪璋特达，德也。此诗之意。言君子虽有才德，不假外助，然亦不可仕于乱代。如明月之珠，不可以暗中投人也。"这里把朝聘之礼这种典章制度作为一种情景语境来揭示"特达"的意义，从而合理地解释"珪璋特达"一句之义。

《兼明书》"四牡项领"条："其诗又曰：之子既命，四牡项领。臣良曰：项领者，架木项上也。明曰：按，《毛诗·节南山》篇云：驾彼四牡，四牡项领。毛苌曰：项，大也。言四马之肥，其领大也。今士衡取此意以美文熊之行，亦宜训项为大。"这里用《诗经》的经典内容作为情景语境来解释"项"的意义为"大"。

总之，唐人对语境的释义作用理解比较全面而且在实际研究中运用也较多。

　　历代笔记中有不少前人研究语言的成果，值得我们深入考察和研究。历代笔记材料浩如烟海，而语言材料又零散纷杂，需要大批有志者从事该项研究工作。本文只是从一个很小的侧面探讨了唐代词汇研究情况，其目的也是希望能抛砖引玉，使该领域的研究更深入一些。

原载《丝路学刊》1997 年第 1 期

第三辑

训诂与音韵研究

释"告"

一 "告"字本义诸说

"告"的本义历来众说纷纭,莫衷一是。总其大要,其分歧不外乎如下几方面。

(一)对字形的不同看法

1. 从牛从口

许慎《说文解字·牛部》:"告,牛触人,角著横木,所以告人也。从口从牛。易曰:'僮牛之告'。"

2. 从口从之

朱骏声《说文通训定声》:"按此字篆体小讹,当从口从之会意,训谒白。"

3. "告"与"舌"字形同

潘任《双桂轩答问》:"疑告字与舌字相类,告篆文作舌,舌篆文作告,其形本同。……告字当从舌,乃舌之得伸也。"徐中舒《甲骨文字典》:"甲骨文告、舌、言均像仰置之铃,下像铃身,上像铃舌,本以突出铃舌会意为舌。"

(二)对造字法的不同看法

许慎认为"告"的造字法为会意。杨树达《积微居小学述林》也持同样的看法:"愚谓告当训牛鸣声……告从牛口,与唬吠鸣诸字构造相同,则训义亦当一律。"

段玉裁《说文解字注》认为"告"的造字法为形声:"如许说则告即福衡也。於牛之角寓人之口为会意。然牛与人口非一体,牛口为文,未见告义。且字形中无木，则告意未显……此字当入口部，从口牛声。"

（三）本义的不同看法

因对字形和造字法的不同看法，从而导致了"告"字本义的多种说解。许慎认为"告"的本义是"告人"。朱骏声认为应"训谒白"。戴侗《六书故》认为"告"之本义是"笼牛口勿使犯稼是也。"潘任认为告字即舌字。俞樾《儿笘录》认为"今按告者诰之古文也。……告，谕也，与谕互相训。"杨树达认为"告当训牛鸣声"。徐中舒认为告"像仰置之铃"，即倒置的铎。等等。

（四）"告"的字形从牛从口，会意，本义是祭祀时的祈祷

前辈学者们对文字本义的研究，往往从字形入手，注意从古音上探求其源。这些方法，对汉语史的研究做出了很大的贡献。如果我们吸收前人的科学方法，再注意从古代文化的角度去考察一下，也许能有一些收获。

为了更清楚地阐明"告"字词义的形成和发展，我们准备从如下两个角度来谈：从上古文化（祭祀）看"告"字本义的形成；从上古"告"字词义的分布看"告"字词义的发展。这两方面是相辅相成的，从上古文化上考证了"告"字的本义也就容易说清它后来的发展。反之，分析出上古"告"字词义的分布情况，我们也能联系起来，反证它的本义了。结论才能信而有据。

二　上古祭祀与"告"字本义的形成

柏默（L. R. Palmer）说："语官的历史和文化的历史是相辅而行的，他们可以互相协调和启发。"（*An Introduction to Modern Linguistic*，p. 151）文化的历史需要历史语言来证明，语言的历史也能从历史文化中找到线索。

"告"，从牛从口，段玉裁就很不理解，"牛与人口非一体，牛口为文，未见告义"。其实，我们从上古文化的角度看，"牛"表示祭祀所献的牺牲，"口"表示在祭祀时对天神、人鬼、地祇的祈祷。

（一）牛与古代的祭祀

上古时代，生产力不发达。先民们"畏天之威"，不得不祈求上苍、神灵和祖先"于时保之"。为了把祈求的诚意通达到上苍、神灵和祖先那

里，他们想到了在祈求的时候，献上一些牺牲品，如牛、羊、猪、犬等。《诗经·周颂·我将》："我将我享，维羊维牛，维天其右之。"此处把这一点表达得非常明确。我们从甲骨文中能发现许多这样的记载：

丙子卜奉牛于祖庚。（乙八四〇六）

甲戌卜贞翌乙亥寮？于祖乙三牛。（陈三〇）

甲申卜宾贞寮于东，三豕三羊囚犬卯黄牛（续一·五三·一）

丁巳卜，又寮于父丁，百犬百豕卯百牛。（合集三二六七四）

所有牺牲中，牛处于主要地位。有些祭祀是牛羊并用的，有些祭祀只用牛，如《尚书·周书·召诰》："成王在丰，欲宅洛邑，使召公先相宅尸……若翼日乙卯，周公朝至于洛，则达观于新邑营。越三日丁巳，用牲于郊，牛二。越翼日戊午，乃社于新邑，牛一、羊一、豕一。"

上古的"牲"，也主要是指"牛"而言的。如《左传·僖公三十一年》："礼不卜常祀，而卜其牲日。牛卜日曰牲。"也就是说，得吉日则牛改名为"牲"。《榖梁传》："全曰牲，伤曰牛，未牲曰牛。"无怪乎"牺牲"二字都以"牛"做部首了。

因祭祀的对象和被祭祀的对象不同，对牛的要求也不一样。《礼记·王制》："祭天地之牛角茧栗，宗庙之牛角握，宾客之牛角尺。"《礼记·曲礼下》："凡祭……天子以犠牛，诸侯以肥牛，大夫以索牛，士以羊豕。"

"告"，作为一种祭祀方式，也要用牛。例：

丙子卜㱿贞乎告，饮河寮三豕三羊五牛。（粹四七）

《尚书·周书·洛诰》："戊辰，王在新邑烝，祭岁，文王骍牛一。武王骍牛一。王命作册逸祝册，惟告周公其后。"

《尚书·商书·汤诰》："敢用玄牡，敢昭告于上天神后，请罪有夏。"

（二）"告"在上古为祭名

"告"在上古为祭名，即后来的"祰"。许慎《说文解字·示部》："祰，告祭也，从示从告声。""告"是"祰"的本字。"祰"在《尚书》《周易》《诗经》等文献中还未出现。甲骨文中，"告祭"的"祰"就是用的本字"告"。例：

贞告昌方于上甲。（前一·五〇·六）

癸巳卜㱿贞子渔疒目福告于父乙。（佚五二四）

"告"作为祭名，与"祭"不同。《礼记·曾子问》："若宗子死，告於墓而后祭于家。""告"与"祭"对举，肯定是有区别的。"告"必须有祝声，即祈祷。《礼记·曾子问》："祝声三，告曰……"

"告"作为一种祭祀方式，所祀对象包括上天、神鬼、宗庙、社稷、山川、祖先等。总括起来就是告天神、告人鬼、告地祇。例，《尚书·周书·武成》："予小子其承厥志，底商之罪，告于皇天后土，所过名山大川。"《左传·桓·二年》："冬，公至自唐，告于庙也。"

"告"作为一种祭祀方式，所祀事由包括告武成、告结盟、告丧葬、告婚娶等与人类生死存亡有关的重大事情。例，《左传·宣公十二年》："武有七德，我有一焉，何以示子孙？其为先君宫，告成事而已。"晋杜预注"告成事"曰："祀先君，告成胜。"《左传·昭公十三年》："他年，芊尹申亥以王柩告，乃改葬之。"

（三）"告"由祭祀向礼节或仪式的转变

"告"本为祭祀时的祈祷。祭祀的事由因演变成一种礼节或仪式，祭祀的意义就不明显了。

"告武成"本是要"柴天"而告的。《尚书·周书·武成》："越翼日癸巳，王朝步自周，于征伐商……越三日庚戌，柴、望，大告武成。"所谓"柴"，即"实柴"。按，《周礼·春官·宗伯》郑玄注：实柴是"积柴加牲体及币帛于其上而燔燎之也"。释言之，就是把牺牲和币帛放在柴上烧，以此祭天，祈求打胜仗。到了春秋之际的"告成"，就没有祭祀了，主要是一种礼节或仪式，事由不仅是战争，也可以是结盟。《左传·隐公八年》："公及莒人盟于浮来，以成纪好也。冬，齐侯使来告成三国。"而到了我们现在所说的"大功告成"，恐怕连什么礼节和仪式都没有了。

"告丧葬"本是活着的人祭祀已死的先辈，祈求他们保佑自己。《尚书·周书·周官》："周公在丰，将没，欲葬成周。公薨，成王葬于毕，告周公，作亳姑。"此是指周公死后，成王把他葬在毕这个地方。成王在祭祀周公时，作了一篇祭文——《亳姑》，请求周公为成王天下祈福并原谅他。这就是"告周公之柩"。到春秋之际，这种祭祀又演为一种"讣告"形式。《左传·僖公七年》："闰月，惠王崩……冬，王人来告丧。"

"告婚娶"，据《礼记·文王世子》记载：文王之时，娶妻是要告庙的，"五庙之孙，祖庙未毁，虽为庶人，冠、取妻必告，死必赴。"在春秋之际，"告婚娶"也由告庙这种祭祀演变为"告吉期"这一仪式了。

《穀梁传·庄公二十二年》载,"礼有纳采、有问名、有纳征、有告期,四者备而后娶,礼也。"

由以上分析可知,"告"的本义是"祭祀时的祈祷",其本义得之于上古祭祀这种文化现象。但因这种文化现象的变迁,"告"与祭祀的关系就淹没不显了,"告"的本义也就难以钩沉稽古了。

三　上古"告"字词义的分布及其发展

"告"的本义与上古其他义项关系如何呢?我们在此考察一下上古"告"字词义的分布,然后谈谈"告"字词义的发展。

(一)上古"告"字的词义分布

我们对《尚书》《周易》《诗经》《礼记》所用的"告"字进行了全面分析,对甲骨卜辞和《春秋》三传进行了抽样调查,发现"告"因所告对象(告者、被告者)、所告事由和所告方式不同,其词义分布如下:

1. 从所告对象看"告"字词义分布

告,祭祀时的祈祷。(人对天神、人鬼、地祇的祈告。《说文》:"祰,告祭也。")例,《毛诗·小雅·楚茨》:"工祝致告,徂赉孝孙。"

告,示也。(天神、人鬼、地祇对人的告示。)例,《周易·蒙》:"初筮告,再三则渎,渎则不告。"

告,上报。(下告上。《广韵·号韵》:"告,报也。")例,《尚书·周书·立政》:"周公若曰:拜手稽首,告嗣天子王矣。"

告,谕告。(上告下。《释名·释书契》:"上敕下曰告。"《广韵·沃韵》:"告上曰告,发下曰诰。"此"告"又写作"诰"。)例,《尚书·周书·多方》:"成王归自奄,在宗周,诰庶邦,作多方。"

告,告诉。(平等相告。《广雅·释诂一》:"告,语也。")例,《尚书·周书·金滕》:"周公乃告二公曰:……"

2. 从所告事由看"告"字词义分布

告,祭祀时的祈祷。(告武成、告丧葬、告婚娶、告朔等。)例,《公羊传·文公六年》:"不告月者何?不告朔也。"《周礼·春官·宗伯下》林尹注:"告朔,天予以季冬颁来岁十二月之朔政于诸侯,诸侯受而藏之祖庙,每月朔,以特牲告庙,遂受天子所颁朔政而行之。"

告,请也。(告籴。《尔雅·释言》:"告,请也。")例,《穀梁传·

庄公二十八年》："一年不升，告籴诸侯。告，请也；籴，籴也。"

告，休假。（告辞官。）例，《尚书·商书·咸有一德》："伊尹既复政厥辟，将告归。"

告，问安。（告问长者身体健康。）例，《礼记·王制》："七十不俟朝，八十月告存。"

3. 从所告方式看"告"字词义分布

告，教也。（《独断》："告，教也。"）例，《尚书·周书·多方》："我惟时其教告之。"

告，控告。例，《左传·襄公九年》："夫妇辛苦垫隘，无所厎告。"

告，通告。例，《尚书·商书·盘庚上》："王播告之修。"

（二）上古"告"字的词义发展

从上面的词义分布，可以看出："告"字的词义在上古已相当丰富，其发展却源于本义。发展的途径有三条：第一，"告"对象的发展，由告天神、人鬼、地祇，发展到下告上，上告下，然后到平等之告诉。第二，"告"事由的发展，由告战事、宗庙之事、婚丧之事，发展到告诉一般的事情。第三，"告"方式的发展，由祷告发展到告教、控告、通告。

通过对"告"字的词义分析，我们意识到：在分析上古词义时，我们要明确区分两个概念，即因字形而产生的"本义"（字义）和与"本义"同时产生的"核心义"（词义）。"本义"与字形有密切关系；而"核心义"虽与字形有联系，但它不完全受字形束缚，它主要是词义得以发展的主要根据。"本义"与"核心义"对某些词义的形成来说是重合的，而对另一些词义的形成来说则是分离的。"告"的本义得之于"从牛从口"，表示与"祭祀""祈祷"有关；而"从口"这一点，则是"告"字词义的出发点，因"口"的存在，"告"的词义才会有后来的发展。

原载《丝路学刊》1993 年第 1 期

运用古汉语知识补释中学文言文的方法

师范院校中文系的学生应学会一些处理中学语文教材的基本技能。中学语文中的文言文作品，篇目的审定、词语的注释，都倾注了诸多专家的心血。但随着学术研究的发展，随着人们对古代汉语言认识的加深，其中某些词语的解释、某些结构的分析，也有可商榷之处。这就需要学生们在今后的教学中进行补释。本文想谈谈学生学习了古代汉语及相关课程后，如何综合运用古汉语文字学、音韵学、训诂学、语法学等知识去释读中学文言文，加深对中学文言文的理解，更好地胜任中学语文教学工作。

一 运用文字学知识，以形索义

以形索义，是通过对汉字形体结构的分析来探求和诠释词的本义。我们已经学了六书理论，而且也了解了"止戈为武""反正为乏"等成功的形训方法。但具体到中学文言文中，我们怎样用"以形索义"的方法来补释词语呢？下面试举两例说明。

《吕氏春秋·察今》："澭水暴益，荆人弗知，循表而夜涉。溺死者千有余人，军惊而坏都舍。"高中语文第三册（人教版）注："士卒惊骇的声音如同大房屋崩塌一样。这里的'而'作'如'讲。都，大。"朱东润主编《中国历代文学作品选》上编第一册注："而，作'如'解。都舍，城舍。这句说，军惊如城舍的崩坏。"中学语文把"都"解释为"大"，朱东润主编《中国历代文学作品选》把"都"解释为"城"。哪种解释更准确呢？我们可运用六书理论从"都"字的形体结构入手来加以分析和解释。

《说文·邑都》："都，有先君之旧宗庙曰都。从邑，者声。《周礼》：

距国五百里为都。"从字形结构来看,"都"是形声字,形旁是"邑"。因此,"都"的本义与"城"确有关系。而且是"有先君之旧宗庙"的城。不仅《说文》分析"都"的本义是"城",而且上古文献中"都"主要是"城"的意思。例《左传·庄公二十八年》:"凡邑有宗庙先君之主曰都,无曰邑"。《左传·隐公元年》:"都城过百雉,国之害也。先王之制,大都不过参国之一,中五之一,小九之一。"那么,上一句中的"都"是否用了它的本义呢?此句出于《吕氏春秋》,我们对《吕氏春秋》中所有"都"字进行了穷尽性统计,发现"都"使用凡六次。有三次是独用的,除了我们文中所举一例外,另外两例都当"城"讲;有两例构成复音组合"都邑",显然"都"也是"城"的意思;有一例构成复音组合"都鄙","都"也有"城"义。全书六例"都",五例作"城"解,这一例作"城"解也顺理成章,也应该是用了它的本义。因为"都"是有先君宗庙的城市,与其他城邑相比必定是"大都",因此"都"又引申出"大"的意义,根据《汉语大字典》的引例,"都"的"大"这一义项可能在汉代才出现,《吕氏春秋》是先秦作品。由此看来朱东润的解释较之中学语文的解释要准确些。从情理上推测,上万人的军队已溺死了千余人,其惊恐之声必定与城市里许多房子倒塌时引起的惊叫声相似。一间大房子的倒塌可能无此效果。

　　《史记·廉颇蔺相如列传》:"秦王饮酒酣,曰:'寡人窃闻赵王好音,请奏瑟。'赵王鼓瑟。"高中语文第一册(人教版)注:"奏瑟,弹瑟。下文'鼓瑟'同。"在先秦,弹瑟到底称"鼓瑟",还是称"奏瑟"?为什么只在秦王的外交辞令中称"奏瑟",下面的陈述两次皆称"鼓瑟"呢?我们查阅了先秦部分文献,发现上古弹奏琴瑟钟鼓等乐器时一般用"鼓",不用"奏"。例《诗经·唐风·山有枢》:"子有酒食,何不日鼓瑟?"《诗经·小雅·鼓钟》:"鼓钟钦钦,鼓瑟鼓琴。"《诗经·小雅·鹿鸣》:"我有嘉宾,鼓瑟吹笙。"《左传·襄公二十四年》:"皆踞转而鼓琴。"《论语·先进》:"鼓瑟希,铿尔,舍瑟而作。"《韩非子》:"儒者鼓瑟乎?"《战国策》:"临淄甚富而实,其民无不吹竽鼓瑟,击筑弹琴。"《史记》除《廉蔺列传》外,其他列传行文也称"鼓瑟",不称"奏瑟"。例《史记·赵奢传》:"王以名使括,若胶柱而鼓瑟耳。"《史记·司马相如传》:"使灵娲鼓瑟而舞冯夷。"《史记·张释之传》:"使慎夫人鼓瑟,上自倚瑟而歌。"看起来,中学语文的注解是值得怀疑的。"奏"在此究竟为何义？我们还得从"奏"字的形体结构上来分析其意义。

《说文·本部》："奏，奏进也。从夲，从廾，从中。中，上进之义。"从字形结构上看，"奏"是会意字，其本义是用双手"奉献"或"进上"某物。"奏"在此可能用的正是本义。表面上是秦王说自己用双手给赵王奉上瑟，言下之意是请赵王弹瑟，并不是不讲外交礼仪，命令赵王"奏"瑟。"奏"的动作发出者是秦王，而不是赵王。这就如同下文蔺相如所说："赵王窃闻秦王善为秦声，请奉盆缶秦王，以相娱乐。""奉"的动作发出者是蔺相如，而不是秦王。"奏"与"奉"应是同义词，它们之前都有一"请"字。"请奏"和"请奉"都是委婉的外交辞令。王力先生曾指出："'请'在上古汉语里较常用的意义是'请你允许我做某事'，'请'后动词表示我的行为。"（《古代汉语》第 1 册，第 45 页）。因此，"请奏瑟"是秦王说给赵王听的：请允许我给您奉上瑟。"奏"是"奉献"之义，不是"弹奏"之义。

运用以形索义的方法时应注意三点：一是所补释的词语一般应出现于先秦两汉文献之中；二是此词字形既要能反映本义，又要适合于该句意义；三是要以其他文献材料为旁证，避免主观臆断。

二　运用音韵学知识，破假借

假借有两种：一种是造字时的假借，即本无其字的假借；一种是用字时的假借，即本有其字的假借。我们讨论的是后者。遇到这种"本有其字"的假借时，我们要"改本字读之"。这就是所谓的"破假借"。我们学习了上古的声母和韵部知识，了解了中古的声、韵、调系统，怎样运用它们破假借？我们尝试一下在中学文言文补释中使用这一方法。

苏轼《石钟山记》："而陋者乃以斧斤考击而求之，自以为得其实。"高中语文第一册（人教版）注："用斧头敲打石头的办法来寻找（石钟山得名的）原因。"没有逐字解释原文。如果每字落实的话，"考"就不知为何义了。翻检古代辞书，我们发现"考"有"老""成功""父亲"等义。《说文·老部》："考，老也。"《尔雅·释诂》："功、绩、质、登、平、明、考、就，成也。"《尔雅·释亲》："父为考，母为妣。"这些意义放在上句都讲不通。这时，我们怀疑它可能是通假字。再检中古韵书，《集韵·皓韵》："考，苦浩切。说文，老也。一曰，成也。亦姓。古通作攷。"在同一小韵，我们又发现："攷，苦浩切。说文，敏也。"由此，我们知道"攷"与"考"音同通假。而且，"攷、敏"不仅同音，也同义。《说文·攴部》："敏，击也。"因此，"考"的通假义是"击"。"考击"是同义连文，也就是"敲打"的意思。"考、攷"之所以能构成通假，不仅是它们在中古读音相同，更主要的是它们上古语音就是相同的，都属溪母幽部。《集韵》称其为"古"通作攷，就是指上古它们就因语音相同而通用。例《诗经·唐风·山有枢》："子有钟鼓，弗鼓弗考。"这句中的"考"就已用作"攷"的通假字了，意义正是"敲"。中古及近代文人写作文言文时依然承用了"考"的通假用法。

《荀子·劝学》："吾尝跂而望矣，不如登高之博见也。"高中语文第二册（人教版）注："跂，提起脚跟站着。"朱东润主编的《中国历代文学作品选》、王力主编的《古代汉语》、郭锡良主编的《古代汉语》都做了与上相同的注释。这一解释对这一句话来说无疑是正确的，但对"跂"这一词就不太合适了。"跂"字本身没有"提起脚跟站着"这一义项。《说文·足部》："跂，足多指也。"那么，这一解释为什么在句子中讲得通呢？原来，"跂"在此为通假字。《说文·人部》："企，举踵也"。看来，"企"才是"提起脚跟站着"的意思。"企、跂"上古同属溪母支部，古音相同。因此"跂"是"企"的通假字。这样，我们对这一句的解释不仅知其然，也知其所以然。

运用破假借的方法要注意两点：一是语音相同是指古音相同。假借现象多是上古产生的，中古和近代文言文中存在的通假现象，多系仿古现象。二是语音相近，只限于双声和叠韵，不可滥用通假。

三　运用训诂学知识，据古训以求义

所谓据古训，是指当我们碰到一个有疑难的词儿时，我们可以通过查阅字典、辞书以及古书的注释，以找出对于这个词儿的确切解释。我们试举一例说明。《史记·屈原贾生列传》："人穷则反本，故劳苦倦极，未尝不呼天也；疾痛惨怛，未尝不呼父母也。"高中语文第六册（人教版）在"劳苦倦极"的"极"字下无注。不少人理解为副词，把"倦极"解作"疲倦极了""疲倦到了极点"，不准确。在上文中，"劳苦倦极"与"疾痛惨怛"结构相同，劳苦、倦极、疾痛、惨怛都是并列结构，"极"字不当"极点"解是很显然的。古训告诉我们:极有疲惫义,倦极是同义复词,极犹倦也。《广雅·释诂》:"疲、惫,极也。"而且,古代文献中也不乏"极"当"疲倦"解释的例子。例《楚辞·云中君》:"思夫君兮太息,极劳兮忡忡。"《史记·淮阴侯列传》:"今韩信兵号数万,其实不过数千,能千里而袭我,亦已罢(疲)极。"《汉书·王褒传》:"匈(胸)喘肤汗,人极马倦。"

但在无字典、辞书或古注可依据时,我们便必须通过收集、归纳、排比古文献中的语言材料的办法以求得确解。我们试分析《孔雀东南飞》:"儿已薄禄相,幸复得此妇,结发同枕席,黄泉共为友。"高中语文第五册(人教版)在"复"字下未做注。这样就很容易让人把它当作常用的副词看待,以为是"再"的意思。可是,从上下文义看,焦仲卿娶刘兰芝并没有失而复得的情形。此处的"复"不是"再"的意思。这种用法的"复"在此篇文章中还出现过几次。例:"故作不良计,勿复怨鬼神!""阿母为汝求,便复在旦夕。"同时,在魏晋南北朝的其他文献中,我们也发现这种"复"在广泛使用。例:《世说新语·赏誉》:"诸江皆复足自生活。"《颜氏家训·慕贤》:"于是闻者稍复刮目。"《后搜神记》:"万恨之心,当复何言。"《殷云小说》:"如汝所言,亦复甚佳。"梁·僧伽婆罗译《阿育王传》:"王即语沙弥言:'我当现向人说,不复得隐。'"北谅·昙无谶译《大般涅槃经》:"汝今所索,诚复不多。"归纳起来看,我们发现:幸复=幸、勿复=勿、便复=便、皆复=皆、稍复=稍、亦复=亦、当复=当、不复=不、诚复=诚。"幸、勿、便、皆、稍、亦、当、不、诚"等都是副词。因此,"复"是副词词尾。

运用据古训的方法例证要丰富,正所谓"例不十,法不立"。同时,要注意义项的高度概括,避免随文释义。

四 运用语法学知识,辨词性明结构

语法包括词法和句法两部分。古汉语词法主要指虚词的用法。具体到中学文言文中,我们要把握实词和虚词的界限,这类虚词和那类虚词的分别。古汉语句法主要是指古代汉语中的一些特殊的句型结构。所谓"明结构"也就是要弄清中学文言文中一些特殊结构的句法关系,以便理解全句意义。

　　王安石《游褒禅山记》："盖其又深，则其至又加少矣。"高中语文第一册（人教版）注解"其至又加少"一句为："那些到（的人）更加少。加少，更少。加，增加。"释"加少"为"更少"是对的；释"加"为"增加"就错了。如果释"加"为"增加"，那么"其至"者是增加多了，还是少了呢？这样解释使文句前后矛盾。高中语文释"加"为"增加"的原因大概是不明了"加"的词性，误以为是动词。其实，"加"在形容词前是副词，不是动词，应解释为"更加"。例《荀子·劝学》："登高而招，臂非加长也，而见者远；顺风而呼，声非加疾也，而闻者彰。"《孟子·梁惠王上》："邻国之民不加少，寡人之民不加多。"《礼记·儒行》："孔子至舍，哀公馆之，闻此言也，言加信，行加义。"《汉书·文帝纪》："联亲率天下农，十年于今，而野不加辟。""长、疾、少、多、信、义、辟"都是形容词做谓语，"加"位于主谓之间，是程度副词。

　　《论语·季氏》："求！无乃尔是过与？"高中语文第三册（人教版）注："难道这不是你的过错吗？"这样的解释是不准确的。其原因：一是字词解释未落实；二是没有弄清该句结构。"无乃"是表推测的语气副词，意为"恐怕"。例《左传·宣公十二年》："子有军事，兽人无乃不给于鲜？""无乃"还可以与语气词"乎"构成"无乃……乎"的格式表推测语气。可译为："恐怕……吧。"例《左传·隐公三年》："君人者，将祸是务去，而速之，无乃不可乎？"《论语·雍也》："无乃太简乎？"《论语·宪问》："丘何为是栖栖者与？无乃为佞乎？"《荀子·尧问》："无乃不察乎？"《论衡·死伪篇》："臣闻之，神不歆非类，民不祀非族，君祀无乃殄乎？""无乃……与（欤）"也是与"无乃……乎"一样的结构，只不过把语气词"乎"换成了"欤"而已。"尔是过"是宾语前置句式，结构助词"是"前置宾语"尔"。把结构调整过来应该是"无乃过尔与？""过"是谓语动词，义为"责备"。《楚辞·九章·惜往日》："信谗谀之溷浊兮，盛气志而过之。"蒋骥注："过，督责也。"当孔夫子听说季氏将要对颛臾国采取军事行动，孔夫子就开始指责在季氏做家臣的冉有："冉求，恐怕要责备你吧。"理清了该句结构，解释就显得顺畅一些。

陶渊明韵文韵谱*

陶渊明字元亮，后更名潜，生于东晋兴宁三年（公元 365 年），卒于宋元嘉四年（公元 427 年），为中国公元 4—5 世纪的著名诗人。陆法言与颜魏诸公论韵在开皇初，《切韵》成书在隋仁寿元年（公元 601 年）。无疑，陶氏诗文用韵当在《切韵》成书之前。本文以《切韵》（《广韵》）音系为参照点，罗列陶氏诗赋辞赞述的全部韵例，并加以分析，反推晋宋时代的韵部，从而看看两个时代的韵部异同。

本文所用材料是逯钦立先生校注的《陶渊明集》。四言诗共 9 首，用韵 44 次；五言诗 114 首，用韵 115 次；赋 2 首，用韵 22 次；辞 1 首，用韵 5 次；赞 2 首，用韵 7 次；述 9 首，用韵 9 次。共用韵 202 次。

本文按果、假、遇、蟹、止、效、流、咸、深、山、臻、宕、梗、曾、通、江十六摄的顺序排列。因篇幅所限，每摄下不列韵字。只出韵谱，并稍加说明。

一 果摄、假摄①

歌戈同用②

＊ 本文承恩师向熹教授亲笔指教,谨谢!

① 假摄此时还未从果摄中分离出来，所以我们放在一起讨论。同理，江摄也未从通摄中分离出来，仿此。

② "同用"指同一摄中同声调的各部互相押韵；"通押"指不同韵摄之间，或同摄同部而不同声调的押韵现象；"独用"指各韵的单独用韵。

《停云》(之四)：柯和①多何

歌麻通押

《命子》(之四)：柯罗寔沙②

《拟挽歌辞三首》(之三下)：何家歌阿

歌戈麻通押

《蜡日》：和花多歌

《拟古九首》(之七)：和歌多华何

《闲情赋》(第十五韵)：过河波歌遐

哿果马通押

《命子》(之九)：火我可假

陶氏韵文中果假两摄不分。果摄用韵 7 次，其中 6 次与假摄通押，仅 1 次同用；假摄无一次同用、独用。果假两摄字，唐人分别较严，陶诗在一定程度上反映了两汉用韵特点。(王力，1985：86)

二　遇摄

鱼虞模同用

《赠羊长史》：虞书都踰舆俱蹰如芜娱疏舒

《庚子岁五月中从都还阻风于规林二首》：居于隅塗湖疏馀如

《饮酒二十首》(之十)：隅涂驱馀居

《读山海经十三首》(之一)：疏庐书车蔬俱图如

《感士不遇赋》(第二韵)：途娱书闾誉③

《扇上画赞》(第五韵)：疏徂居娱

鱼虞同用

《答庞参军》(四言之一)：书娱居庐

《归园田居五首》(之四)：娱墟居株如馀虚无

《和刘柴桑》：蹰居庐墟畲劬无疏须如

---

① 同用时，第一韵的韵字下不用任何符号，第二韵的韵字下用"·"号，第三韵的韵字下用"—"号，第四韵的韵字下用"="号，第五韵的韵字丁用"~"号。

② "通押"时，参与通押的韵，其韵字下用"≈"号。

③ 《广韵·鱼韵》："誉，称也。又音预。"《广韵·御韵》："誉，称美也……又音余。"又读字。

《始作镇军参军经曲阿》：书如衢疏纤馀居鱼拘庐

《拟古九首》（之三）：隅舒庐居芜如①

《读史述九章》（夷齐）：隅居虞夫

《读史述九章》（鲁二儒）：愚夫书居

鱼模同用

《时运》（之四）：庐如壶余

《赠长沙公》（之一）：疏初徂蹰

语麌同用

《停云》（之一）：雨阻抚伫

御遇同用

《杂诗十二首》（之五）：豫暮去虑如②住处惧

御遇暮同用

《咏二疏》：去趣举③傅路顾誉④务素悟虑著

《神释》：著故附语处住数具誉去惧虑

遇摄用韵 19 次，鱼虞模三部同用 8 次，鱼模两部同用两次，鱼虞两部同用 9 次，未见三部分别独用的。

三　蟹摄

哈韵独用

《命子》（之十）：孩来才哉

《读山海经十三首》（之十三）：才来猜哉

灰皆齐同用

《丙辰岁八月中于下潠田舍获》：限怀谐鸡迴哀开頹乖栖

《饮酒二十首》（之九）：开怀乖栖泥谐迷回

《闲情赋》（第十四韵）：凄徊阶哀摧怀

---

① 《广韵·御韵》："如。又尔诸切。"《广韵·鱼韵》："如，而也，均也……人诸切。"又读字。

② 同上。

③ "举"为上声语韵。

④ 《广韵·鱼韵》："誉，称也。又音预。"《广韵·御韵》："誉，称美也……又音余。"又读字。

灰皆齐同用

《归鸟》（之三）：徊栖谐怀

祭泰怪废霁同用

《桃花源记诗》：世逝废懃艺税呋制诣厉岁慧界蔽外契

祭怪废霁同用

《感士不遇赋》（第四韵）：世废惠蔽计岁说界济袂

贿海同用

《拟古九首》（之九）：採改海待悔

灰咍之通押①

《乞食》：之辞来杯诗才贻

佳皆齐支通押②

《杂诗十二首》（之十）：稽崖怀弥离羁亏

蟹摄用韵 11 次。其中 2 次与止摄通押。灰咍之通押体现了上古之部独用的特点；佳皆齐支通押、灰皆齐同用混淆了上古支脂微分立的局面；去声一等泰韵与二等怪韵、三等祭废韵、四等霁韵同用体现了上古月部独用的特点。

四　止摄

之韵独用

《荣木》（之一）：兹之时而

《答庞参军》（四言之三）：孜之诗思

《命子》（之八）：时思兹而

《形赠影》：时之兹期沵疑辞

《移居二首》（之二）：诗之思时兹欺

《庚子岁五月中从都还阻风于规林二首》（之二）：之期时兹辞疑

《饮酒二十首》（之一）：之时兹疑持

《饮酒二十首》（之十二）：时辞兹疑欺之

《拟古九首》（之六）：兹时淄疑辞思欺之诗

———————

① "之辞来杯诗才贻"均为上古之部字。

② "崖"为上古支部字；"怀"为上古微部字；"稽"为上古脂部字。

《读史述九章》（屈贾）：时之疑辞

止韵独用

《酬丁柴桑》：止里始

《命子》（之六）：始里止喜

《饮酒二十首》（之十九）：仕己恥里纪止恃

《止酒》：止里子喜起理己矣涘祀

《感士不遇赋》（第七韵）：已理己耻①止市

《读史述九章》（程杵）：己子耻纪

志韵独用

《读史述九掌》（张长公）：事异志意

旨韵独用

《劝农》（之六）：鄙履轨美

至韵独用

《劝农》（之五）：匮冀至愧②

微韵独用

《归园田居五首》（之三）：稀归衣违

纸韵独用

《饮酒二十首》（之六）：是毁尔绮

脂微同用

《时运》（之三）：沂归挥追

《归鸟》（之二）：飞依归遗

《于王抚军座送客》：腓归依违悲晖迟遗

《还旧居》：归悲非遗依推衰挥

《饮酒二十首》（之四）：飞悲依归衰违

《有会而作》：饥肥衣悲非遗归师

《咏贫士七首》（之一）：依辉飞归饥悲

《归去来兮辞》（第一韵）：归悲追非衣微

《扇上画赞》（第四韵）：归夷湄微

---

① 陶本此处写作耻，另两处写作"恥"。《广韵》有"恥"无"耻"。此处照原字不改，归止韵。

② 《广韵》"媿"即"愧"。

《读史述九章》（箕子）：迟非夷悲

至未同用

《饮酒二十首》（之十四）：至醉次贵味

《荣木》（之四）：坠畏骥至

之脂微同用

《和胡西曹示顾贼曹》：飔衣微葵衰挥迟悲

支脂徽同用

《咏三良》：遗微私帷亏归违希悲衣

支脂同用

《饮酒二十首》（之八）：姿枝奇为羁

纸止同用

《杂诗十二首》（之十二）：子倚理

《读山海经十三首》（之十二）：士止尔子

止旨同用

《读山海经十三首》（之十一）：旨死履恃

之止（平上）通押

《归去来兮辞》（第五韵）：之期耔①诗疑

止志（上去）通押

《杂诗十二首》（之六）：喜②事意值驶置

　　止摄用韵 43 次。支之脂微各部均有独用、同用现象，其中之韵独用
10 次，止韵独用 6 次，脂微同用 10 次。

　　平上通押 1 次，上去通押 1 次；止摄与蟹摄通押 2 次（见蟹摄韵
谱）。

五　效摄

皓韵独用

《杂诗十二首》（之四）：老保燥早抱道

宵肴同用

---

① "耔"，《广韵》属上声止韵。此处与之韵通押。

② "喜"和"驶"，《广韵》属上声止韵，此处与去声志韵通押。

《时运》（之一）：朝郊霄苗

皓小同用

《饮酒二十首》（之十一）：道老槁好宝表

萧宵肴同用

《拟挽歌辞三首》（之三上）：萧郊峣条朝

萧宵肴豪同用

《归鸟》（之四）：条标交劳

《己酉岁九月九日》：交凋高霄劳焦陶朝

郊摄用韵较少，仅6次。

六 流摄

尤韵独用

《酬丁柴桑》（之二）：由忧休游

《酬刘柴桑》：周秋畴不①游

《拟古九首》（之八）：游州流丘周求

《咏贫士七首》（之七）：州俦流忧酬修

《闲情赋》（第七韵）：秋求

《归去来兮辞》（第四韵）：游求忧畴舟丘流休留

《扇上画赞》（第六韵）：流俦休游

尤侯同用

《命子》（之二）：周丘流侯

《游斜川》：休游流鸥丘俦酬不忧求

《咏贫士七首》（之四）：娄酬周忧俦求

有厚同用

《劝农》（之四）：久耦亩手

《拟古九首》（之一）：柳久友酒负厚有

《读山海经十三首》（之九）：走负有后

宥候同用

《荣木》（之三）：陋旧富疚

---

① "否"，《广韵》属"尤"和"有"两韵，此处与"尤"韵相押。陶本"不"即"否"。

流摄用韵共 14 次，除幽部无用例外。尤韵独用达 7 次，尤侯、有厚、宥候同用。

七 深摄

侵韵独用

《归鸟》（之一）：林岑心阴

《和郭主簿二首》（之一）：林阴襟琴今钦斟音簪深

《咏贫士七首》（之三）：琴音寻斟钦心

《读山海经十三首》（之七）：阴林音心

《闲情赋》（第十二韵）：琴音心林阴襟寻

缉韵独用

《命子》（之七）：及立急泣

《感士不遇赋》（第六韵）：涩立邑及泣入急

深摄只有侵部闭口韵，加之陶氏韵文无咸摄用字，所以不可能有同用或跨摄通押现象。

八 山摄

寒桓同用

《读史述九章》（管鲍）：难寒安完

寒桓删同用

《诸人共游周家墓柏下》：弹欢颜殚

《庚戌岁九月中于西田获早稻》：端安观还寒难干颜关叹①

《拟古九首》（之五）：完冠颜关端弹鸾寒

《咏贫士七首》（之五）：干官餐寒颜关

《闲情赋》（第十三韵）：叹颜寒端还殚安攀

《归去来兮辞》（第三韵）：颜安关观还桓

寒桓仙先同用

———————————

① 嘆（叹），《广韵·寒韵》："嘆，长息。与歎同。又音炭。"《广韵·翰韵》炭小韵："歎，歎息。嘆，同上。"多形又读字。

《杂诗十二首》（之九）：端迁巅餐缘篇
山删元仙先同用
《连雨独饮》：然间仙天先还年言
《岁暮和张常侍》：泉言繁愆山还缠年迁然
《戊申岁六月中遇火》：轩燔前圆还天年闲坚田眠园
山删元仙同用
《扇上画赞》（第三韵）：然园还间
《饮酒二十首》（之五）：喧偏山还言
山删元先同用
《读山海经十三首》（之二）：颜年山言
山仙先同用
《归园田居五首》（之一）：山年渊田间前烟巅闲然
山元先同用
《读山海经十三首》（之五）：怜山言年
山元仙先同用
《赠长沙公》（之四）：言山然先
《答庞参军》（五言）：言园篇然缘宣山年
《饮酒二十首》（之二）：山言年传
《闲情赋》（第二韵）：轩山絃①妍言翾先迁
元先同用
《咏贫士七首》（之二）：轩园煙研言贤
《读史述九章》（七十二弟子）：贤言牵年
仙先同用
《闲情赋》（第五韵）：肩煎
《闲情赋》（第八韵）：旋前
《怨诗楚调示庞主簿邓治中》：然年偏田廛眠迁前烟贤
阮狝同用
《癸卯岁始春怀古田舍二首》（之一）：践免缅善远返浅
月薛同用
《影答形》：拙绝悦别灭热竭劣

---

① "絃，"《广韵》写作"絃"。

月薛屑同用

《和郭主簿二首》（之二）：节澈绝列傑诀月

薛屑同用

《癸卯岁十二月中作与从弟敬远》：绝闷雪洁设悦烈节拙别

阮混（臻摄）通押

《尚长禽庆赞》：晚损[1]远反

寒删（平）谏（去）通押

《读史述九章》（韩非）：残关患[2]难

山摄用韵共 31 次，无独用例。寒桓两部关系紧密，山元先仙关系亦为密切，删部徘徊于"寒桓"与"山元先仙"之间。薛屑与月部同用 2 次，同时薛屑又同用 1 次。

臻摄魂部上声混韵与山摄元部上声阮韵通押 1 次。

九　臻摄

真韵独用

《答庞参军》（四言之二）：珍亲人邻

《劝农》（之一）：民真因人

《杂诗十二首》（之一）：尘身亲邻晨人

《感士不遇赋》（第五韵）：亲仁贫身辛陈

《闲情赋》（第四韵）：身新

魂韵独用

《归去来兮辞》（第二韵）：奔门存罇

文欣同用

《扇上画赞》（第二韵）：分耘欣群

《闲情赋》（第一韵）：群闻芬云勤殷欣纷分

《答庞参军》（四言之四）：分欣云闻

真欣同用

《癸卯岁始春怀古田舍二首》（之二）：贫勤人新欣津邻民

---

① "损"属《广韵·混韵》，此处与阮韵通押。

② 患，《广韵·谏韵》："胡惯切。"

魂痕同用

《荣木》（之二）：根存门敦

真谆欣同用

《饮酒二十首》（之二十）：真淳新秦尘勤亲津巾人

真臻文欣同用

《示周续之祖企谢景夷三郎时三人共城北讲礼校书》：欣人因臻闻勤邻滨

真谆文欣同用

《与殷晋安别》：勤亲邻晨分春云因贫人

《述酒》：闻分云坟晨驯身勤君薰文汾纷亲伦

轸准隐同用

《扇上画赞》（第一韵）：尽陨准隐

质术物同用

《责子》：实笔匹术七栗物

臻摄用韵 17 次。真韵独用 5 次；魂韵独用 1 次，与痕韵同用 1 次；文韵与臻谆欣同用，也与真韵同用。

十 宕摄

阳韵独用

《杂诗十二首》（之三）：量①房央阳肠

《杂诗十二首》（之十一）：凉梁乡霜长

《读山海经十三首》（之八）：长常粮央

《闲情赋》（第三韵）：芳央

《闲情赋》（第六韵）：扬粧②

阳唐同用

《赠长沙公》（之二）：堂璋霜光

《命子》（之一）：唐光商昌

---

① 《广韵·阳韵》："量，量度。又力向切。"
② "粧"《广韵》写作"粃"。

《拟古九首》（之四）：荒堂茫场①邝昂方伤

《杂诗十二首》（之八）：桑糠粮阳伤方筋

《读山海经十三首》（之四）：阳长光黄

《拟挽歌辞三首》（之二）：筋尝傍光乡茫央

养荡同用

《归园田居五首》（之二）：鞅想往长广莽

漾宕同用

《感士不遇赋》（第三韵）：上妄谤亮

宕摄用韵 13 次。阳韵独用 5 次，阳部与唐部同用 8 次。无唐部独用例，表明唐部还未从阳部分离出来。

十一　梗摄

庚清同用

《停云》（之三）：荣情征生

《饮酒二十首》（之三）：情名生惊成

《饮酒二十首》（之七）：英情倾鸣生

《闲情赋》（第十韵）：楹明

庚青同用

《答庞参军》（四言之五）：鸣零京宁

庚清青同用

《九日闲居》：生名明声龄倾荣情成

《悲从弟仲德》：零冥生倾成龄声庭情形盈

《饮酒二十首》（之十六）：经成更庭鸣情

《咏荆坷》：嬴卿京行缨英声生惊名庭城营成情

庚耕清青同用

《辛丑岁七月赴假还江陵夜行涂口》：冥情荆生明平征耕萦名

《感士不遇赋》（第一韵）：灵名生情形惊耕声荣

梗静同用

《杂诗十二首》（之二）：岭景冷永影骋静

---

① 《广韵·阳韵》："场，祭神道处，又治谷地也。"

梗静迥同用

《饮酒二十首》（之十三）：境醒领颖炳

陌韵独用

《杂诗十二首》（之七）：迫陌白窄客宅

陌昔同用

《饮酒二十首》（之十五）：宅迹百白惜

陌昔锡同用

《移居二首》（之一）：宅夕役席昔析

陌麦昔锡同用

《乙巳岁三月为建威参军使都经钱溪》：积昔翮隔役易析柏

梗摄用韵 17 次。陌部有从锡部分离的趋势。

十二　曾摄

职韵蚀用

《劝农》《之二》：稷植穑食

德韵独用

《命子》（之五）：德国忒得

《饮酒二十首》（之十八）：得惑塞国默

职德同用

《联句》：极息力饰侧翼色惑

曾摄用韵仅 4 次，且只有入声字入韵。职德皆有独用例。表明德部已从职部分离出来。

十三　通摄、江摄

东韵独用

《闲情赋》（第九韵）：东同

《答庞参军》（四言之六）：风中终躬

《五月旦作和戴主簿》：穷中丰风终冲隆嵩

《拟古九首》（之二）：终戎雄风穷中

《饮酒二十首》（之十七）：风中通弓

屋韵独用

《劝农》（之三）：陆穆逐宿

烛韵独用

《归园田居五首》（之五）：曲足局烛旭

觉韵独用

《闲情赋》（第十一韵）：握邈①

东钟同用

《命子》（之三）：龙功封踪

《咏贫士七首》（之六）：蓬工龚同通从

屋烛同用

《读山海经十三首》（之六）：木谷浴烛

东钟江（江摄）通押

《停云》（之二）：濛江窗从

东江（江摄）通押

《赠长沙公》：同东江通

屋烛觉（江摄）通押

《拟挽歌辞三首》（之一）：促录木哭觉辱足

烛觉（江摄）通押

《时运》（之二）：濯瞩足乐

通江两摄用韵合计 15 次。冬部无字。江摄之江部与通摄之东钟部通押两次，无独用，表明江摄未从通摄分离出来。江摄之觉部既能独用，又与通摄之屋烛通押。

余　言

陶氏用韵较全面地反映了东晋至南北朝早期的用韵情况（除咸摄外，其他各摄均见用例），与《切韵》（《广韵》）系统比较，其韵部有如下特点：

1. 歌戈与麻尚未分立。果摄用韵 7 次，其中 6 次与假摄同用，假摄

① "邈"，《广韵》写作"邈"。陶本"邈"与《广韵》"邈"同声韵调，同有"远"义，是一个字的不同写法。

无一次独用。这在一定程度上反映了两汉用韵特点。

2. 江摄之江部尚未从通摄之东冬钟部分离出来。东钟江同用，东江同用。保留了汉代之用韵特点。（王力，1985：87）

3. 蟹止两摄各部相混。一方面，灰咍之通押（上古都为之部），佳皆齐支通押（上古为支脂微部）；另一方面，咍灰皆齐同用（似乎又混淆了上古支脂微分立的局面）。同时，只有咍韵独用。

4. 鱼虞模三部未分立；阳唐两部未分立；山摄分为寒桓、删、山元先仙三组；祭泰怪废霁诸部用韵多与上古月部同。

5. 元魂痕合流。三等阮韵（元部）与一等混韵（魂部）通押，表明"元魂痕合成一个韵部确是事实"。（王力，1985：156）

参考文献

［1］张世禄：《杜甫诗的韵系》，《中央大学文史哲季刊》2（1），1944 年。

［2］罗常培、周祖谟：《汉魏晋南北朝韵部演变研究》，科学出版社 1958 年版。

［3］丁邦新：《魏晋音韵研究》，台北"中央研究院"历史语言研究所专刊第65 种。

［4］周祖谟：《魏晋宋时期诗文韵部的演变》，《中国语言学报》1983 年第 1 期。

［5］王力：《汉语语音史》，中国社会科学出版社 1985 年版。

原载《丝路学刊》1993 年第 4 期